Soziologie

Herausgegeben von
Friedhart Hegner
Helga Nowotny
Otthein Rammstedt

Stefan Jensen

Systemtheorie

Verlag W. Kohlhammer
Stuttgart Berlin Köln Mainz

CIP-Kurztitelaufnahme der Deutschen Bibliothek

Jensen, Stefan:
Systemtheorie / Stefan Jensen. –
Stuttgart ; Berlin ; Köln ; Mainz : Kohlhammer, 1983.
(Soziologie)
ISBN 3-17-007949-2

Stuttgart Berlin Köln Mainz
Verlagsort: Stuttgart
Umschlag: hace
Gesamtherstellung:
W. Kohlhammer Druckerei GmbH + Co., Stuttgart
Printed in Germany

Inhalt

Teil IV

Teil V

Einleitung

1. SNAFU

Snafu – *»system normal, all fouled up«*. System normal – alles spielt verrückt. »Snafu« ist ein amerikanischer Slang-Ausdruck, der ironisch-resignativ den Zustand unserer chaotischen Lebenswelt beschreibt. Alles ist systematisch durchorganisiert, aber nichts läuft richtig. Woran liegt es?
Die Antwort kann nur laùten: am System. Aber an welchem? Die gesamte Lebenswelt Menschen ist ein riesiges Supersystem, zusammengesetzt aus unzähligen Subsystemen, die ineinander verflochten sind, sich gegenseitig beeinflussen, sich durchdringen und überlagern, Inputs und Outputs produzieren, mit ihren Rezeptoren, Effektoren und Operatoren ineinander greifen, auf den Kommunikationskanälen rauschen und diversen Störungen aus der Umwelt unterliegen.

2. Denken in Systemen: Eine anthropologische Prämisse

Was liegt bei einer solchen Sachlage näher, als dem Problem energisch mit einer guten Theorie zu Leibe zu rücken? Systemtheorie und Systemanalyse sind, was man schon von der Psychoanalyse gesagt hat, die Therapie für die von ihnen selbst erzeugte Krankheit. Die Welt ist voller Systeme, aber diese Systeme sind nicht von der Natur geschaffen, sondern von Menschen erdacht. Menschen müssen in Systemen denken, mit Systemen operieren, ihr Erleben und Handeln in Systemen organisieren, sonst könnten sie überhaupt nicht überleben. Dies ist eine anthropologische Prämisse.
Warum ist das so? Weil die Welt, würden wir nicht ständig systematisieren (das heißt: generalisieren, zusammenfassen, abstrahieren, Verbindungen und Relationen unterstellen, Beziehungen herstellen usw.), für uns in Milliarden von winzigsten Splittern zerfallen würde. Sie würde sich vollständig auflösen. Wir überwinden diese ständige Bedrohung nur, indem wir, gestützt auf die biologischen Anlagen, die uns die Natur im Laufe der Evolution als fundamentales Gerüst aufgebaut hat, energischen Gebrauch von bestimmten Kapazitäten des Großhirns machen, die es uns erlauben, Wahrnehmungen selektiv zu ordnen, zu generalisieren, semantisch zu verschlüsseln, zu kommunizieren usw., kurz: in ein höchst komplexes System zu bringen.
Der entscheidende Punkt dieses Arguments liegt in der These, daß der Mensch im Laufe seiner Geschichte (von rund zwei Millionen Jahren) die ursprüngliche natürliche Welt durch sein Auftreten radikal verändert hat. Aus ihr ist eine anthropologisch umgestaltete Kulturwelt geworden, deren Strukturen und Prozesse durch das systemorientierte Erleben und Handeln des Menschen geprägt sind. Dies ist die Lebenswelt des Menschen, die Welt, die er sich in seinem Erleben und Handeln erschlossen hat. Diese Welt weist eine erkennbare Ordnung auf, besteht aus unzähligen, sich überschneidenden und überlagernden Zusammenhänge, Interdependenzen und Interpenetrationen – aber dies sind alles Produkte des menschlichen Geistes, eine Folge des Wirkens des Menschen.

Wäre denn die »Welt an sich« nicht genauso beschaffen – genauso von Ordnungszusammenhängen, von Relationen, von Interdependenzen, also mit einem Wort: von Systemen, durchzogen? Darüber wissen wir nichts und werden wir nie etwas wissen. Wir kennen (und erkennen) nur die von Menschen geschaffene Lebenswelt, von der wir immer ein Teil sind. Wir erkennen die Welt, weil wir erleben und handeln, und wir erleben und handeln in Systemen. Diese anthropologische Prämisse muß man sich zunächst deutlich vor Augen führen, ehe man an die Systemtheorie (als die beste aller Theorien) herangeht.

3. Systemtheorie – die beste aller Theorien?

Menschen haben schon immer in Systemen gedacht und in Systemen gehandelt. Die Systeme sind nicht in der Welt, sondern sie sind vom Menschen geschaffen. In der Wirklichkeit gibt es keine Systeme, sondern nur Bereiche und Gegenstände, die wir »als Systeme interpretieren«. Nicht »etwas *ist* ein System«, sondern »etwas wird *als ein* System behandelt«. Dies scheint eine Wortspielerei zu sein, ist es aber nicht, sondern soll vor dem Fehler bewahren, Systeme als etwas Reales mit objektiven Merkmalen zu betrachten. Systeme sind ein Teil unserer Lebenswelt, die von Menschen geschaffen ist. Die Lebenswelt ist sozial konstruiert. Die Aufgabe der Systemtheorie ist es, eine Rekonstruktion dieses Prozesses vorzunehmen, diesen Prozeß also in einem besonderen Kodifikationsschema aufzuzeichnen und ihn dadurch den analytischen und reflexiven Kapazitäten unseres Verstandes zugänglich zu machen.
Die Realität, die wir dabei in Gestalt der verschiedensten Systeme rekonstruieren, ist jedoch nicht eine »objektive seiende«, sondern es ist die von Menschen geschaffene, geschichtlich gewordene, kontingente Realität unserer Lebenswelt. Und nur diese können wir in Gestalt von Systemen rekonstruieren, weil sie zuvor bereits als Fülle von Systemen konstruiert wurde.
Vermutlich wird diese Vorstellung einige Leser überraschen, daß wir die Ordnung unserer Lebenswelt nur deswegen erkennen und verstehen, weil wir sie selbst geschaffen haben. Vielleicht werden diese Leser dagegen einwenden wollen, daß doch nicht der Mensch die Welt geschaffen, sondern diese entweder von Gott hervorgebracht oder durch irgendwelche kosmischen Kräfte erzeugt wurde. Aber dieser Glaube, sowohl an ein göttliches als auch an ein blindes kosmisches Walten oder jede andere Ursache, ist selbst nur eine Komponente unserer Kulturwelt. Wir spüren das Wirken Gottes, nicht weil er uns, sondern weil wir ihn geschaffen haben. Wir operieren mit den Kräften der Natur, nicht weil diese objektiv vorhanden wären, sondern wir sie uns subjektiv verfügbar gemacht haben. Moleküle, Atome, Protonen, ... sind nicht »wirklich in der Natur« vorhanden, sondern wir haben uns eine Natur konstruiert, in der diese Partikel vorkommen. Es gibt andere geschichtliche Lebenswelten, deren Natur völlig anders konstruiert ist, und nichts zeichnet unsere Lebenswelt vor jenen anderen aus als die einfache Tatsache, daß unsere die jetzt gültige ist und unser gesamtes Erleben und Handeln bestimmt.
So verhält es sich auch mit der Konstruktion der Systeme. Menschen haben schon immer in Systemen gedacht und mit Systemen gehandelt. Aber erst in unserer unmittelbaren Gegenwart ist plötzlich (aus Gründen, die an späterer Stelle zumindest angedeutet werden) das begrifflich-analytische Konzept »des Systems« zu einem zentralen Instrument der Theoriebildung und der wissenschaftlich angeleiteten Praxis in zahlreichen

Technologien geworden. Die Verbreitung des Systemkonzeptes in den Wissenschaften bedeutet, daß alle erkenntnistheoretischen und philosophischen Vorurteile über eine »objektiv erkennbare Realität« und entsprechende Aufgaben der Wissenschaften preisgegeben werden zugunsten einer einfacheren und pragmatischeren Haltung: Weder interessieren irgendwelche Wesenheiten, Substanzen noch objektive Gegenstände, sondern es interessieren alleine Wirkungszusammenhänge, Interdependenzen und Funktionen: Wenn man diese Art von Eingriff vornimmt, dann ergibt sich dieses Ergebnis; nimmt man jenen Eingriff vor, so ergibt sich jenes Ergebnis – und dies ist die einzige Art von Empirie, die wir mit Gewißheit (er)kennen werden.
Anders formuliert: Wenn wir das System S_1 konstruieren, dann ergibt sich die Klasse K_1 von Effekten (und damit *diese* Eingriffsmöglichkeit in die Natur); wenn wir das System S_2 konstruieren, dann ergibt sich die Klasse K_2 von Effekten (und damit *jene* Eingriffsmöglichkeit in die Natur) und so fort ...
Systeme sind Konstruktionen unseres Verstandes. Sie spiegeln in ihren Effekten und Wirkungsmöglichkeiten unsere eigenen Eingriffe in die Natur wieder; in ihnen erscheint die von uns gestaltete Natur. Dies ist die philosophische Lehre der Systemtheorie.

4. Die Lehre der Systemtheorie

In der Wirklichkeit gibt es keine Systeme. Dort gibt es (solange wir auf der Ebene der Alltagsphysik bleiben) nur lauter einzelne Gegenstände. Jeder dieser Gegenstände beansprucht seinen eigenen Platz im Raum-Zeit-Kontinuum, und jeder einzelne Gegenstand ist ein kleines Universum für sich, eingebettet in ein größeres ... und so fort. Aber wir können uns entschließen, beliebige Gegenstände zu einem System zu verknüpfen, indem wir annehmen, daß einige Gegenstände enger zusammengehören als andere, miteinander zu einem Zusammenhang verbunden, interdependent sind, Wechselwirkungen unterliegen und dergleichen mehr. Indem wir dies tun, indem wir eine solche Zurechnung von Gemeinsamkeiten vornehmen, bilden wir Systeme und, wie erwähnt, tun wir das ständig. Diese von uns selbst erdachten Systeme können wir nun genauer analysieren – nicht um etwas »Objektives« über die »Wirklichkeit« zu erfahren, sondern um den von uns selbst konstruierten Zusammenhängen besser auf die Spur zu kommen (wofür es Hunderte von Gründen geben kann).
Wie erwähnt: Wir alle konstruieren ständig Systeme – das heißt, wir bilden Zusammenhänge, unterstellen Abhängigkeiten und Wechselwirkungen, vermuten oder erleben Interdependenzen und Interpenetrationen. Diese ist eine allgemeine menschliche Eigenschaft, eine anthropologische Prämisse menschlichen Erlebens und Handelns. Die Wissenschaft hat sich erst neuerdings dieses Verfahrens bemächtigt – oder genauer gesagt: Sie hat erst neuerdings das Verfahren der Systemanalyse ausdrücklich zu einer besonderen Theorie erklärt. Sie hat den Begriff des Systems expliziert, ihn durchdacht und ihn selbstreferentiell auf eine neue Systematisierungsebene gehoben. Das Konzept ist damit um vieles leistungsfähiger geworden.
Das Systemkonzept ist ein »operatives« Konzept. Die Systemtheorie ist – genau betrachtet – keine Theorie, kein Ansatz zur Systematisierung von Aussagen, sondern eine *Methode:* ein Verfahren der Kodifikation von Ergebnissen wissenschaftlicher Forschung oder praktischen (technologischen) Handelns. Die System»theorie« ist die Theorie eines Verfahrens, das angibt, wie man Systeme, das heißt: interdependente Wirkungszusammenhänge, in die der Mensch eingreifen will, (re-)konstruiert. Sie ist die operative

Theorie einer Welt, in der es entscheidend auf die Begriffe »Verhalten«, »Erleben« und »Handeln« ankommt – einer dynamischen Welt von Wirkungskräften, deren Einsatz der Steuerung und Kontrolle bedarf.
Die beiden entscheidenden Kriterien einsatzfähiger Systembildungen sind die Begriffe der »Zurechenbarkeit« und der »Anschlußfähigkeit«. *Zurechenbarkeit* bedeutet, daß Ereignisse einem bestimmten, seiner Funktion nach identifizierbaren Bereich zugewiesen und über die Manipulationen der Effektoren dieses Bereichs potentiell auch kontrolliert werden können. *Anschlußfähigkeit* bedeutet, daß die Grenzen des Systems nicht zugleich auch das Ende sinnvoller Operationen und/oder Aussagen sind, sondern daß Anschlüsse, Verbindungen, Fortsetzungen möglich sind. Beide Konzepte sind von strategischer Bedeutung. Der gelungene Entwurf eines Systems beruht stets darauf, daß sowohl das Problem der Zurechnung als auch das der Anschlußfähigkeit, insbesondere an schon verfügbare Ergebnisse – vor allem der Nachbarbereiche –, optimal gelöst wurde.

5. Warum Systemtheorie?

Eine der wichtigsten Aufgaben der Wissenschaft ist es, die Ergebnisse der laufenden Forschung aufzuzeichnen, zu systematisieren, mit früheren Befunden und Überlegungen zu vergleichen und daraus weitere Schlüsse zu ziehen – über die Entwicklung der Wissenschaften, über die Bewertung, die Methoden, die Erträge und so fort. Der Prozeß der Theoriebildung ist darin nur ein Element unter vielen. Für die Angehörigen eines Faches bilden jedoch die Menge und die Inhalte der verfügbaren Theorien die wichtigsten Orientierungspunkte ihrer Arbeit. Theorien sind daher für den einzelnen Wissenschaftler bei der Arbeit innerhalb seines Faches von größter Bedeutung.
Der Begriff der »Theorie« ist dabei sehr allgemein zu verstehen. Er umfaßt alle Arten von (veröffentlichten) Arbeiten, die sich in irgendeiner Weise mit Gegenständen des Fachbereichs beschäftigen (soweit dabei gewisse minimale Standards, mit denen jeder Student im Laufe seiner Seminararbeiten vertraut wird, beachtet werden). Vergleicht man die Fülle an Arbeiten, die Beiträge zu einem Fachgebiet liefern (sich also mit irgendwelchen Gegenständen aus dem relevanten *»universe of discourse«* beschäftigen), mit einem präzisen Konzept von »Theorie« (im strengen Sinne), den jede Disziplin – mit gewissen Modifikationen gegenüber dem »reinen« Begriff der Wissenschaftstheorie – für sich entwickelt, so zeigt sich in der Regel, daß nur die wenigsten Veröffentlichungen wirklich für sich in Anspruch nehmen können, »Beiträge zur Theorie(bildung)« zu sein. Aber was sind dann die anderen Arbeiten? Vermutlich ist es wenig sinnvoll, anhand einer strengen Theoriedefinition den größten Teil aller Beiträge zu eliminieren. Vernünftiger wäre es wohl, die Tatsache anzuerkennen, daß es Beiträge zur Theoriebildung auf ganz unterschiedlichen Abstraktions- und Reflexionsebenen geben kann.
Um so wichtiger werden in einer solche Situation umfassende Systematisierungsansätze, die ein hohes Maß an Anschlußfähigkeit haben (wie Luhmann formuliert hat), die also in einem umfassenden Maß generalisieren, offen sind und vor allem übergreifende Bezüge herstellen (»Brückenfunktion«).
Eine Theorie solchen Typus ist die Systemtheorie – und aus dieser Tatsache (aus ihrer Anschlußfähigkeit) zieht sie ihre besondere Berechtigung und Überlegenheit gegenüber anderen Formen der Kodifikation.

Man darf andererseits die Bedeutung der Systemtheorie nicht überschätzen. Sie gibt sich universell, weil sie ihrem Typus nach universalistisch ist, aber sie ist – wie alle Kulturschöpfungen – ein historisches Produkt, das aufsteigt, seinen Zenit erreicht und wieder fällt. Seit rund 30 Jahren ist die Systemtheorie aus einer Reihe von nicht nur wissenschaftlichen Gründen, die man nachzeichnen kann (einige davon werden später angedeutet), die intellektuell führende Form wissenschaftlicher Konstruktion. Alle unmittelbar mit der Systemtheorie konkurrierenden Theorieansätze wirken daneben misologisch. Zu Recht hat Niklas Luhmann formuliert, daß er sich Gesellschaftstheorie gegenwärtig anders als Systemtheorie überhaupt nicht vorstellen könne. Aber solche Konstellationen können sich und werden sich mit Gewißheit ändern.

Die Aufgabe dieses Buches ist es, einige Gründe und Argumente aufzuzeichnen, die die Systemtheorie gegenwärtig zum führenden Paradigma wissenschaftlicher Kodifikation machen. Man darf es nicht der Systemtheorie zurechnen, wenn der Leser am Ende des Bandes nicht von ihren Vorzügen überzeugt ist. Es ist nicht die Theorie, die er wechseln muß, sondern nur die Quelle, aus der sie fließt. Genug der vorgetäuschten Bescheidenheit – zur Sache selbst!

Teil I

1. Unverständliche Wissenschaft

»Wer überhaupt spricht oder schreibt, sollte sich verständlich ausdrücken. Das ist eine auf den ersten Blick einleuchtende Forderung. Denn wozu äußert er sich, wenn er nicht verstanden werden will?« – Mit diesen Sätzen eröffnet Niklas Luhmann einen Vortrag in Wolfenbüttel über »Unverständliche Wissenschaft«. Er meint natürlich (niemand, der ihn kennt, würde etwas anderes vermuten) das Gegenteil dessen, was er in diesen Sätzen ironisiert. Die Geschichte der modernen Wissenschaft lehrt uns, so belehrt uns seinerseits Luhmann, seit dem 17. Jahrhundert das Gegenteil. Die *»éloquence de l'école«* und die *»éloquence du monde«* unterscheiden und trennen sich. Konversation im gebildeten Kreise ist nicht dazu da, Gelehrsamkeit vorzuführen. Andererseits hören natürliche Fähigkeiten und *common sense* auf, die Grundlage von *moral certitude* zu sein, die den Gründern der *Royal Society* als Basis für die Ausbreitung und Vermehrung von gelehrtem Wissen verschwebte. Kurz: Wissenschaft als ausdifferenziertes Unternehmen wird zu einem immer undurchdringlicheren semantischen Gestrüpp, in dessen Dornen jede alltagsfähige, für gebildete Konversation geeignete Kommunikation sich rettungslos verfängt. Die Sprache der Wissenschaft – und auch diese differenziert sich unentwegt in diesem babylonischen Unternehmen, so daß man folglich von *den Sprachen* der Wissenschaften reden müßte – strebt nach einem immer höheren Auflösungs- und Rekombinationspotential. Substanzen lösen sich auf, Größen werden zu Variablen, Beziehungen zu Varianzen.

»Auch hier hat die Sprache Mühe, dem Denken zu folgen. Natürlich gilt nach wie vor: Alles, was gedacht werden kann, kann auch gesagt werden. Aber das ist nicht das Problem ... Jeder Einstieg, jeder Anfang ist mit nicht explizierbaren Voraussetzungen belastet und daher für den, der bloß am Text entlangliest, kaum verständlich zu machen. Der Leser kann dann prüfen, ob die Sätze grammatikalisch stimmen; aber er kann die ihnen zugrundeliegenden Optionen der Theorie nicht verfolgen.«

Eine Theorie liegt immer vor einem wie ein Berg – und das Buch muß nun versuchen, diesen Berg in einer langen Linie abzurollen. Dies muß notwendigerweise Mißverständnisse erzeugen. Und damit beginnt die Aufgabe des Lesers – in der Interaktion von Kopf und Buch ein Maximum an Mißverständnissen entstehen zu lassen – oder in der (von mir leicht veränderten) Formulierung Luhmanns: »Wie erzeuge ich mit sprachlichen Mitteln maximale Simultanpräsenz komplexer Mißverständnisse über theoretische Sachverhalte und damit die optimale Kontrolle über die Anschlußbewegungen im Wissenschaftsprozeß?« Das kann nur Luhmann selbst beantworten. (Alle Zitate aus Luhmann 3: 170, 174 und 175)

Was folgt daraus? Zwei elementare Einsichten: »Man kann nicht immer wieder bei Null beginnen« und »Es kann nicht alles bewiesen werden«. Dies bedeutet, daß man an die schon bestehenden Zusammenhänge anknüpfen muß. Es kann nicht immer wieder die ganze Geschichte von Anbeginn neu geschrieben, alles Thematisierte neu thematisiert werden. Man muß als Autor versuchen, an voraussetzbare Erfahrungen des Lesers anzuschließen. Allmählich wird sich daraus ein System entwickeln.

2. Zur Semantik des Systembegriffs

Die Alltagswirklichkeit um uns herum besteht aus einer Vielzahl einzelner Dinge – jeder Gegenstand ist ein Individuum für sich. Jedoch pflegen wir an vielen Stellen nicht die einzelnen Elemente für sich zu sehen, sondern sie zusammenzufassen. In anderen Fällen dagegen sind wir nicht fähig, die übergreifende Einheit zu sehen, sondern registrieren nur einzelne Elemente (statt der »Weltgesellschaft«, beispielsweise, sehen wir nur einzelne Nationen).

Man könnte sagen: Alles ist, wie es ist – schau nur hin. Aber es ist nicht möglich, alles »wie es ist« zu erfassen. Die Wahrnehmungsfähigkeiten sind begrenzt. Es finden mehr Ereignisse statt, als simultan aufgenommen werden können. Man kann seine Aufmerksamkeit auf diesen oder jenen Bereich lenken, aber nicht auf alles gleichzeitig, was alternativ erfaßbar ist.

Die Folge der Selektivität des Welterlebens ist die Differenzierung der Reaktionen auf dieses Erleben. Handeln wird auf die Selektivität des Erlebens bezogen – also differenziert. Differenziertes Handeln wiederum verstärkt die Selektivität des Erlebens. So ist unser Handeln auf Ausschnitte der überhaupt erlebbaren Welt gerichtet und orientiert sich an selektiven Aspekten.

Differenzierung ist nur ein Aspekt unseres Erlebens und Handelns. Ein zweiter, ebenso wichtiger Aspekt ist die Erfahrung der »Verbundenheit« *(interconnectedness,* Whitehead). Alles scheint mit allem zusammenzuhängen, oft auf eine höchst geheimnisvolle Weise (zum Beispiel unser Schicksal mit den Sternen – welch absurder und doch so verbreiteter Gedanke). Die Welt ist eine einzige *»booming buzzing reality«* (James), sie bildet einen sausenden, brausenden Zusammenhang von Wechselbeziehungen und Interaktionen.

Dies alles sind alltägliche Phänomene, denen sowohl unsere Sprache als auch unser Erleben und Handeln Rechnung trägt. Man könnte sagen: Dem liegen anthropologische Prämissen zugrunde – der Mensch muß Zusammenfassungen und Auswahlen treffen, Wechselwirkungen in Rechnung stellen, Dimensionen miteinander verknüpfen und so fort.

All dies läßt sich in dem Begriff der »Systembildung« zusammenfassen. Systeme sind Konzepte, die sowohl den Gedanken an Elemente und Komponenten, Aggregationen und Selektionen als auch an Organisation, Interaktion, Wechselwirkungen, Verflochtenheit usw. thematisieren und ins Bewußtsein bringen.

Systeme sind Konzepte, die wir benutzen, um unserer Erfahrung eine bestimmte Ordnung zu verleihen. Systeme sind also begriffliche Konstruktionen unseres Verstandes. Sie kommen in der Wirklichkeit selbst nicht vor. Sprachlich gesehen, ist ein »System« ein sogenannter »Abstraktor«, also ein Begriff, der die Aufgabe hat, etwas auf einer abstrakten Ebene in einen Ausdruck zu fassen (so wie auch die Begriffe »Menge« und »Klasse«). Aus diesem Grunde sagen wir, daß man in einem strengen Sinne in der Wirklichkeit selbst keine Systeme findet. Die Gegenstände und Zusammenhänge jedoch, die wir »als Systeme« interpretieren, können durchaus der empirischen Erfahrungswelt angehören. Aber ebenso kann es sich um Ideen oder Vorstellungen oder sonstige geistige Wesenheiten handeln, die unter irgendeinem Gesichtspunkt systematisiert (das heißt: in ein System gebracht) werden.

Aus diesen Bemerkungen ergibt sich, daß das Konzept des Systems ganz allgemein vollkommen unabhängig von den Gegenständen oder Zusammenhängen ist, auf die wir dieses Konzept anwenden wollen. Der Begriff des Systems bezeichnet ein *operatives Konzept,* eine Vorgehensweise, eine Strategie, die darin besteht, »etwas als System zu

betrachten« – und dies bedeutet, daß wir einen bestimmten Bereich als einen Komplex von Elementen, Beziehungen, Interaktionen, Wechselwirkungen usw. thematisieren, analysieren und organisieren wollen.
Der Systembegriff ist gleichsam ein Programm – wer ihn verwendet, kündigt an, daß der das, war er nunmehr »als System« bezeichnet (eine Maschine, eine Verkehrssituation, eine Gesellschaft oder seine Beziehungen zu Gott) als einen komplizierten Wechselwirkungszusammenhang vieler Elemente auffaßt, denen man im einzelnen durch eine differenzierte Analyse nachgehen könnte oder sollte.
Systeme sind unabhängig von den Gegenständen, deren Systematisierung sie dienen sollen – einerseits. Andererseits zeigt sich in der Entwicklung der Systemtheorie, daß diese ihre besonderen Fähigkeiten nur dort entwickelt, wo ganz bestimmte Zusammenhänge zu systematisieren sind – nämlich materiell-energetische und zugeordnete informationelle Komplexe. Man kann hier direkt von der »systemtheoretischen Fassung des Systembegriffs« sprechen.

3. Zur Geschichte des Systembegriffs

Das Wort »systema« stammt aus dem Griechischen. Es bedeutet: »Zusammenhang, Zusammengehöriges«, dann auch: »allgemeine Gliederung, Aufbau, Ordnungsprinzip; einheitlich geordnetes Ganzes«. Entsprechende Hinweise finden sich vielfach in der Literatur, etwa bei Peter Caws:

»Theories are ways of looking at things. A *theoros* in ancient Greece was ›a spectator‹, an observer, one who travels to see men and things; an ambassador sent by the state to consult an oracle, or to observe the games. By that etymology makes it clear that theories cannot be just casual ways of looking; ... Systema, again, means simply ›that which is put together, a composite whole‹ ...« (Caws 1968: 3ff.)

(Hier finden sich weitere interessante Hinweise – beispielsweise auf das Verständnis von Neurath u. a. über den Gegensatz von »System« und »Enzyklopädie« – der Wiener Kreis vertrat die Vorstellung, daß sich das gesamte Wissen in die Form einer (niemals abgeschlossenen) Enzyklopädie, aber nicht eines Systems, bringen lassen würde ...)
Denken in Systemen – also in Zusammenhängen – hat es mithin (und sicherlich auch schon vor den Griechen) »schon immer« gegeben. Das Prinzip der Systembildung ist eine anthropologische Prämisse menschlichen Erlebens/Handelns überhaupt. Immer bildet der Mensch in seinem Denken und Handeln übergreifende Zusammenhänge, sieht Wechselwirkungen, Inderdependenzen, Teile im Ganzen, ein Ganzes aus Teilen – dies entspricht seinem biologisch-anthropologischen Welterleben und Weltgestalten.

System und Chaos und die Erkennbarkeit der Welt hängen miteinander zusammen:

»Whatever is not chaos, is system, and whereever there is system, there can be knowledge ... It is by systems, therefore, that we live, both in daily life and in the laboratory« (Boulding 1961: 1).

Die explizite Verwendung des Systembegriffs bedeutet, in ihrer reflexiven Anwendung des systematisierenden Denkens auf sich selbst, eine gewaltige Steigerung seiner Möglichkeiten. Diese Steigerung setzt jedoch eine lange Denktradition und die Entfaltung der Wissenschaften bis zu einem Punkt voraus, an dem sich empirisches Wissen mit analytischen Konzepten auf einem hohen Abstraktionsniveau verbinden konnte. Erst dann trifft zu, was Geoffrey Vickers (1957) formuliert hat, *»the whole world of experience begins to look like a hierarchy of systems ...«*

Der Begriff des Systems ist ursprünglich, wie wir gesehen haben, ein wissenschaftlicher Ordnungsbegriff im analytischen Denken, und er wird seit der griechischen Antike in den Wissenschaften und in der Philosophie zunächst als Bezeichnung für natürliche oder künstliche Gebilde verwendet, die ein Ganzes bilden, deren Teile in Abhängigkeit voneinander stehen und so eine bestimmte Ordnung aufweisen. Historisch lassen sich unterscheiden:

– der *realistische* Systembegriff im Altertum und Mittelalter zur Bezeichnung realer kosmologischer Zusammenhänge;
– der *hypothetische* Systembegriff der neuzeitlichen Wissenschaften (Descartes, Leibniz) für ein kosmologisches Weltmodell;
– der *begründungstheoretische* Systembegriff (ca. ab 1600) zur Bezeichnung eines geordneten schriftlichen Vortrages über ein zusammenhängendes Wissenschaftsgebiet;
– der *idealistische* Systembegriff (im deutschen Idealismus) für die alleinig wissenschaftliche Form des Wissens, wobei versucht wird, alles Wissen aus einem einzigen Prinzip zu deduzieren;
– der *mathematisch-logische* Systembegriff (formale Systeme)
– und schließlich der *systemtheoretische* oder *konstruktivistische* Systembegriff, der den eigentlichen Gegenstand dieser Arbeit bildet.

Dieser, zu einer Theorie entwickelte, *konstruktivistische* oder *systemtheoretische* Begriff des Systems bezieht sich überwiegend auf Vorstellungen aus dem Bereich der Naturwissenschaften und der Technik. Er dient als Bezeichnung für die Gesamtheit von materiell-energetischen Objekten (mit zugeordneten informationellen Aspekten), die in physischer Weise miteinander verknüpft sind, wobei ihre internen Wechselwirkungen diejenigen mit der Umwelt stark überlagern, so daß sie insgesamt eine von der Umwelt mehr oder weniger deutlich abgegrenzte Einheit bilden.

In diesem Bereich der Natur- und Ingenieurwissenschaften gibt es eine Vielzahl von Systembildungen – und spezifisch für diesen Bereich wurde die Systemtheorie in ihrem ursprünglichen Sinne auch entwickelt – sowohl im Westen als auch im Osten (wie ein Zitat aus dem Bericht der tschechoslowakischen Gruppe K. Vasspeg, vertreten durch Jiri Klir (1965), belegt):

»The concept of system is one of the most widely used concepts in science, particular in recent times. It is encountered in nearly all the fundamental fields of science, e.g. in physics, mathematics, logic, cybernetics, economy, linguistics, biology, psychology, and also in the majority of engineering branches. We are thus confronted with a very general concept. However, the system concept is utilized by different scientific disciplines in different ways, and used for the solution of different problems ...«

Je nach Wissenschaftsbereich lassen sich physikalische, biologische und technische Systeme mit einer beliebig verfeinerbaren Untergliederung unterscheiden. Dabei definieren alle konkreten Systeme mit gleicher Verhaltensweise ein *abstraktes* oder *kybernetisches* System. Die Aufgabe der Allgemeinen Systemtheorie (AST) ist es daher, über dieser Klasse der konkreten Systeme ein allgemeines Schema zu entwickeln, eine allgemeine Modelltheorie kybernetischer Systeme. In den Worten eines der Begründer der Systemtheorie:

»Es gibt Modelle, Prinzipien und Gesetze, die für allgemeine Systeme oder Unterklassen von solchen gelten, unabhängig von der besonderen Art der Systeme, der Natur ihrer Komponenten und der Beziehungen oder Kräfte zwischen diesen. Wir fordern daher einen neuen Wissenschaftszweig, genannt allgemeine Systemtheorie. Die allgemeine Systemtheorie ist ein logisch-mathematisches Gebiet, dessen Aufgabe die Formulierung und Ableitung jener allgemeinen Prinzipien ist, die für »Systeme« schlechthin gelten ...« (Ludwig von Bertalanffy, 1955 und 1956. Das Jahrbuch für allgemeine Systemtheorie, *General Systems,* begann seine erste Ausgabe im Jahre 1956 mit einem Nachdruck dieses Aufsatzes: »General Systems Theory«).

Russel L. Ackoff hat später (1963: 121) die von Bertalanffy verwendete Systemdefinition *(»systems« = »complexes of elements standing in interaction«)* mit dem Hinweis kritisiert, das dann »konzeptionelle Systeme« ausgeschlossen wären; müßte man nicht, schlägt er vor, von einem *»complex of interrelated entities«* sprechen?
In dieser Kritik Ackoffs deutet sich eine Entwicklung an, die außerordentlich wichtig ist: die Trennung von *physischen* und *konzeptuellen* Systemen. In der Entwicklung der Systemtheorie haben zwar vor allem die *technischen* Systeme, also vom Menschen geschaffene Kontruktionen aus technischen Bauelementen, die aufgrund der Eigenschaften ihrer Bestandteile ein bestimmtes (gewünschtes) Verhalten zeigen und bei Einwirkung von äußeren Kräften, Zufuhr von Energie, Eingabe von Signalen usw. korrespondierende Reaktionen vorbestimmter Art liefern (Arbeit verrichten, Energie liefern oder Signale aussenden), eine besondere Rolle gespielt, aber bei genauer Betrachtung hat es die Wissenschaft nicht direkt mit den *physischen* Systemen zu tun, sondern mit deren *semantischen* Repräsentationen, also mit *konzeptuellen Systemen,* die in Theorien kodifiziert sind. Hinzu kommt noch ein weiterer Punkt: Die Systemkonzepte blieben nicht auf den naturwissenschaftlich-technischen Bereich beschränkt, sondern wurden schnell auf Komplexe ausgedehnt, in denen Menschen und Maschinen *gemeinsam* ein System bilden (Mensch-Maschine-System) oder in denen überhaupt keine technischen (Maschinen-)-Aspekte auftraten. Wie sollte, wie konnte hier eine Theorie physischer Systeme funktionieren?
Sieht man von einigen (oberflächlichen) semantischen Analogien ab, so war die Brauchbarkeit des systemtheoretischen Schemas der AST und Kybernetik für die Humanwissenschaften zunächst überraschend gering. Was zunächst erhellend oder kühl-objektiv erschien – wie etwa die Analyse politischer Zusammenhänge in kybernetischer Terminologie – erwies sich, genauer betrachtet, als wenig hilfreiche Übersetzung von Standardproblemen der politischen Theorie in eine Maschinensprache. Dies führt nicht weiter, weil es nicht möglich ist, mit technischen Eingriffen oder einer neuen Technologie die Leistungen einer *fiktiven* Maschine zu verändern. Zwei Disziplinen trugen dazu bei, einen Wandel des Systemdenkens – fort von physischen oder technischen Modellen, hin zu komplexen funktionalistischen Modellen, die einerseits eine physische Basis, andererseits aber auch konzeptionelle Faktoren nicht-physischer Art aufweisen – zu bewirken, das dann auch in den nicht-technischen Wissenschaftsgruppen (vor allem: den Sozial- und Kulturwissenschaften) Erfolge haben konnte: Einmal die Ökonomie, die das Systemdenken frühzeitig für sich akzeptierte, zum anderen die Biologie. Wir werden darauf noch ausführlicher eingehen.
Zusammenfassend können wir zunächst einmal feststellen, daß das »Denken in Systemen« einerseits eine lange Tradition hat, andererseits aber diese historisch-begriffliche Tradition des Systembegriffs für die modernen Systemtheorien irrelevant ist. Erst im 20. Jahrhundert kommt es zu einer qualitativ und quantitativ neuen Fassung von Systemkonzepten und damit erst zur Entstehung der System*theorie.*

4. Zur Entstehung der modernen Systemtheorie

Es ist immer problematisch, wissenschaftliche Entwicklungen in einigen Schlagworten zusammenzufassen. Beachtet man diese Warnung und nimmt die folgenden Ausführungen nur als Hinweise auf Strömungen in einem Fluß, der daneben eine Vielzahl anderer Strömungen, Hindernisse, Untiefen, Verwirbelungen, Schnellen, Fälle und ruhige Flußteile enthält, so kann man aus ihnen einige Entwicklungsmomente der Systemtheorie ablesen.

Es ist üblich geworden, und sicherlich durch die Ereignisse mehr als gerechtfertigt, die wissenschaftlichen Neuerungen des 19. Jahrhunderts als » wissenschaftliche Revolution« zu beschreiben (vgl. Charles Morazé 1976). Es lassen sich unzählige Belege aus allen Wissenschaftsbereichen anführen, die die Explosion des Wissens seit dem 19. Jahrhundert dokumentieren. Und doch liegt das Merkmal der »Revolution« nicht in dieser Explosion, in der Vervielfachung des Wissens selbst, sondern in einem tieferliegenden strukturellen Merkmal dieser neuen Wissenschaft, nämlich darin: daß die wissenschaftliche Entwicklung und ihre Produkte (die Entdeckungen und Erfindungen) den Charakter der Zufälligkeit abstreifen und den der Planmäßigkeit annehmen. Die größte Erfindung des 19. Jahrhunderts, sagt Whitehead, war die Erfindung der Methode, wie man erfindet.

Die größte Erfindung war die Erfindung der Methode. Und die Erfindung der Methode ist zugleich die Erfindung des modernen Systemkonzepts, denn Erfindungen lassen sich nur planen, wenn sie auf einer rationalen Methodologie begründet sind. Im 19. Jahrhundert beginnt eine theoretische Orientierung, die das frühere Denken in Substanzen ablöst durch das Denken in Funktionen. Und zugleich werden die wissenschaftlichen Philosophien (Naturphilosophie, Geschichtsphilosophie, Sozialphilosophie usw.) ersetzt durch die empirisch orientierten Wissenschaften (Naturwissenschaft, Geschichtswissenschaft, Sozialwissenschaft usw.). Dafür gibt es zahlreiche Belege in der Entwicklung beinahe jeder Disziplin.

Allgemein hängt dies zusammen mit dem Wandel in dem grundlegenden Paradigma der Wissenschaften, nämlich der sich endgültig durchsetzenden Zuwendung zu empirischen Verfahren und zu Meßverfahren – und dies zwang vor allem dazu: eine exakte (oder wenigstens eine reflektierte!) *Methodologie* einzuführen. Entscheidend wird also die Orientierung an einem exakten (mathematisch-logischen), empirischen Kanon. Hinzu tritt ein zweites Moment: der ungeheure Erfolg der experimentierenden Naturwissenschaften und der sich auf dieser Basis vollziehende Aufstieg von Industrie und Technik (vgl. *Part Two: Industrial Revolution and Technical Developments* 1775–1905, in Morazé 1976, op. cit.). Auch hier ist wiederum die Entwicklung eines operativen Vorgehens, die Abhängigkeit von einer standardisierten Prozedur – also die separate Herausarbeitung der Methodik – der entscheidende Schritt.

Ich will hier nur ein Beispiel anführen, das *pars pro toto* stehen und belegen soll, wie das funktionale, logisch-mathematische Denken, das mit variablen Größen, Abhängigkeiten und Ko-Varianzen arbeitet, an allen möglichen Stellen frühere, teils philosophierende, teils psychologisierende, teils spekulative, teils intuitive Gedankengänge abgelöst und sie dazu gezwungen hat, sich an einem strengeren Kanon zu reflektieren: ein Beispiel aus der Ökonomie.

Betrachtet man die Lehrgeschichte der Nationalökonomie, so sieht man, wie sich zunächst die Historiker kritisch den Klassikern mit dem Vorwurf entgegenstellten: die Tauschvorgänge seien zu abstrakt betrachtet und die Regeln des Marktgeschehens zu formal deduziert worden. Die Klassiker wären so dem Irrtum anheimgefallen, an universelle Gesetze zu glauben, die ohne Rücksicht auf die geschichtlichen Verhältnisse und Bedingtheiten absolute Gültigkeit beanspruchten. Darüber hinaus sei ihre Psychologie zu eng gewesen, die ausschließlich die Orientierung an den eigenen Interessen des Menschen, ihren Eigennutz, ins Auge gefaßt habe. Demgegenüber biete die Wirklichkeit »in Wahrheit« ein Bild unerschöpflicher Mannigfaltigkeit – der Motive, der Erlebens- und Handlungsmöglichkeiten des Menschen, der sozialen Gestaltung der Gesellschaft und so fort.

Hiergegen erhob sich nun eine neue Schule, begründet durch ein Werk Carl Mengers aus dem Jahre 1883 *(Untersuchungen über die Methode der Sozialwissenschaften)* – und dies führte zum sogenannten ersten (oder älteren) Methodenstreit, dem sich später, vor allem geführt durch Max Weber, der jüngere Methodenstreit anschloß, in dem es um das Problem der »Wertfreiheit« ging – ein Streit, den man lange Zeit abgeschlossen wähnte, bis er in den sechziger Jahren erneut aufbrach. Menger verfocht die Berechtigung einer »reinen Ökonomie«, die sich an strengen Prinzipien orientieren sollte – und seine erkenntnistheoretisch sowie methodologisch untermauerte Position erwies sich gegenüber seinen Kontrahenten, vor allem Schmoller, als stärker.
Dies war ein erster Schritt, der die methodologische Basis, den methodischen Kanon, der Ökonomie festigte. Ihm folgte lehrgeschichtlich ein zweiter: Der Angriff auf die zu enge Psychologie der Klassiker führte zu neuerlichen Überlegungen über psychologische Faktoren wirtschaftlichen Handelns. Ihr Ergebnis war die »Psychologische Schule«, die den Begriff des »Grenznutzens« in den Mittelpunkt rückte. Für uns kommt es hier jedoch nicht auf die Berücksichtigung dieser psychischen Faktoren und der darauf aufbauenden Erkenntnis über den Zusammenhang von Nutzen und Knappheit sowie die Steuerbarkeit der Märkte über die Verknappung von Gütern durch den Einsatz von Medien an, sondern auf die lehrgeschichtliche Fortsetzung der Grenznutzenmethode: Diese fand nämlich ihre unmittelbare methodologische Kontrapunktierung – durch die Streichung aller psychologischen Erwägungen und ihre Ersetzung durch funktionale Variablen – in der »mathematischen Schule« (Cournot, Cassel, Pareto und Walras). Die Grundidee scheint überaus einfach: Man übersetze überall die vagen Formeln von »mehr« und »weniger«, von »zunehmenden« und »abnehmenden Erträgen«, von »größeren« oder »geringen Bedürfnissen« durch entsprechende Kurven, Linien und Schnittpunkte – kurzum, man ersetze eine ungenaue Sprechweise durch eine exakte, funktionelle Betrachtungsweise, die einfache Kausalitätsannahmen vermeidet und »das Ganze« als einen interdependenten, dynamischen Zusammenhang vieler Elemente sieht. Die Idee des Systems zeichnet sich ab.
Wie bemerkt: derartige Beispiele ließen sich an vielen, vielleicht an allen Stellen der wissenschaftlichen Entwicklung – jedenfalls dort, wo sie Wirklichkeitswissenschaft und ihr Objekt ein komplexer dynamischer Zusammenhang ist – finden. Und zugleich sind all diese Strömungen nur Vorbereitungen, Vorströmungen, Vorläufer für die ungeheure zweite Revolution, die erst noch kommt: im 20. Jahrhundert. Man wird sich vielleicht daran erinnern, daß der Lehrer Max Plancks, Philipp von Jolly, diesem noch davon abriet, Physik zu studieren – das Feld schien erschöpft, die Theorie kurz vor der Vollendung. »Die Zukunft der Physik liegt in der 5. Dezimale« – kein anderes geflügeltes Wort kennzeichnet besser den Optimismus (oder die Resignation) der Gelehrten dieser Disziplin am Ende des 19. Jahrhunderts. Und darauf folgte der ungeheuerlichste Umbruch allen Wissens, den die Geschichte der Menschheit überhaupt aufweist. Dieser Umbruch betrifft keineswegs nur die Physik, obwohl er, in unserem Schulwissen, hier besonders dramatisch erscheint: in der Entdeckung der Röntgenstrahlen, der Radioaktivität, der Eliminierung (sozusagen einer negativen Entdeckung) der Äther-Theorie, der Entdeckung der subatomaren Partikel (Elektronen-Theorie), der Formulierung der Quantentheorie sowie der allgemeinen und speziellen Relativitätstheorie. Er betrifft ebenso die *Mathematik* (Begründung der Statistik, Entwicklung der Nicht-Euklidischen Geometrie, die logische Fundierung der Mathematik), die *Biologie* (Genetik und Chromosomenforschung), die *Sozialwissenschaften* (um hier, vielleicht ungerechterweise, nur einen Namen zu nennen: Freud), die *Kulturwissenschaften* ...
Wichtiger als die Vielzahl der neuen Entdeckungen zu überblicken, ist es, sich klar zu machen, welches neue Prinzip, welche neuartige Denkweise dieser wissenschaftlichen

Revolution zugrunde lag. Natürlich, so muß man anerkennen, ist dieser ungeheure Sprung, den die Wissenschaft (vor allem in dem Dezennium zwischen 1895 und 1905) macht, nur auf der Basis der immensen Fleißarbeit der vorangegangenen 150 Jahre möglich, auf der Basis des in dieser Vor-Periode adoptierten strengen quantitativen Prinzips, den exakten Messungen, dem unermüdlichen Sammeln von Fakten und ihrer numerischen Auswertung, dem funktionalen, methodischen Denken. Und zugleich beruht der Erfolg der neuen Wissenschaft gerade darauf, daß diese rein quantitative, numerische, datensammelnde Arbeit von einem neuen, übergeordneten *qualitativen* Prinzip überwölbt wird: vom Denken in komplexen Strukturen.

In einem Abschnitt über die Epoche, *The Concepts behind the Discoveries,* sagt J. Bronowski (1966: 143f.):

»Even more profound than the body of new facts uncovered in the sciences from the opening of the twentieth century was the movement in the underlying assumptions of science. This subterranean movement in outlook ... was the real scientific revolution of the twentieth century ... Preocupation with number and measurement was overshadowed by a growing interest in *structure*. ... It was the relations, the connections between phenomena, *the structure of the network of connections,* which interested the scientist ... The quantitative principle was not thrown overboard, for science cannot exist without precise data. But it ceased to dominate the minds of scientists as it had in the nineteenth century. ... The quantitative principle became subservient to something more profound – *the concept of structure«* (Hervorhebungen von mir).

Von hier bis zur Entwicklung der Systemtheorie war es nur noch ein kurzer Schritt. Dieser Schritt wurde jedoch erst eine Reihe von Jahren später, genauer: erst im Laufe des Zweiten Weltkrieges, getan. Wir werden darauf noch kommen. Zunächst ist zu ergänzen, daß neben dieser Vor-Strömung wissenschaftlicher Faktoren auch eine Reihe von außerwissenschaftlichen Anstößen in der Entwicklung der Systemtheorie zu berücksichtigen ist.

5. Außerwissenschaftliche Anstöße

Das Denken in Systemen, das heißt in großen Zusammenhängen, die sich ihrerseits aus interdependenten, in Wechselwirkungen stehenden Komplexen aufbauen, ist – wie schon ganz zu Beginn erwähnt – eine anthropologische Notwendigkeit. Der Mensch muß, um als »biologisch-organisches Mängelwesen« überleben zu können, von seinen cerebralen Fähigkeiten Gebrauch machen, und diese beruhen auf oder bestehen in dem Vermögen zur selektiven Abstraktion, zur Generalisierung, zum Erleben und Handeln nach selbstkonstruierten Ordnungsentwürfen, die den Ereignissen übergeworfen werden wie ein Netz – Wirklichkeit für den Menschen ist nur das, was in diesem Netz hängenbleibt. Wir werden später ausführlicher auf einige anthropologische Prämissen eingehen; hier genügt es, an diese Prämisse als fundamentale Grundannahmen einer Systemtheorie menschlichen Erlebens und Handelns zu erinnern.
Diese Fähigkeit »zum Denken in Systemen« ist zwar von der Wissenschaft erst zu ihrer vollen analytischen Schärfe entfaltet worden, aber sie ist kein Produkt der Wissenschaft, sondern ein Kind der Praxis, dessen sich dann die Wissenschaft im Zuge ihrer universellen Evolution bemächtigt und plötzlich als ihr eigenes zu entdecken geglaubt hat. Aber die Elternrechte liegen wohl eher in dem Bereich der Lebenspraxis, die seit der industriellen Revolution und dann erneut in einem dramatisch verstärkten Maße im Zwanzigsten Jahrhundert als »Technologie« die Welt in ihren Griff genommen hat. Den zentralen

Kern dieser Technologie(n) bilden die industrielle Produktion, Transport, Kommunikation und die Rüstungsindustrie und deren Basis wiederum die (Natur-)Wissenschaften. Das entscheidende Merkmal verdanken die Technologien jedoch nicht der Wissenschaft (eher umgekehrt), und dieses entscheidende Merkmal ist: die Fähigkeit zur organisatorischen, operativen Integration einer Vielzahl von Faktoren zu einem produktiven, dynamischen technischen Organismus *sui generis* – kurz: zu einem System. Nicht die Organisationsstruktur der Wissenschaften und der wissenschaftlichen Forschung, nicht der Bereich der autonomen Hochschulen mit ihrer Konzeption der Freiheit des genialen Wissenschaftlers, sondern vielmehr das Milieu der industriellen, kapital- (das heißt: absatz- und ertrags-)orientierten Massenproduktion und ihrer politischen Systeme, war der wirkliche Nährboden für das Denken in globalen Strategien, in geologischen, ökonomischen und politischen Großräumen, und von hier kam der eigentliche Anstoß für die Suche nach einem *generalisierten* Wissen und entspechenden operativen Methoden. Diese Überlegungen sollen und können aber keinesfalls die Bedeutung der wissenschaftlichen Forschung mindern – ohne Wissenschaften hätte sich die industrielle Revolution niemals vollzogen, wären Technologie und Industrie niemals entstanden. Ohne die wissenschaftliche Wendung von den quantitativen Prinzipien des Zählens und Messens zu dem qualitativen Prinzip der Strukturbildung hätte die Basis für das Konzept des Systemdenkens gefehlt. Aber nachdem die Wissenschaft diese Basis gelegt hatte, bedurfte es der aus ökonomischen und technologischen Zwängen entstandenen Suche nach globalen Strategien, um in dieser revolutionierten Welt im praktischen Handeln Erfolge zu erringen.

Die eigentliche Bedeutung solcher globalen Strategien für ökonomische, politische und militärische Ziele wurde in ihrem ganzen Umfang erst im Zweiten Weltkrieg offenbar. In dieser Periode wurde der Begriff *systems analysis* (der als »Systemanalyse« oder »Systemtechnik« auch in die deutsche Sprache übernommen wurde) als Sammelbegriff für Untersuchungen über die Entwicklungsmöglichkeiten, Kosten, taktische Einsatzmöglichkeiten usw. neuer Waffensysteme eingeführt. Derartige Untersuchungen erfolgten im Bereich der *operations research* (die Analyse militärischer Operationen) der militärischen und strategischen Forschung, der parallelen Rüstungs- und Raketentechnik, der logistischen Analyse usw. Ökonomische Überlegungen spielten dabei ebenfalls eine zunehmend wichtige Rolle. Sie betrafen Kosten/Ertragsberechnungen, den Entwurf von Planungs- und Programmierungsmodellen und die langfristige Budgetierung von öffentlichen und privaten Vorhaben. Jede dieser Untersuchungsrichtungen hatte ihre eigenen Traditionen und ihre – oft bereits seit langem als wissenschaftliche Disziplinen etablierten – Vorläufer; neu war die Zusammenfassung in einheitlichen (militärischen, technischen und ökonomischen) *Projekten.*

Diese, aus Krisen- und Kriegssituationen kommenden, Anstöße führten auf der Ebene der Wissenschaft zu einer neuen Entwicklung – der Entstehung der Systemwissenschaften. Diese Entwicklung setzte etwa im Jahre 1940 ein. Zu dieser Zeit begannen die in Krisenstäben und speziellen Forschungs- und Strategiekommissionen zusammengezogenen Wissenschaftler immer klarer zu erkennen, daß sich bestimmte Probleme nur dann verstehen, analysieren und lösen lassen, wenn man sie als Erscheinungen eines Gesamtzusammenhanges betrachtet, der eine eigene, quasi lebendige, Identität besitzt, der scheinbar ein Wesen für sich ist, mit eigenen Funktionsgesetzen, Absichten, Zielen, internen Interaktionen, externen Austauschvorgängen ... usw., kurz: quasi ein lebender Organismus zu sein scheint, ohne natürlich wirklich (im biologischen Sinne) zu leben und als »Lebewesen« erkennbar zu sein.

In den oft zitierten Worten von Warren Weaver: »Immer mehr aber tritt uns auf allen Gebieten, von subatomaren zu organischen und soziologischen, das Problem der organisierten Kompliziertheit gegenüber, das anscheinend neue Denkmittel erfordert – anders ausgedrückt – verglichen mit linearen Kausalketten von Ursache und Wirkung, das Problem von Wechselwirkungen in Systemen. Damit gelangen wir aber zur Systemtheorie« (aus Händle/Jensen 1974: 12).

Eine solche Problemsicht konnte auf ältere holistische (ganzheitliche) Vorstellungen zurückgreifen, die am prägnantesten in dem Satz zum Ausdruck kommen, »das Ganze sei mehr als die Summe seiner Teile« und »der Organismus mehr als die Summe seiner Bestandteile«. Es dauerte einige Zeit, bis diese (zum Teil etwas unklaren) Vorstellungen von einer »Ganzheitskausalität« logisch und methodologisch soweit abgesichert waren, daß sie ein zuverlässiges Fundament für die neue Wissenschaftsgruppe der »Systemwissenschaften« bilden konnten. Eine erhebliche Bedeutung kommt dabei insbesondere den Arbeiten Ludwig von Bertalanffys zu, der – zunächst allein, später in Zusammenarbeit mit dem Biomathematiker Anatol Rapoport und dem Ökonomen Kenneth Boulding – die allgemeine Systemtheorie *(General Systems Theory)* entwickelte.

Ihre institutionelle Verankerung fand diese Entwicklung in der 1954 gegründeten »Society for General Systems Research«. Durch diese Gesellschaft und durch ihre Zeitschrift *General Systems* wurden dann endgültig eine Vielzahl von Strömungen zu dem breiten Fluß der Systemtheorie vereinigt: Kybernetik, Computertechnologie, Informationstheorie, Theorie der Kontroll-Systeme, Theorie der strategischen Spiele ... usw.

Die hier entwickelten Gedanken wurden zum wissenschaftlichen Paradigma, das in allen Disziplinen auf alle möglichen Probleme Anwendung fand. Das Ziel wurde von Bertalanffy wie folgt beschrieben: »Es gibt Modelle, Prinzipien und Gesetze, die für allgemeine Systeme oder Unterklassen von solchen gelten, unabhängig von der besonderen Art der Systeme, der Natur ihrer Komponenten und der Beziehungen oder den Kräften zwischen diesen. Wir fordern daher einen neuen Wissenschaftszweig, genannt »Allgemeine Systemtheorie«. Die »Allgemeine Systemtheorie« ist ein logisch-mathematisches Gebiet, dessen Aufgabe die Formulierung und Ableitung jener allgemeinen Prinzipien ist, die für »Systeme« schlechthin gelten. Auf diesem Wege sind exakte Formulierungen von Systemeigenschaften möglich, wie zum Beispiel Ganzheit und Summe, Differenzierung, progressive Mechanisierung, Zentralisierung, hierarchische Ordnung, Finalität und Äquifinalität usw.; das heißt Charakteristiken, die in allen Wissenschaften vorkommen, die sich mit Systemen beschäftigen und so deren logische Homologien bedingen.« (aus Händle/Jensen 1974: 13f.)

Die Systemwissenschaft vereint Ansätze aus der Kybernetik, der Informationstheorie, der Spieltheorie, der Nachrichtentechnik, den Ingenieurwissenschaften, der Biologie und den Sozialwissenschaften. Aus all diesen Disziplinen entwickelte sich ein abstraktes Paradigma wissenschaftlicher Forschung, dessen Attraktivität und Verbreitung auf der Notwendigkeit generalisierter, interdisziplinärer, problemorientierter Projektforschung beruht. Die Systemwissenschaften sind als instrumenteller Forschungsansatz und als Kodifiktionsschema allen anderen Ansätzen überlegen, weil sie die Komplexität und Interdependenz aller Phänomene – die hochgradige Verflochtenheit aller Dinge, Eigenschaften und Beziehungen – zu ihrem eigentlichen Thema und damit zum Gegenstand unseres Bewußtseins gemacht haben wie nie ein anderer Ansatz zuvor.

6. Begriffliche und formale Elemente der Systemtheorie

Wohin führt nun dieser neue Weg; was findet der vor, der ihn beschreitet? Eines vor allem muß man sich klarmachen: Der Weg der Systemtheorie führt nicht zu neuem empirischen Wissen, sondern zu einer anderen Sichtweise, nicht zu materiellen Inhalten, sondern zu formalen Methoden. Woran liegt das? Es liegt, in eine einfache Formel gefaßt, an einem Umstand, den wir schon eingangs ausgeführt haben, nämlich daran: daß es Systeme »als solche« in der Wirklichkeit nicht gibt. Folglich können wir auch keine empirischen Erkenntnisse über Systeme gewinnen.

In der Wirklichkeit gibt es keine Systeme. Aber wir können uns entschließen, alles Mögliche *als System* zu betrachten. Systeme entstehen also durch unsere Betrachtung, sie sind Konstruktionen unseres Verstandes. Dies darf man freilich nicht mißverstehen, als wären auch die als Systeme betrachteten Gegenstände oder Zusammenhänge stets von uns produziert. Wir Menschen sind es, die Systeme schaffen, wir bilden sie in unserem Geist, wir interpretieren Ausschnitte der Welt als Systeme. Systeme zu bilden, ist ein anthropologisches Prinzip. Es ist eine Form des operativen Denkens. Menschen denken in Systemen – und das heißt, daß sich Menschen ihre Welt konstruieren: Die Konstruktion der sozialen Realität vollzieht sich durch Systembildung. Indem nun die Wissenschaft dieses Prinzip noch einmal mit Überlegung, Vorsatz und Methode aufnimmt, macht sie folgendes: Sie »re-kontruiert« die schon vorab konstruierte Wirklichkeit.

Betrachten wir ein Beispiel: Nähmaschinen. Eine Nähmaschine ist ein kompliziertes (mechanisches, mittlerweile bereits: elektronisches) System; hinzu kommt noch die Interaktion mit den Nähfäden (die historisch auch erst als besondere, maschinengeeignete Garne erfunden und hergestellt werden mußten!) und schließlich die Koordination der maschinellen Abläufe durch eine Näherin (oder einen Näher): ein kompliziertes Mensch-/Maschine-System, dessen Entwicklung nur verständlich ist auf dem Hintergrund der Wirtschafts- und Sozialgeschichte des 19. Jahrhunderts (vgl. Karin Hausen 1978).

Die Beschäftigung mit einem solchen System zeigt, daß darin sowohl kulturelle (soziale, historische, usw.) Faktoren eine unübersehbare Rolle spielen, die die Entstehung und Ausprägung dieses Systems formen, als auch technische Elemente, die ihre eigene Gesetzlichkeit haben. Dieser technische Aspekt scheint um so stärker werden zu wollen, wie das betrachtete System (oder genauer: der als System betrachtete Zusammenhang) »physischer« Art ist und sich von der sozio-kulturellen Kontingenz befreit; es scheint, als liefere die vollendete Technik ihre Systeme nach einer der Natur sozusagen abgerungenen Blaupause, als wäre das System der vollkommene Ausdruck einer Gesetzmäßigkeit, die in der Natur vorhanden und vom Menschen entdeckt sowie technisch ausgenutzt worden wäre. Aber dies ist nicht wirklich so; die elementare, ursprüngliche Grundschicht menschliches Erlebens und Handelns in der Welt ist zunächst immer kultureller Natur.

Dies zeigt sich vielleicht am besten bei den kosmischen Systemen: Man sollte denken, auf die Sterne und deren System hätte der Mensch doch überhaupt keinen Einfluß, so daß sich die »wahre Natur« sozusagen allmählich durch die Beobachtung hindurch von allein dem menschlichen Geist aufdrängen müßte. Aber einerseits »sehen« wir nur, was unsere Instrumente uns zeigen und interpretieren dies im Lichte unserer kulturell geprägten Theorien; zum anderen – und noch drastischer – kann man aus den Sternen zweierlei sehen: Astrophysik oder Astrometaphysik (Astronomie oder Astrologie).

Noch einmal: Der Mensch macht schon immer vom Prinzip der Systembildung Gebrauch. Die Wissenschaft übernimmt dieses Verfahren lediglich und verbessert es durch reflexive Selbstanwendung: Sie systematisiert die Systembildung.

Worin besteht nun das Prinzip der Systembildung? Es besteht darin, Zusammenhänge zu konzipieren, Verbindungen zu vermuten, den Elementen darin Aufgaben (Wirkungen) zuzuweisen usw., kurz: einen organisierten Komplex interdependenter Teile vor sich zu sehen. Dies ist eine konstruktive Leistung des menschlichen Geistes, sich dies vorzustellen, dies vor seinen inneren Augen sichtbar zu machen.
Der nächste Schritt besteht darin, sich über das Verfahren, das man dabei anwendet, genauere Gedanken zu machen; also die Methode auszuarbeiten und zu standardisieren, mit der man Systeme bildet. Systembildung ist ein Prozeß, den Menschen vornehmen, und sie zeichnen dabei Zusammenhänge nach, die in der Wirklichkeit entweder schon bestehen oder erst geschaffen werden sollen. Das Ergebnis dieser Prozesse der Systembildung sind Systeme.
Die Methode, von der wir hier sprechen, soll als Methode der Systembildung bezeichnet werden. Sie besteht darin, einen Gegenstand unter dem Gesichtspunkt seiner inneren Organisation und seiner Verbundenheit mit anderen Gegenständen der Umwelt zu analysieren. Jeder beliebige Gegenstand kann als System betrachtet werden, »weil alles und jedes auf irgendeine Weise ein Ganzes ist und Teile hat und allem eine Struktur zugeordnet werden kann« (Leinfellner 1966: 222). Dies hat nichts mit den Eigenschaften der Dinge (mit der Ontologie) zu tun, sondern liegt in der Besonderheit der Methode (der Methodologie). Man muß daher eine Aussage, daß ein bestimmter Gegenstand »ein System sei«, auf die Art der Analyse relativieren – oder anders formuliert: Es ist sinnlos, von »einem System« außerhalb der entsprechenden Systemtheorie zu sprechen, innerhalb derer die Ausdrücke »System«, »Element«, »Struktur«, »Beziehung« usw. genau bestimmt sind.
Wir haben damit immer wieder die Idee unterstrichen, daß es keine »Systeme als solche« gibt, sondern daß Systeme vom Menschen konstruiert sind. Erinnern wir zugleich aber nochmals daran, daß der »Gegenstand« (Zusammenhang), der als »als System« interpretiert, das heißt, durch Prozesse der Systembildung analysiert wird, in vielen Fällen »schon immer bestehen« kann – aber was bedeutet dies? Es bedeutet nur, daß »etwas schon immer da ist«, dem sich Menschen zuwenden; in diesem Fall in der Weise, daß sie diesen Zusammenhang nunmehr »als System« interpretieren, analysieren, erforschen und darstellen. Daß die Welt »schon immer da ist«, das wußten wir schon, und darauf kommt es hier nicht an, sondern darauf: wie wir die Welt nunmehr in unserem Erleben und Handeln wahrnehmen, interpretieren, bearbeiten, gestalten ... usw. Systembildung ist *ein* Schritt dieser Art, und zwar ein besonders erfolgreicher.
In anderen Fällen jedoch gibt es nicht »schon etwas«, das als System interpretiert und behandelt werden könnte, sondern das System wird erst projektiert – ein neuer technischer Zusammenhang, eine neue Maschine, eine neue Siedlung ... Dabei bleibt jedoch das Prinzip der Systembildung dasselbe – und eben dieses Prinzip und die Methode der Systembildung sollen hier diskutiert werden.

7. Einige philosophische und wissenschaftstheoretische Aspekte der Systemtheorie

Wissenschaft dient vor allem der Erforschung der Welt, in der wir leben – Welt im weitesten Sinne. Im allgemeinen nehmen wir an, daß die Welt um uns herum wirklich vorhanden ist und wir sie, wenn auch in einem durch unsere physische Beschaffenheit eingeschränkten Maße, in unserem Erleben und Handeln so erfahren, wie sie »wirklich«

ist – abgesehen von den vertrauten Täuschungen, Irrtümern und Mißverständnissen, denen wir, wie uns die Wahrnehmungspsychologen belehrt haben, mit unseren imperfekten Sinnen immer wieder erliegen.
Daß die Welt begreiflich ist, daß es einen Zusammenhang zwischen unseren Sinn-Erlebnissen und der Fähigkeit zum operativen Handeln gibt, ist für Einstein eine große Quelle des Erstaunens: »Man kann sagen: Das ewig Unbegreifliche an der Welt ist ihre Begreiflichkeit«. Aber die Welt ist nicht per se »verständlich«, »intelligibel« oder »begreiflich«, *sondern sie wird durch unser Handeln intelligibel gemacht!* Wir konstruieren uns die Welt so, daß sie uns erklärlich *scheint;* wir prägen ihr ein Schema auf. Die Erklärung der Welt durch die Systemtheorie folgt dem Schema der *Black Box:* Drehe ich an *diesem* Knopf, so bekomme ich *dieses* Ergebnis; drehe ich an *jenem,* so erhalte ich *jenes* Ergebnis. Bezogen auf das Problem von Theorie und Empirie ergibt sich: Verwende ich *diese* Theorie, so erhalt ich *diese* Ergebnisse, verwende ich *jene,* so erhalte ich *jene* Ergebnisse – und das »Empirische« liegt allein in diesem Befund des Unterschiedes zwischen den Ergebnissen. »Nicht in der Theorie, sondern erst in der Metatheorie erscheint die Realität«, sagt und begründet Kurt Hübner (1978: 71).
Man könnte sagen: Die Systemtheorie sei nicht eine *empirische* Theorie (eine Beschreibung, Erklärung und Systematisierung) des »So-Seins« der Dinge, gleichsam eine Bestandsaufnahme von Kausalitäten und Wechselwirkungen, sondern eine *operative* Theorie – eine Theorie, die die gesellschaftliche Konstruktion der Realität nachzeichnet – oder noch anders: eine Theorie über die von Menschen konstruierten oder noch zu konstruierenden Systembildungen. Menschen erschaffen sich eine Welt, konstruieren sie, und später formulieren sie Theorien darüber, wie die Welt »wirklich ist«. Aber die »wirkliche Welt« in diesem fundamentalistischen Sinne, wie es hier gemeint ist, gibt es gar nicht. Es gibt nur unsere Welt, wie wir sie gemacht haben. Moleküle, Atome, Protonen, Elektronen, Quarks, ... – all dies gibt es und gibt es zugleich nicht. Sie sind ein Teil unserer Welt, wie wir sie uns geschaffen haben, aber es gibt sie nicht außerhalb unserer Kultur »an sich«. Wir haben uns die Welt so konstruiert – und was unsere Systemtheorien erfassen, sind operative Prozesse, die Faktoren aus der physischen Wirklichkeit und dem soziokulturellen Feld zu einer Lebenswelt vereinen. Vielleicht gibt es elementare Erlebnisse, die Menschen interkulturell fast unterschiedslos zugänglich sind, bei denen auch die sprachliche oder sonstige symbolische Kodierung keine Rolle spielt. Aber dem gegenüber steht die überwältigend größere Klasse von Phänomenen, die symbolisch konstituiert sind und in ihrer Erlebbarkeit sehr stark, wenn nicht überhaupt ausschließlich, von der Semantik abhängen, in die sie gefaßt sind – ja die überhaupt nur in ganz bestimmten Formeln bewußtseinsfähig sind und mithin außerhalb ihrer Kulturkreise überhaupt nicht gedacht werden können (so wie dies in ganz ausgeprägtem Maße für die Philosophie des ZEN oder die Inhalte der Mystik gilt). Vielleicht wird man hier einwenden, daß derartige transzendentale Lehren es gerade anstreben, über die Sprache hinaus zu nicht-sprachlichen Erweckungserlebnissen zu gelangen. Dem geht aber (insbesondere im ZEN) eine Phase voraus, in der das Bewußtsein immer wieder mit denselben semantischen Formeln ringen muß – und nur über diese Leiter, die man, um mit Wittgenstein zu sprechen, hinterher wegwerfen muß, führt der Weg zu den gesuchten inneren Erlebnissen. Die Verwendung von Formeln ist daher von jeder derartigen mystischen Bewegung untrennbar und findet sich darüber hinaus in allen Kulturen bis hinein in die keineswegs *rein* rationalen Wissenschaften. Auch die modernen Theorieinhalte und die Philosophien der Gegenwart sind zwar auf intersubjektive Verständlichkeit hin ausgelegt, aber doch nur über bestimmte Sprachformeln konstituierbar, die oft zum Jargon degenerieren. Die *realistische* Erkenntnisposition, die zumeist mit einer *empiristischen* Auffassung von Methodologie einhergeht (wobei die erste, grob

formuliert, behauptet, daß es eine *erkennbare Außenwelt* gäbe, die wir Schritt um Schritt mit Hilfe der Wissenschaft erfassen, und die zweite behauptet, wiederum grob formuliert, daß die Basis aller wissenschaftlichen Erkenntnis die *Erfahrung* sei, so daß also sich beide im wesentlichen in der These vereinen, daß Erkenntnis in der Wahrnehmung der uns umgebenden Außenwelt bestünde!), muß daher von der Systemtheorie verworfen und durch eine *konstruktivistische* Auffassung ersetzt werden:
Als Wissenschaftler finden wir eine Welt vor, in der sich physische und kulturelle Elemente untrennbar miteinander zur »Lebenswelt des Menschen« verwoben haben. Kein noch so angestrengtes Suchen führt uns je zu einer ursprünglichen »Wirklichkeit an sich« zurück; was wir entdecken, sind immer nur die physischen Schichten soziokultureller Systembildungen, und nur diese können wir rekonstruieren.
Wohin führen all diese Bemerkungen? Nun, sie sollen eine These ins Bewußtsein heben: daß alle Systembildungen letztlich auf menschliches Erleben und Handeln zurückgehen. Der Erfolg der Systemtheorie ist nicht zufällig – er beruht darauf, daß Menschen schon immer von dem Prinzip der Systembildung Gebrauch machen. Systemtheorie ist die Theorie menschlichen Erlebens und Handelns – selbst dort, wo sie scheinbar nichts anderes als technische Zusammenhänge in Maschinen oder elektronischen Netzen thematisiert. Diese These wird das Buch verfolgen.

Teil II

1. Die Einteilung der Welt in Systeme

Am Ende des letzten Abschnitts wurde behauptet, daß unsere Suche nach »der eigentlichen Wirklichkeit« sinnlos wäre – kein noch so angestrengtes Suchen führt uns je zu einer »ursprünglichen« oder »eigentlichen Wirklichkeit«; wir treffen immer nur auf immer wieder neue Schichten unserer früheren Lebenswelten: auf soziokulturelle Systembildungen. Freilich – was da als System konstruiert wurde, ist eine Vermischung, ein untrennbares Konglomerat, physischer und sozialer Faktoren, physikalischer Gegebenheiten, biologischer Daten, environmentaler Zufälligkeiten, kultureller Errungenschaften ...

Man kann jedoch versuchen, diese sozialen Konstruktionen, den Aufbau der Schichten der Lebenswelt, wissenschaftlich zu *re*-konstruieren. Die Formulierung einer Systemtheorie ist nichts anderes als eine Methode einer solchen Rekonstruktion. Wir entwickeln eine Theorie der Lebenswelt, indem wir die Lebenswelt als ein System interpretieren – und da die Lebenswelt schon immer in Form von Systembildungen des menschlichen Erlebens und Handelns konstruiert ist, führt die Formulierung unserer Systemtheorie zu einer Re-Konstruktion dieser primären Systembildungen.

Menschen konstruieren ihre Lebenswelt als eine Fülle von Systemzusammenhängen. Dies ist eine anthropologische Grundvoraussetzung für die Fähigkeit des Menschen, überhaupt zu überleben. So entstehen die Lebenswelten des Menschen als Überformung der natürlichen Welt (Kulturwelt überlagert Naturwelt). Und diese Kulturwelt, die Lebenswelt, ist eine Hierarchie von Systemzusammenhängen.

Die unterste Ebene dieser Hierarchie wird von der Schicht der physikalischen Komponenten gebildet, aus denen sich nicht nur unsere Erde, sondern der gesamte Kosmos zusammensetzt, die gesamte anorganische Materie in all ihren Verbindungen und mit all ihren Kräften (der Gravitationskraft, der elektromagnetischen Kraft und den Kernkräften).

Die Systeme der zweiten Schicht werden durch die Entstehung des Lebens gekennzeichnet; es sind Systeme der organischen Materie, »lebende Systeme«, angefangen bei den Nukleinen und Enzymen in einem Eiweißspäroid als Primitivform des Lebens bis hin zur Entfaltung von intellligentem Leben.

Die Systeme der dritten Schicht sind die vom Menschen aufgebauten Systeme des Erlebens und Handelns. Es handelt sich um sozio-kulturelle Programmstrukturen, die das Verhalten von Menschen in der Lebenswelt organisieren und steuern. Diese Systeme werden später den Hauptgegenstand der Arbeit bilden.

Schließlich läßt sich noch eine vierte, metaphysische Schicht konzipieren, der Systeme zuzurechnen sind, die ihrer Sinnbedeutung nach nicht der realen Wirklichkeit zugerechnet werden können, sondern einer transzendenten Realität zugeschrieben werden müssen. Skeptikern gegenüber solchen Systemen muß man daran erinnern, daß es Systeme nicht als solche gibt, sondern daß es sich um Konstruktionen des menschlichen Geistes (also sozio-kulturell erzeugte Phänomene) handelt, und soweit sie in den Gedanken, Plänen, Operationen (generell: im Erleben und Handeln) von Menschen vorkommen, sind sie auch als Systeme vorhanden. Inhaltlich geht es bei den Systemen dieser Schicht um die Systematisierung von moralischen und ethischen sowie religiösen Überlegungen, in denen Vorstellungen über die Existenz von Göttern (oder anderen kosmischen Wesenheiten beziehungsweise Wirkungskräften), über den Sinn des Kosmos und die Bedeutung des Lebens, der Funktionen von Gut und Böse, der Versuchung, des Leidens usw. vorkommen.

Den Leser wird vermutlich verwundern, auf welche Weise und mit welcher Schnelligkeit eine solche Hierarchie von säuberlich getrennten Systemen eingeführt wird. Wie schon bemerkt: Systeme sind Netze, die wir auswerfen (der Leser wird sicherlich den Ursprung des hier abgewandelten Zitats kennen, das seine Verbreitung einem in England geadelten Österreicher verdankt), und dies gilt insbesondere für die Konstruktionen der Systemtheorie. Eine solche Konzeption von hierarchischen System-Schichten (die von Talcott Parsons in seinem letzten großen Aufsatz über die *»Human Condition«* eingeführt wurde; vgl. Parsons *»Paradigm«)* ist nichts anderes als ein Netz, in dem bestimmte Aspekte der Wirklichkeit »hängenbleiben«, das heißt, in spezifischer Weise rekonstruierbar sind – und genau das ist erwünscht. Dies kann selbstverständlich nicht heißen, daß die Wirklichkeit genau aus solchen Schichten und in keiner anderen Weise aufgebaut wäre – man kann den Aufbau der Wirklichkeit in eine Vielzahl von Schematisierungen fassen. Hier kommt es lediglich darauf an, eine bestimmte Form der Rekonstruktion zu wählen, die eine Optimierung der Theorie insgesamt in Hinblick auf ihre Anschlußfähigkeit an ihren Randzonen ermöglicht.

In der Praxis verwischen sich die Unterschiede zwischen diesen analytisch getrennten Schichten – oder genauer gesagt: die einzelnen Schichten durchdringen sich vielfältig, bilden Interpenetrationen und Interdependenzen, so daß zu einer Analyse oder Re-Konstruktion dann sowohl physikalische als auch biologisch-chemische als auch psychologische als auch sozio-kulturelle und gelegentlich auch spirituell-metaphysische Kenntnisse, Erfahrungen und Theorien notwendig sind. Dabei kann natürlich das Ausmaß, in dem diese einzelnen Elemente berücksichtigt werden müssen, sehr unterschiedlich sein ...

Systeme sind von Menschen konstruierte und zugleich als objektiv bestehend gedachte Zusammenhänge der Lebenswelt. In dieser Welt hängt – in sehr unterschiedlicher Klarheit – alles mit allem zusammen; immer wieder entdecken wir überraschende Interdependenzen, Beziehungen, Abhängigkeiten und Querverbindungen. Zahllose Kovarianzen dieser Art lassen sich wissenschaftlich nachweisen, andere vermuten wir nur, von vielen ahnen wir allenfalls etwas. Mit Gewißheit ist das System unseres Organismus mit der unmittelbaren Umwelt um uns herum vielfältig verbunden; aber ob unser Schicksal, einschließlich unseres körperlichen Befindens, wirklich mit der Stellung eines Teils der stellaren Materie verknüpft ist, scheint nicht allen ganz klar zu sein.

Wenn nun alles mit allem zusammenhängt, alle Systeme einander durchdringen, jedes System jedes andere beeinflußt – wird dann nicht alles unklar, unscharf und verschwommen? Das Gegenteil sollte der Fall sein! Die Absicht und Aufgabe der Systemtheorie – der Systemanalyse – ist es gerade, in diese überkomplexe Menge von Interdependenzen und Interpenetrationen, von Elementen und Relationen, Abhängigkeiten und Beziehungen eine erkennbare Ordnung zu bringen. Freilich sehen die ersten Schritte oft nach endlosen Vokabellisten, nach willkürlichen Taxonomien, nach semantischen Kästchenspielen aus. Aber diese ersten Schritte liegen nun gute 30 Jahre hinter uns, und sie sind viele Male durchlaufen worden. Wir brauchen daher an dieser Stelle wirklich nur die strategisch entscheidenden Punkte in Erinnerung zu rufen. Andererseits sollte niemand vergessen, daß die Konstruktion eines Systems eine – im Ausgangspunkt vielleicht willkürlich, in der Technik jedoch: – höchst exakte Angelegenheit ist, die jedenfalls nicht so vor sich geht, daß man einfach »etwas« ein »System« nennt: Man muß es präzise aus genau definierten Elementen, Eigenschaften und Relationen, Steuerungsmechanismen und Funktionsgesetzen aufbauen. (Vgl. dazu die ausführliche Kritik von Esser u. a. 1977 an Luhmann, der allerdings – und das muß man auch deutlich herausstellen, um Luhmann gerecht zu werden – aus bestimmten theoriestrategischen Gründen heraus eine derartige methodologische Exaktheit [über die er durchaus verfügen könnte!] verwirft, um seine Theorie auf einer anderen Reflexionslage über eine hochentfaltete soziologische Semantik zu einer seinen Vorstellungen adäquaten Bewußtseinslage zu bringen. Dennoch ist die Kritik von Esser u. a. ein sehr lesenswerter Text für alle, die sich Systemtheorie als [leichte] Arbeit vornehmen.)

2. Konstruktion von Systemen

Warum ist überhaupt Ordnung und nicht vielmehr Chaos? Unordnung, Entropie, Gleichverteilung aller Möglichkeiten scheint so viel einfacher als der Aufbau komplizierter Ordnungsgefüge. Wenn wir dennoch überall in unserer Welt auf derartig unwahrscheinliche Ordnungen stoßen, so muß es dafür Ursachen geben; Kräfte, die der Entropie und dem Chaos entgegenwirken. Eine Ursache liegt im Menschen selbst: seine anthropologische Ausstattung, die ihn zwingt, vom System der Systembildung Gebrauch zu machen.

Diese anthropologische Prämisse haben wir immer wieder hervorgehoben. Die Entstehung der Systemtheorie ist nur ein Aspekt dieses Prinzips, dessen Verwendung sich beim Menschen immer wieder nachweisen läßt – freilich, ein Aspekt von besonderer Bedeutung, weil er eine reflexive Wendung auf das Prinzip selbst darstellt. Die »schon immer« vollzogenen Systembildungen werden nun auf der analytischen Ebene der Theorie reflexiv rekonstruiert. Wir müssen daher auch sorgfältig die vorwissenschaftlichen, nicht-reflexiven Systembildungen des Erlebens und Handelns von den wissenschaftlichen (Re-)Konstruktionen trennen. Alle Systeme, die mit Hilfe der Systemtheorie entstehen (die Systeme im eigentlichen und strengen Sinne des Wortes; denn außerhalb der Systemtheorie – in der Wirklichkeit – gibt es, wie schon so oft betont, keine Systeme, sondern diese müssen erst reflexiv als Systeme rekonstruiert werden), sind auf diese Theorie bezogen und nur innerhalb dieser Theorie verstehbar, interpretierbar, diskutierbar. Und nur von solchen Systemen wird künftig die Rede sein. Alle anderen Zusammenhänge, die in der Alltagssprache nach Belieben als »Systeme« bezeichnet werden, wobei diese Bezeichnung synonym mit »geordneten Zusammenhang« verwendet wird, ohne daß dabei eine Systemtheorie vorausgesetzt oder impliziert wird, sind für uns nicht Systeme, sondern eben nur Zusammenhänge konkreter oder abstrakter Art, die mit Hilfe der Systemtheorie als Systeme behandelt werden *könnten* (»grundsätzlich kann alles und jedes als System behandelt werden ...«). Diese Bemerkungen gelten insbesondere auch für das menschliche Erleben und Handeln. Menschliches Erleben und Handeln macht schon immer von dem Prinzip der Systembildung Gebrauch, und daher treffen wir überall auf (System-)Zusammenhänge. Aber um hier zu Recht von »Systemen des Erlebens und Handelns« im wissenschaftlichen Sinne sprechen zu können, müssen wir auch in einer wissenschaftlichen Weise (das heißt, *in termini* einer Systemtheorie menschlichen Erlebens und Handelns) definieren, wie diese Theorie aufgebaut sein soll – und dieser Arbeit wenden wir uns hier zu.

Systeme sind Konstruktionen. Wie konstruiert man ein System? Zunächst durch Definitionen. Eine der am häufigsten zitierten Definitionen stammt von Hall und Fagen (1956).

Sie lautet: *»A system is a set of objects together with relationships between the objects and between their attributes.«* Diese Definition, wie die meisten, entstand im Zusammenhang von Forschungen über technische Probleme (in diesem Fall bei den *Bell Telephone Laboratories*, New York), und wenn hier von Objekten, Relationen und Attributen die Rede ist, so denken die Autoren, wenn auch nur implizit, an ihre technischen Gegebenheiten. »Ein System ist eine Menge von Objekten ...« und diese Objekte können alles mögliche sein: »Atome, Sterne, Schalter, irgendwelche Massen, Federn, Drähte, Knochen, Neuronen, Gene, Muskeln, Gase usw. Ebenso können wir abstrakte Objekte zulassen, wie mathematische Variablen, Gleichungen, Regeln und Gesetze, Prozesse usw.«

Die erwähnten »Attribute« sind Eigenschaften oder zugeordnete Merkmale der Objekte. Den oben genannten Objekten lassen sich folgende Attribute zuordnen: Den Atomen die Anzahl der Kernelektronen, der Energiezustand, die Kernladungszahl, das Atomgewicht; den Sternen Merkmale wie Temperatur, Entfernung zu anderen Sternen, relative Geschwindigkeit; Schaltern ihre Geschwindigkeit/Trägheit, ihre Stellung; ... usw. Oder, um ein anderes Beispiel außerhalb der Vorlage von Hall/Fagen zu wählen, betrachten wir als Elemente oder »Objekte« eines Systems *Menschen*, so bestünde die erste Aufgabe darin, diesen »Objekten« ein Merkmal (Attribut) zuzuordnen, beispielsweise: das Geschlecht. Dieses Attribut kann zwei *Ausprägungen* aufweisen, weiblich/männlich. Folglich könnten wir also eine qualitative Merkmalsvariable mit zwei Ausprägungen (w/m) einführen. Als weiteres Merkmal könnte das Lebensalter eingeführt werden. Hierfür gäbe es dann einen numerischen Bereich für eine entsprechende (quantitative) Variable v_1, wobei $0 = i \leqq 100$ sein könnte.

Kommen wir zum dritten Punkt der Systemdefinition: den *Beziehungen*, die zwischen den Objekten und ihren Attributen bestehen. *»The relationships to which we refer are those that ›tie the system together‹. It is, in fact, these relationships that make the notion of ›system‹ useful«* (sagen Hall und Fagen). Zwischen beliebigen Objekten, ganz gleich welcher Art, lassen sich immer irgendwelche Beziehungen konstruieren – ihr Abstand voneinander, ihre relativen Größenverhältnisse (oder sonstige physikalische Eigenschaften) ... usw. Ob diese Beziehungen trivial oder wichtig sind, hängt von dem Problem ab, das man vor Augen hat. Entscheidend ist jedenfalls, daß »ein System« vor allem *durch die Beziehungen* zwischen den Elementen (Objekten) zustandekommt – die Art der Verbundenheit, der gegenseitigen Verknüpfungen, der Interkorrelationen: dies macht den eigentlichen Sinngehalt dessen aus, was wir »ein System« nennen.

Eines der häufigst zitierten Beispiele für diese These ist der Hinweis auf die Elemente, aus denen sich ein Rundfunkempfänger zusammensetzt: Für sich betrachtet, handelt es sich nur um einen kleinen Haufen von Kabeln, Spulen und Knöpfen – richtig zusammengesetzt jedoch werden sie zu dem technischen Wunder eines *high fidelity sound systems.* »Auf die Verbindung kommt es an«; ein Satz, dessen Wahrheit sich uneingeschränkt auf das ganze Leben übertragen läßt. Ein weiteres einleuchtendes Beispiel wäre das Sonnensystem; die Leistungen der Astronomie liegen nicht in der Beobachtung der stellaren und planetarischen Massen, sondern in der Ermittlung der Beziehungen zwischen den Himmelskörpern, in der Berechnung der Mechanik. Und schließlich bietet die soziologische Theorie insgesamt (trotz gelegentlicher Rückfälle in fundamentalistische Thesen etwa derart, daß sie vom oder von Menschen handele) ein Beispiel für eine Wissenschaft, die es ausschließlich mit »Beziehungen« zu tun hat.

Gehen wir zum nächsten Schritt über: Definiert sei eine Anzahl von Objekten als Elemente des Systems, von Attributen dieser Objekte (denen sich eventuell sogar metrische Variable zuordnen lassen) und Relationen zwischen ihnen – beispielsweise logische oder mathematische Beziehungen, physikalische Verbindungen (materieller, energetischer

oder informationeller Art), soziale Beziehungen oder welche auch immer. Wir können nunmehr den *Zustand* des Systems bestimmen. Dieser Zustand muß offenbar durch die Bestimmung der Variablenwerte der Attribute ermittelt werden, denn andere Möglichkeiten stehen nicht zur Verfügung. Um ein extrem einfaches Beispiel zu nehmen, dessen einziger Wert (abgesehen natürlich von seiner tiefen didaktischen Bedeutung) darin liegt, daß es *nicht*, wie sonst in der Literatur, technischer Natur ist:
Betrachten wir ein System aus drei Objekten (a, b, c als Elemente von S), an denen ein Merkmal (G mit zwei Ausprägungen *w/m*) in Betracht gezogen werden soll; verknüpft durch eine zweistellige Relation, die entweder bestehen oder nicht bestehen kann (L: x, z oder non-L: x, z = lies: »zwischen x und z besteht die Relation L« oder »zwischen x und z besteht die Relation L nicht«). Weiterhin sei empirisch gegeben, daß a das Merkmal *w*, b und c das Merkmal *m* aufweisen. Der Zustand des Systems zu einem bestimmten Zeitpunkt (t_0) sei dann (beispielsweise) durch folgende Beschreibung gegeben:

L: a *(w)*, b *(m)*;	non-L: a *(w)*, c *(m)*;	L: b *(m)*, c *(m)*
non-L: b *(m)*, a *(w)*;	L: c *(m)*, a *(w)*;	non-L: c *(m)*, b *(m)*

Zugegeben – etwas chaotische Verhältnisse für etwas so Geordnetes wie ein System! Wir müssen diese abstrakte Buchstabenverknüpfung zum besseren Verständnis noch semantisch belegen: Die Objekte a, b und c seien Menschen; das Merkmal G sei das Geschlecht mit den Ausprägungen *w*eiblich/*m*ännlich; die Relation »L: x, z« soll gelesen werden »x liebt z« (und entsprechend »L: z, x« dann »z liebt x«, wobei natürlich der Fall auftreten kann, daß x z liebt, aber z nicht x, formal also: »L: x, z« und »non-L: z, x«). Nach dieser Erklärung wird nun wohl jedermann erkennen, wie das beschriebene Drei-Personen-System gegenwärtig aussieht: die Dame a liebt den Herrn b; dieser jedoch liebt den Herren c, dieser jedoch die Dame a ... usw. ein rechtes Trio infernal.
Glücklicherweise (für den moralisch besorgten Leser) können sich Systemzustände ändern. Zu einem späteren Zeitpunkt kann alles ganz anders sein. Diesen neuen Zustand müßten wir durch eine andere Matrix beschreiben (die sich der geneigte Leser selbst ausdenken mag). Für uns kommt es hier allein darauf an zu erkennen, wie Systemzustände durch eine Matrix beschrieben werden können, die sich aus den Werten der einzelnen Variablen zusammensetzt.
Wir können nun der Menge der möglichen Zustände, die das System überhaupt annehmen kann (und die sich in unserem kleinen Beispiel recht gut übersehen lassen), eine Zustandsvariable zuordnen, z_i (wobei »i« über die Zahlenfolge von 1 bis n läuft und »n« die Zahl der insgesamt möglichen Zustände ist). Der Zustand des Systems, den wir in unserem Beispiel angetroffen haben, ist dann einer aus der insgesamt möglichen Menge. Die meisten dieser Zustände spiegeln natürlich, so wie der von uns im Beispiel herausgegriffene, ziemlich merkwürdige Verhältnisse, in denen unter den Beteiligten kein vollkommenes Glück und im System daher keine völlige Harmonie herrschen kann. Dennoch könnten wir versuchen, das System hinsichtlich des Grades an Harmonie oder der erreichten Glückseligkeit in seinen einzelnen Zuständen zu kennzeichnen. Wir würden also ein entsprechendes Attribut (das nunmehr dem System als Ganzem – und nicht mehr den Elementen oder Objekten – zukommt) einführen – beispielsweise »Harmonie« oder »Glückseligkeit«, und dann müßten wir versuchen, für jeden einzelnen Zustand festzulegen, wieviel »Harmonie« oder »Glückseligkeit« erreicht ist und zwar in Abhängigkeit von den jeweiligen Werten der Matrixvariablen.
Formal könnte man dies auch so formulieren: »Es soll ein Prädikat eingeführt werden, das eine Eigenschaft (hier: die Eigenschaft »Harmonie« oder »Glückseligkeit«) bezeichnet (in der Regel allerdings eine »komplizierte Eigenschaft höherer Ordnung«, vgl.

Stegmüller 1961: 21), die dem System als Ganzem zukommt und durch die es hinsichtlich seiner Zustände sinnvoll beschrieben werden kann. Diese Eigenschaft sollte als logische oder mathematische Funktion der Eigenschaften der Systemteile gewählt werden (vgl. Rudner 1966: 92 u. 95, der sagt, daß die Wahl einer Eigenschaft, die sich als logische Funktion der Eigenschaften der Teile ergibt, für dieses Verfahren grundlegend sei), so daß jedem Zustand des Systems ein entsprechender Wert von E zugeordnet werden kann. Der jeweilige Wert für E ergibt sich demnach als Funktion der Werte der Zustandsvariablen. Durch Spezialisierung der Matrix wird das System bezüglich seiner Eigenschaft E zu jedem Zeitpunkt t_j aus einem Intervall T beschrieben. Eine solche Beschreibung heißt »Zustandsbeschreibung des Systems bezüglich E *(»state-description«*, vgl. Nagel 1961: 411; Rudner 1966: 90 sowie Stegmüller 1961: 21). Ein solcher Zustand soll kurz als »E-Zustand« bezeichnet werden« (Zitat aus Jensen 1970: 80f.).

In dieser formalen Sprache klingt das alles ein wenig kompliziert, aber tatsächlich ist es überaus einfach: Die Harmonie des Systems (sein »E-Zustand«) hängt davon ab, wie der Zustand der einzelnen Komponenten untereinander beschaffen ist ... dies ist alles.

Betrachten wir noch ein anderes Beispiel: ein Heizungssystem, das aus einem Gaskessel im Keller sowie den Wasserrohrleitungen und den Heizkörpern in den Räumen darüber besteht. Als zugeordnetes Attribut wählen wir einleuchtenderweise die Temperatur (des Kessels, des umlaufenden Wassers, der Heizkörper). Dieses Merkmal (Temperatur) kann man erfreulicherweise als quantitative Variable (mit einem hier passenden Wertebereich zwischen 10 und 80 Grad) behandeln. Wir können nun eine ausführliche Matrix entwerfen, in der sämtliche möglichen Werte für Kesseltemperatur, Vor- und Rücklauf des Wassers, Heizkörpertemperatur usw. verzeichnet sind. Aus dieser Matrix ergeben sich dann die gesamten Zustandswerte des Systems. Darüber hinaus können wir eine Eigenschaft E einführen, die dem System insgesamt zukommt, nämlich die Heizleistung der Anlage. Klar erkennbar ist eine solche Eigenschaft als logische oder mathematische Funktion der Zustandswerte zu formulieren.

Gehen wir nun noch einen Schritt weiter. Wie schon gesagt, sind nicht alle Zustände, die das System annehmen kann (sowohl bei unserem ersten als auch unserem zweiten Beispiel – kehren wir jedoch zum ersten zurück!), völlig befriedigend. *Ein* Zustand verdient jedoch unser besonderes Wohlwollen: der Zustand »vollkommener Harmonie und vollendeter Glückseligkeit«, in dem jeder jeden liebt ... Nennen wir einen solchen Zustand einen »G-Zustand« des Systems (»G« wie *»Goal«*, also »Ziel-Zustand«). Er wird von allen Beteiligten (und mithin vom System) innigst (leider zumeist vergeblich) angestrebt. Auch für das zweite, technische, Beispiel läßt sich ein solcher G-Zustand leicht definieren: Es ist ein Zustand, den die Bewohner gerne hätten – wohlige Wärme bei minimalen Heizkosten. Es bedarf nur der richtigen Einstellung am Kessel ...

Im ersten Beispiel dagegen bedarf es mehr als nur des richtigen Drehs. Aber dies soll uns nicht weiter kümmern. Entscheidend ist für uns der formale Aspekt, nämlich die Möglichkeit, von den »E-Zuständen« eine Teilklasse G abzugrenzen, so daß jeder E-Zustand gemäß einem vorgegebenen Kriterium entweder ein G-Zustand oder aber kein G-Zustand ist (Jensen 1970: 81).

Wir wissen nun, was ein »G-Zustand«, also ein »Ziel-Zustand« oder *»goal-state«*, eines Systems ist – jedenfalls rein formal. In unseren Beispielen ist es der Zustand der »vollkommenen Harmonie und vollendeten Glückseligkeit«, beziehungsweise der »optimalen Temperatur« (»wohlige Wärme/minimale Heizkosten«). Aber wie kommt ein System zu solchen Zielzuständen?

Dafür gibt es nur *eine* Erklärung: Menschen haben diesen Zustand als Zielzustand definiert. Und daß dem so ist, folgt wiederum aus der Maxime, daß der Mensch und nur der Mensch in der Lage ist, Systeme zu bilden. Über diesen Punkt gibt es eine äußerst umfangreiche, scharfsinnige und polemische Literatur. Viele Autoren sind von der unbestreitbaren Einsicht ausgegangen, daß zahlreiche empirische Zusammenhänge Tendenzen aufweisen, ganz bestimmte Verteilungen von Materie/Energie und Information an den Tag zu legen. Das bekannteste Beispiel sind homöostatische Mechanismen in Lebenswesen. Gerade die Beobachtung von Leben hat dazu geführt, direkt von »Zielen« der Evolution, von »Absichten« der Natur usw. zu sprechen. Aber dies sind natürlich nur bildliche Redewendungen, ist Metaphorik. »Absichten«, »Pläne«, »Ziele« usw. gibt es nur beim Menschen, und jede Übertragung dieser Semantik auf andere Wesen oder (fiktive) Wesenheiten ist als *Erklärung* ungeeignet.

Dies gilt in besonderem Maße bei der Konstruktion von Systemen. Ein System hat nur dann und nur insoweit »Ziele« (das heißt Zielzustände), wie sie von den Konstrukteuren des Systems konzipiert sind – und das System ist immer eine *Konstruktion der Theorie.* Das wird oft von denen vergessen, die einen (in der empirischen Wirklichkeit schon als physischen Zusammenhang bestehenden) Gegenstand auf der Ebene der Theorie als System re-konstruieren und dann die von ihnen analytisch als »Zielzustände« definierten Variablenverteilungen mit angeblichen »Zielen« des realen Gegenstandes verwechseln. Nur dort, wo Menschen selber als operative Größen eines Systemzusammenhangs vorkommen, nur dort kann der Begriff des »Zieles« sinnvoll aus dem System in den Wirklichkeitszusammenhang als *erklärende Größe* übertragen werden. In allen anderen Fällen müssen wir nach anderen Mechanismen suchen, um zu erklären, aus welchen Gründen ein System eine bestimmte Klasse von Zuständen erreicht oder anstrebt.

Kehren wir nochmals zu unseren Beispielen zurück: Im ersten Beispiel ist es zulässig, das Streben des Systems nach dem Zustand der »Harmonie und Glückseligkeit« aus den Absichten, Entscheidungen, Motiven, Wünschen, Zielen usw. der Beteiligten zu erklären. Dies sind empirische, reale Wirkungsfaktoren des Systems. Im zweiten Fall dagegen (und in allen anderen Fällen, in denen keine Menschen – oder andere Lebewesen mit einer empirisch überprüfbaren Motivdynamik vorkommen) wäre es erkennbar sinnlos, das Erreichen des Zielzustandes (der optimalen Temperatur) auf den guten Willen des Heizkessels zu gründen. Man muß ihm schon Regler einbauen und umgekehrt: die Erklärung auf das Vorhandensein von Regelungsmechanismen stützen, die vom Menschen eingestellt werden.

Damit sind wir soweit gelangt, den Begriff der »zielgerichteten Systeme« zu verstehen. »Zielgerichtete Systeme« weisen offenbar Einrichtungen auf, um bestimmte Zustände (nämlich »G-Zustände«) anzustreben oder sogar zu erreichen. Derartige Systeme werden als »ZO-Systeme« bezeichnet – als »Systeme mit einer zielgerichteten Organisation« (Stegmüller 1961; Nagel 1951, 1953 und 1956; Jensen 1970). Der entscheidende Punkt, um es zu wiederholen, ist, daß derartige Systeme Einrichtungen physischer Art (mechanischer, elektronischer, biologischer, chemischer oder sonstiger Beschaffenheit) aufweisen *müssen,* um bestimmte Zustände (das heißt Werteverteilungen ihrer Variablen) anzustreben oder zu erreichen *oder aber* in ihnen Menschen als handelnde Agenten vorkommen müssen *oder aber* es sich um *metaphysische Systeme* handeln soll (zum Beispiel Götter als handelnde Agenten oder außerirdische Lebewesen oder nicht-physische Kräfte der Gestirne usw.).

Was ändert sich, wenn wir statt *eines* Systems *zwei* oder mehr betrachten? Auf theoretischer Ebene – nichts. Systeme werden stets nach demselben Prinzip konstruiert. Zwei oder mehr Systeme können einfach nebeneinander bestehen, können miteinander verbunden sein, können zu *einem* Gesamtsystem vereint werden (oder umgekehrt: als Einzelsysteme aus einem Gesamtzusammenhang herausgenommen werden), können füreinander Umwelt sein und miteinander in genau definierten oder nur allgemein behaupteten Beziehungen stehen oder überhaupt nichts miteinander zu tun haben. Die

Gesamtheit aller überhaupt denkbaren Dinge könnte als ein einziges System aufgefaßt werden, das zahllose (unendlich viele?) Subsysteme enthält, und jedes dieser Subsysteme ist wiederum ein System für sich mit seinen eigenen Rechten.
»Ein System ist eine Menge von Objekten ...« definieren Hall und Fagen. Jedes dieser Objekte, so können wir jetzt hinzufügen, kann seinerseits als System betrachtet werden. Systeme sind Systeme in Systemen in Systemen ...
Was bedeutet demgegenüber der Begriff der »Umwelt«? Alles ist doch System – also nicht auch die Umwelt? So ist es wirklich: System *und* Umwelt bilden zusammen den gesamten Kosmos (so auch Hall/Fagen: *»In a sense, a system together with its environment makes up the universe of all things of interest in a given context.«* In Händle/Jensen 1974: 129). Aber praktisch und weniger philosophisch betrachtet, wird im Begriff der »Umwelt« einfach die undifferenzierte Menge all derjenigen Faktoren zusammengefaßt, die »von außen« auf das System einwirken, in ihrer Wirkung also nicht aus den internen Mechanismen des Systems erklärt werden können. Es handelt sich also einfach um eine Form der kausalen Zurechnung von Effekten. Bei einer genaueren Betrachtung ließe sich diese diffuse Umwelt in eine präzise bestimmte Menge von Umwelt-Systemen aufschlüsseln, die mit dem betrachteten Referenz-System in genauer zu bestimmenden Beziehungen stehen.
Das ist eine sehr einfache Fassung des Umweltbegriffs. Genauer betrachtet, befinden sich alle physischen Dinge in einem vierdimensionalen Raum-Zeit-Kontinuum, in dem alles mit allem zusammenhängt ... Ein Gegenstand, den wir unter bestimmten Aspekten, Erkenntnisinteressen, Problemlagen usw. zu einem bestimmten Zeitpunkt als System interpretieren, muß – aus unserer Sicht zu diesem Zeitpunkt – definierbare Grenzen, eine besondere Identität, eine eigene Ordnung, aufweisen, um von seiner Umwelt unterscheidbar zu sein – und doch bleibt er zugleich ein Teil dieser Umwelt, aus der ihn unsere Betrachtung zu lösen versucht. Und eben diese Einheit, trotz der analytischen Trennung, muß der Begriff der »Umwelt« auffangen und reflektieren. Das methodische Konzept dazu bietet die Operation mit »offenen« beziehungsweise »geschlossenen« Systemen.
Erinnern wir uns an das zweite, technische, Beispiel – das Heizungssystem. Hinsichtlich des Wasserumlaufs ist eine Heizungsanlage ein geschlossenes System (oder sollte es wenigstens sein, soweit keine Defekte auftreten). Die Wärme dagegen, die im System erzeugt wird, soll an die Umwelt abgegeben werden – aber natürlich nicht an beliebigen Stellen, so daß man beispielsweise die Rohre im Keller isoliert, während die Heizkörper in besonderer Weise geformt sind, um eine möglichst große Oberfläche für den Wärmeaustausch zu erzielen. Hier ist das System also »offen«. Ein weiteres, aber nichttechnisches Beispiel für ein geschlossenes System liefert uns Freud: »Ein schönes Beispiel eines von den Reizen der Außenwelt abgeschlossenen psychischen Systems, welches selbst seine Ernährungsbedürfnisse autistisch ... befriedigen kann, gibt das mit seinem Nahrungsvorrat in der Eischale eingeschlossene Vogelei, für das sich die Mutterpflege auf die Wärmezufuhr beschränkt« (Freud 1911: 232).
Die Attribute »offen/geschlossen« kennzeichnen Austauschprozesse mit der Umwelt. Die Interaktion mit der Umwelt, in der sich alle physischen Systeme (sowie alle Systeme mit einer physischen Grundlage – wie die Handlungssysteme) befinden, hat noch eine weitere Folge: entropische Veränderungen. Soweit wir dies übersehen können, verfallen oder zerfallen alle Dinge, sie nutzen sich ab, sie altern und sterben. Natürlich ist die Vorstellung vom »Altern und Sterben« eine anthropomorphe Metaphorik: Wir Menschen altern und sterben, und wir sehen daher auch die Welt um uns herum in einem Prozeß des Alterns und Sterbens begriffen. Aber tatsächlich ist das einzige, was wir wirklich beobachten, die Tatsache, daß alle organischen Einzelwesen geboren werden

und sterben. Was dagegen in einem größeren (insbesondere kosmischen) Maßstab geschieht, wissen wir nicht. Für praktische Zwecke (und die kurze Periode des menschlichen Lebens) wäre dieses Wissen im Augenblick auch wenig hilfreich. Bleiben wir also bei der Formel »entropischer Veränderungen«: Abnutzung, Verschleiß, Alterung ... usw. Natürlich kann man diesen Veränderungen entgegenwirken, aber dazu bedarf es besonderer Anstrengungen und eines Aufwandes, der größer ist, als die aus dem Zerfall gewinnbare Energie.

Solche Veränderungsprozesse, denen alle physischen Systeme unterliegen, sind einfache Veränderungen. Das System »bleibt dasselbe«, obwohl es sich in seinen Teilen abnutzt. Ein Teppich bleibt, einmal vom Werk ausgeliefert, »immer derselbe«, aber er nutzt sich ab, verschleißt und ist nach einer ungefähr bestimmbaren Zeit schließlich dahin. Aber neben dieser einfachen Interaktion zwischen System und Umwelt (die auf physikalisch-chemischen Prozessen beruht und auch Zusammenhänge erfaßt, die ihrerseits gar nicht mehr physischer Natur sind, wie Kunst und Religion) gibt es eine zweite Klasse von Veränderungsprozessen, die »das System selbst« ändern. Nennen wir sie, um eine Unterscheidung gegenüber der ersten Klasse von Veränderungen zu gewinnen, nicht Veränderungen, sondern Wandlungsprozesse – Wandel.

Während Veränderungen physischer Natur und entropischen Charakters sind, ist der Wandel eine Veränderung der Betrachtungsweise. »Die Dinge wandeln sich« – sie erhalten eine andere Bedeutung, obwohl sie sich möglicherweise gar nicht verändert haben. Eben daß sie dieselben blieben, während wir doch ihre Metamorphose erwarteten, wandelt sie in unseren Augen. Oder sie wandeln sich, *weil* sie anders wurden, alterten, verfielen. Und vielleicht bleiben sie auch unwandelbar, obwohl sie stetig altern ... Das sind semantische Formeln, die belegen, daß Wandel und Änderung auseinanderfallen, daß Wandel etwas Komplizierteres, auf Sinnzusammenhänge Bezogenes, Änderungen Reflektierendes bezeichnet. Der Begriff des »Wandelns« soll daher hier ausdrücklich für *Sinn-Systeme* reserviert werden (auf die wir später eingehen). Aber selbst diese Sinn-Systeme haben, wie wir noch sehen werden, eine physische Basis und eine physische Umwelt, und diese physischen Systeme unterliegen Veränderungen. Diese Veränderungsprozesse physischer Systeme haben wir zunächst nur negativ, als entropische Veränderungen, charakterisiert. Es gibt jedoch Systeme, biologische Systeme beispielsweise, die besondere Mechanismen aufweisen, um diesen entropischen Veränderungen entgegenzuwirken. Es lassen sich mittlerweile Systeme entwickeln, die sich nicht nur selbst reparieren, sondern selbst verbessern, ihre eigene Programmierung kontrollieren und steuern oder ihre Leistungen steigern. Dies führt zu dem Begriff der *dynamischen* Systeme.

Von *dynamischen* Systemen soll überall dort gesprochen werden, wo die Abläufe des Systems nicht allein von den entropischen Veränderungen bestimmt werden, sondern zusätzliche negentropische Verhaltensabläufe auftreten, die »unwahrscheinliche« Prozesse und daraus resultierende »unwahrscheinliche« Zustände und Ergebnisse bewirken. Der Begriff der »Dynamik« führt uns damit wieder auf das Raum-Zeit-Kontinuum zurück – auf die Tatsache, daß Systeme Zusammenhänge im vierdimensionalen Raum-Zeit-Kontinuum sind, in denen bestimmte physikalische Kräfte und Eigenschaften herrschen, denen alles unterworfen ist.

Der Begriff der »Dynamik« hängt insbesondere mit dem Begriff der »Zeit« zusammen, da negentropische (ordnungserzeugende) Prozesse die entropischen Veränderungen (den physischen Verschleiß, die materiell-energetischen Zerfallsprozesse), die sozusagen widerstandslos im Zeitstrom liegen, überlagern. Damit bauen Systeme ihre eigene Zeitlichkeit, ihren eigenen Rhythmus ihrer Systemabläufe und -prozesse auf. Ihre Struktur entfaltet sich, sie bestimmen ihre Zustände und die Abfolge der Zustände sowie die

Geschwindigkeit, mit der Zustände aufeinander folgen können. All diese Fähigkeiten fassen wir in dem Konzept des »Verhaltens von Systemen« zusammen.

3. Verhalten von Systemen

Dynamische Systeme erzeugen negentropische Veränderungen – auf diese einfache Formel läßt sich der Begriff bringen. Um negentropische Veränderungen erzeugen zu können, müssen die Systeme »aktiv« werden, sie müssen etwas tun – in Abhängigkeit von Anstößen, die sie aus der Umwelt (von anderen Systemen) erhalten haben (technisch: »Inputs«) oder aber aus eigenem Antrieb oder aber einer Kombination beider Faktoren: »Inputs« aus der Umwelt (von anderen Systemen, deren »Outputs« sie sind) werden vom (Bezugs- oder Referenz-)System über besondere Empfangseinrichtungen (»Sinne«, »Kanäle«, allgemein: »Rezeptoren«) aufgenommen, im System verarbeitet *(»processing«)* und dann, in Abhängigkeit von dem »Innenleben« des Systems (seinen Erfahrungen, seiner Motivstruktur, seiner Programmierung und seinen systemischen Möglichkeiten) zu »Outputs« umgesetzt. Diese »Outputs« gehen allgemein an die Umwelt oder spezifisch andere Systeme und rufen dort ihrerseits gewisse Effekte hervor.
Wenn man ein technisches System entwirft und herstellt, so ist völlig klar, was unter dem »Verhalten« dieses Systems zu verstehen ist, denn es besteht, wie wir wissen, aus »einer Menge von Objekten mit gewissen Eigenschaften«, und diese Objekte sind ein einer bestimmten Weise *verknüpft,* beispielsweise durch mechanische Einrichtungen wie Hebel und Gestänge oder elektrische Verbindungen wie Leitungen und Kabel usw., und das Verhalten ergibt sich demzufolge aus den zugrundegelegten energetischen Prozessen. Ein davon »abweichendes Verhalten« wäre offenbar auf Fehler oder Pannen zurückzuführen.
Anders verhält es sich jedoch, wenn wir innerhalb der Theoriebildung Zusammenhänge *als Systeme* rekonstruieren wollen, die nicht als technische Konstruktionen entstanden, sondern aus den Lebenszusammenhängen (historisch oder »naturwüchsig«) erwachsen sind, die sich – als Teil der Lebenswelt insgesamt – gebildet haben. Im Alltag wissen wir zwar hinreichend genau, was »Verhalten« ist, weil wir den Sinnzusammenhang der Dinge der Alltagswelt kennen und daher intuitiv damit vertraut sind, worauf wir achten müssen – was sinnvolle Bewegungen oder Ereignisse mit einer bestimmten Bedeutung sind und welche anderen Abläufe zufällige Variationen oder bedeutungslose Begleiterscheinungen darstellen. In *ungewissen* Situationen oder beim Zusammentreffen mit uns völlig fremden Verhältnissen erkennen wir dies jedoch nicht, und wir wissen daher in einer solchen Lage auch nicht, was eigentlich genau wir beobachten (und dabei als »Verhalten«, unterschieden von bloßen Zufallsbewegungen, klassifizieren) sollen.
Eine elementare Regel der Systemtheorie lautet daher: »Eingänge manipulieren und Ausgänge klassifizieren« oder einfacher: »Dran drehen und sehen, was passiert« (Black-Box-Regel). »Was passiert«, hängt davon ab, welche Möglichkeiten das System hat, um auf einen solchen Anstoß (»Input«) zu reagieren. Dies werden wir mit der Zeit herausfinden, und aufgrund dieser Erfahrungen gelangen wir allmählich zu einer Theorie über das »Verhalten« des Systems: »Wenn wir diesen Input eingeben, so passiert *dies,* wenn wir jenen Input hineingeben, so passiert *jenes* ...«, und daß im ersten Fall *dies* und im zweiten *jenes* passiert, rechnen wir dem System als Verhalten zu. Verhalten wird also aus der Beobachtung rekonstruiert.

Diese empirische Rekonstruktion ist jedoch in Hinblick auf die Theoriebildung nur ein vorläufiger Schritt. In der Theorie selbst, also bei der theoretischen Konstruktion des Systems, muß das Verhalten des Systems wiederum genau definiert werden – so, wie schon bei den zuvor erwähnten technischen Systemen. Nehmen wir beispielsweise an, es ginge um den Entwurf einer Theorie des »politischen Systems«, und diesem System sollte nun ein bestimmtes Verhalten zugeschrieben werden, so müßte man schon genau sagen, worin dieses »Verhalten« bestehen soll.
In vielen Fällen stellt die Verwendung des Ausdruck »Verhalten« nur eine *»façon de parler«*, eine nicht wörtlich gemeinte Redewendung, dar. In anderen Fällen wiederum spricht man vom »Verhalten des Systems«, meint aber in Wirklichkeit das Verhalten von Menschen, die mit diesen Systemen zu tun haben – und diese Vermischung von Systemverhalten und menschlichem Verhalten kann erhebliche Verwirrungen in die Theorie bringen. Verwenden wir daher noch einige Überlegungen auf dieses Problem ...
Systeme, so haben wir früher schon angedeutet, lassen sich zweckmäßigerweise verschiedenen Schichten zurechnen: einer physikalischen Ebene, auf der wir es allein mit Phänomenen zu tun haben, die sich durch die physikalische Theorie (Physik/physikalische Chemie/anorganische Chemie) erklären lassen. Alle *lebenden* Systeme rechnen wir dann der zweiten Schicht zu. Dazu gehört auch der Mensch als biologisches System. Die dritte Schicht wird dann durch die Systeme des Erlebens und Handelns gebildet, und auf der vierten Schicht schließlich haben wir die »telischen« oder »transzendenten Sinn-Systeme« angesiedelt.
Betrachten wir einen Zusammenhang wie den »politischer Systeme«, so ergibt sich hier die Aufgabe, Phänomene in einen Systemzusammenhang zu bringen, die die konkreten physischen Lebensbedingungen auf unserem Planeten ebenso umfassen, wie anthropologische Einsichten über »den Menschen«, wie soziale, ökonomische und politische Verhältnisse, wie die phsychologischen und kulturellen Variablen des politischen Zusammenlebens, wie schließlich auch die Wirkunge »telischer« geschichtlicher Mächte oder Kräfte. Das »Verhalten« eines solchen Systems (absichtsvoll oder durch bloße Nachlässigkeit der Formulierungen) mit dem Verhalten von Menschen zu vermischen – also mit Prozessen auf der *zweiten Ebene der Systembildung*, der *Schicht der biologischen Systeme* –, wäre offenbar ein absurder biologischer Reduktionismus, den man nicht ernsthaft aufrechterhalten könnte.
In eine kurze Formel gefaßt, muß man also darauf achten, den Begriff des »Systemverhaltens« sorgfältig zu definieren und ihn nicht in die allzuleicht in den Vordergrund tretende Vorstellung *menschlichen* Verhaltens übergehen zu lassen. Menschliches Verhalten ist nur eine besondere Form von Verhalten, das wir auf der zweiten Ebene, bei der Analyse von Systembildungen der zweiten Schicht, nämlich der biologischen – oder lebenden – Systeme, analysieren.
Wie schon formuliert, besteht das Verhalten von Systemen darin, daß sie, über entsprechende *Rezeptoren,* Inputs aufnehmen, sie in Abhängigkeit von ihrer inneren Struktur, ihrem materiell-energetischen Aufbau und ihrer besonderen Organisation, *verarbeiten* und daraufhin, über entsprechende *Effektoren,* Outputs an ihre Umwelt (andere Systeme) abgeben. Es ist nur allzu offensichtlich, daß diese Konzeption insbesondere für die Systeme der ersten und zweiten Schicht, das heißt, für physikalische und biologische Systeme, entwickelt wurde, denen dann auch der gesamte Bereich der Technik (also die Menge der technischen Systeme) hinzuzurechnen ist. Ein Beispiel dieser Art wurde bereits im Text verwendet: ein Heizungssystem – zugeführt wurde ein Brennstoff (etwa Gas oder Öl) über eine Rohrleitung (»Rezeptor«), der im Brenner in Wärmeenergie umgesetzt wird, die dann mit Wasser als Medium in einem Rohrnetz weitergeleitet und über die Heizkörper (»Effektoren«) abgegeben wird. Diverse regelungstechnische Ein-

richtungen erlauben einen weiteren Ausbau und eine genaue Kontrolle dieses Systems. Nach einem solchen Prinzip arbeiten alle physischen, insbesondere technischen Systeme. Ihnen muß Energie zugeführt und über eine Initialzündung (bei mechanischen Systemen: einen Initialanstoß) umgesetzt werden, so daß das System in Gang kommt. Bei technischen Systemen erfolgt die Energiezufuhr und die Initialzündung durch den Menschen oder andere technische Einrichtungen; in der Natur durch Naturkräfte – man betrachte etwa den Ablauf der thermischen Prozesse in der Sonne, die im Prinzip einen gigantischen Brenner darstellt, in dem Wasserstoffatomkerne unter gewaltigem Druck zu Heliumkernen verschmelzen, wobei Strahlungsenergie an den Weltenraum (die Umwelt) abgegeben wird. Jedenfalls befindet sich die Sonne gegenwärtig in einem solchen Zustand dynamischen Gleichgewichts – dies soll sich ja bekanntlich auf ihrem Wege zu einem »Weißen Zwerg« noch ändern.

Diese Verhaltensweisen physischer Systeme, trotz der großen Bedeutung, die technische Systeme für unsere heutige Welt haben, interessieren uns hier jedoch nicht weiter – entscheidend war lediglich, deutlich herauszustellen, daß hier materiell-energetische Prozesse ablaufen (denen zusätzlich – und nach denselben Prinzipien – informationelle Prozesse zugeordnet werden können), die ihrerseits physische Verknüpfungen (Röhren, Kabel, Kanäle ... usw., letztlich also immer molekulare, atomare und subatomare Strukturen) voraussetzen.

Daran ändert sich im Prinzip auf der Ebene der »Systembildungen der zweiten Schicht« nichts. Zugleich haben die biologischen Wissenschaften, aus historischen und systematischen Gründen, zur Entwicklung der Systemtheorie mindestens ebensoviel beigetragen, wie die Natur- und Ingenieurwissenschaften.

4. Systeme der »zweiten Schicht« – die Bio-Sphäre

Die menschliche Lebenswelt umfaßt den gesamten Kosmos – soweit, wie die Gedanken der Menschen reichen. Ob es über unseren Planeten Erde hinaus im Weltenraum weiteres Leben gibt und welche Formen es annehmen könnte, wissen wir nicht. Unser gegenwärtiger Wissensstand erlaubt uns lediglich die Formulierung, daß der weitaus größte Teil des uns bekannten Kosmos aus Systemen besteht, die wir der *ersten Schicht* zurechnen – aus Systemen also, die nach rein physikalischen Gesetzmäßigkeiten aufgebaut sind.

Auch die Erde war während eines sehr großen Teils ihrer Geschichte (etwas weniger als 5 Milliarden Jahre) ein lebloser Planet – eine Ansammlung von anorganischer Materie, die allein von physikalischen Kräften beherrscht wurde.

In der Mitte des 17. Jahrhunderts kam der irische Bischoff James Usher nach dem Studium der biblischen Texte zu der Aussage, daß die Erde genau am 23. Oktober 4004 v. Chr. um 9 Uhr entstanden (geschaffen) sei. Mittlerweile wird versucht, das Alter der Erde über die Halbwertzeiten (Zeitraum, in dem ein radioaktives Element zur Hälfte abgebaut wird) zu bestimmen; beispielsweise über den Wert von Uran und Thorium oder über Kalium 40 mit einer Halbwertzeit von 1,3 Milliarden Jahren, das in Argon 40, einem Edelgas in der Atmosphäre , zerfällt. Derartige Berechnungen ergeben Werte um 4,6 Milliarden Jahre für das Erdalter.

Erst seit etwa 570 Millionen Jahren gibt es auf der Erde Leben. Und voraussichtlich wird dieses Leben auch wieder verlöschen – falls es dem Menschen nicht gelingt, kosmische Eingriffe vorzunehmen, die wir uns allerdings heute kaum vorstellen können, nämlich dann, wenn die Sonne, nachdem sie einen erheblichen Teil ihres Brennmaterials aufgebraucht hat, in das Stadium eines Roten Riesen übergeht und die ausstrahlende Hitze die Ozeane zum Kochen und die Atmosphäre zum Verbrennen bringt. Dies wird in etwa 5 Milliarden Jahren der Fall sein. Dann wird der Vorrat an Wasserstoff in der Sonne durch Umwandlung in Helium erschöpft sein. Der Kern schrumpft, die Oberfläche dehnt sich mächtig aus. In ihrer nächsten Entwicklungsstufe wird die Sonne zu einem Roten Riesen; der Energieausstoß wächst proportional zur Vergrößerung der Oberfläche. Die Kerntemperaturen werden stetig höher, bis die Sonne ihr Helium zu verbrennen beginnt. Die sich ausdehnende Sonne erfaßt die Planeten und verbrennt sie.

Der Ursprung des Lebens vollzog sich auf einer Grundlage, die durch die besondere Konstellation physikalisch-chemischer Systeme gebildet wurde – durch eine chemische Evolution. Erste Experimente, die diese chemische Evolution nachvollzogen, wurden 1953 von Stanley Miller und Harold Urey an der Universität Chicago durchgeführt. Sie schickten eine Woche lang elektrische Funken durch eine »primitive Atmosphäre«. Als sie die Stoffe, die sich dabei gebildet hatten, analysierten, fanden sie eine Reihe von Molekülen, die für die Entstehung des Lebens wichtig sind, unter anderem vier Aminosäuren, die weitverbreitet in den Proteinen vorkommen, mehrere Fettsäuren sowie Harnstoff. Seither wurden Vertreter aller Gruppen lebensbezogener Stoffe synthetisiert, unter denselben Bedingungen, die einst geherrscht haben müssen. Die auf der sich abkühlenden Erde möglichen chemischen Synthesen waren abhängig von der natürlichen Energie, wie der UV-Strahlung, von der Sonnenwärme, der Hitze der Vulkane, Blitzstrahlen der Gewitter mit ihren elektrischen Entladungen, der Radioaktivität sowie Einschlägen von Meteoriten.

Millionen Jahre hindurch erfolgte so ein allmählicher Aufbau von Fetten, Zuckern, Aminosäuren und Nucleinsäure-Bestandteilen, die zusammen eine »Ursuppe« ergaben, in denen Leben entstand. Die Evolution dieser lebenswichtigen chemischen Verbindungen beruht vor allem auf einer weiteren Voraussetzung: die Fähigkeit der Reproduktion. *Wachstum und Vermehrung* sind die entscheidenden Kennzeichen des Lebens. Dem Wachstum von Lebewesen (anders als der bloßen Vergrößerung beispielsweise von anorganischen Kristallen durch Anlagerung von Molekülen an den Flächen) liegt der elementare Prozeß der *Biosynthese* zugrunde: »Rohmaterialien« werden vom Organismus aufgenommen und in einfache Bestandteile zerlegt, die dann – den Bedürfnissen des Lebewesens entsprechend – zu arteigenen Molekülen synthetisiert werden können.

Biologische Vorstellungen haben die Konzeption der Systemtheorie sehr stark beeinflußt. Zum Teil lag dies daran, daß ein großer Teil der Systemtheoretiker (der ersten Generation) aus der Biologie kam, zum anderen daran, daß sich biologische Modelle in besonderer Weise für die Interpretation als Systeme eigneten, so daß eine große Zahl von Konzepten in einer direkten Wechselwirkung zwischen allgemeiner Systemtheorie und biologischer Forschung entwickelt wurde. Anders formuliert: die Systemtheorie erwies sich als besonders geeignetes *Kodifikationsschema* für die Ergebnisse der Biologie, und umgekehrt: die Gegenstände der Biologie (das heißt, die lebenden Organismen mit ihren Stoffwechsel- und Verhaltensprozessen) erwiesen sich als besonders geeignete Modelle für die Systemtheorie.

Dies gilt nicht nur für die materiell-energetischen Austauschprozesse zwischen den Organismen und ihrer spezifischen Umwelt (Metabolismus) und alle zugeordneten Begriffe (wie Fließgleichgewicht, Homöostase, Stoffwechselprozesse, Rezeptoren/Effektoren/Operatoren/Speicher usw.), sondern auch für die zugeordneten informationellen Prozesse: die Aufnahme, Speicherung, Verarbeitung und Aussendung von Signalen, innerhalb der Organismen ebenso wie zwischen ihnen.

So entstand die Theorie der »lebenden Systeme« *(theory of living systems),* die heute (neben der technischen Systemtheorie) den eigentlichen Mittelpunkt und den bestent-

wickelten Teil der Systemtheorie darstellt. Ein Nachteil dieser Entwicklung war es freilich, daß nicht-biologische Arbeitsbereiche sehr stark mit biologischen Konzeptionen und Modellen durchsetzt wurden, so daß es – insbesondere in den Sozialwissenschaften – zu einer Reihe von Mißverständnissen kam.
Man muß sich daher klar vor Augen halten, daß die Theorie »lebender Systeme« sich auf *Lebewesen* – auf *Organismen* – bezieht, die bestimmte Eigenschaften haben: Sie entstehen aus *biologischen Ursachen*, wachsen aufgrund von *biochemisch gesteuerten Wachstumsprozessen* (Eiweiß- beziehungsweise Photosynthese), *reproduzieren* sich über *Zellprozesse* und *sterben* schließlich wieder ab, sobald die Zellen ihre *Erneuerungsfähigkeit* verlieren. Lebende Systeme mögen noch weitere Eigenschaften aufweisen; diese aufgeführten Eigenschaften sind jedoch so grundlegend, daß es sinnlos ist, bei ihrer Abwesenheit von »lebenden« Systemen zu sprechen.
Demgegenüber sind in einer Reihe von Beiträgen auch gesellschaftliche Zusammenhänge nach dem Vorbild (oder in der Sprache) »lebender«, das heißt biologischer Systeme interpretiert worden – beispielsweise Gesellschaften, gesellschaftliche Teilbereiche oder gesellschaftliche Kollektive. Eine solche Interpretation führt jedoch in die Irre. Menschen sind biologische, »lebende« Systeme; Familien, Gruppen, Kollektive oder Gesellschaften sind jedoch *keine* biologischen Systeme – weder werden sie geboren noch sterben sie, weder weisen sie ein enzymatisch gesteuertes Wachstum noch eine zellulare Reproduktion auf; alle organischen Konzepte bedeuten, auf diese Zusammenhänge angewandt, nur eine vitalistische Metaphorik.
Die Ursache dieser Verwirrung ist leicht zu entdecken. Sie liegt in der Tatsache, daß der Mensch – als organisches Wesen – sowohl der Biosphäre zuzurechnen ist und die organischen Verhaltensläufe bei ihm genauso gesteuert werden wie bei allen höheren Lebewesen, als auch der nächsthöheren (systemtheoretisch konzipierten) »Schicht« – nämlich der Ebene der Handlungssysteme. Diese Theorie der Handlungssysteme soll im nächsten Abschnitt in Angriff genommen werden; hier sollen zunächst nur einige Bemerkungen zum Verhältnis von »Verhalten« und »Handeln« einerseits diesen Abschnitt über die »Biosphäre« abschließen, andererseits zum nächsten Abschnitt überleiten.

5. Verhalten, Absicht, Funktion und Teleologie

Im Verständnis des Alltags ist »Verhalten« das, was wir an anderen beobachten. Manche verhalten sich nett, andere merkwürdig. Die besondere Beachtung des Verhaltens geht auf die frühen Verhaltenstheorien (Behaviorismus) zurück. »Verhalten« ist jedoch nicht eine rein empirische Kategorie, sondern eher eine zusammengesetzte Konstruktion, die empirische Beobachtungen einerseits mit theoretischen Zurechnungen andererseits verbindet. Wir interpretieren die Abläufe, die wir »Verhalten« nennen, auf dem Hintergrund unserer (wesentlich komplizierteren) Strukturen des »Erlebens und Handelns«. Menschliches Erleben und Handeln beruht auf kulturellen Sinnzusammenhängen, auf Sinnschöpfungen und Sinnverweisungen – kurzum auf einem Horizont von geistig geschaffenen und symbolisch belegten Möglichkeiten, auf den die reale Wahrnehmung jeweils projiziert und in deren Rahmen sie gedeutet wird. Dies alles trifft für die wesentlich einfachere (und evolutionsgeschichtlich viel frühere) Kategorie des Verhaltens nicht zu.
Verhalten entsteht in unserer Konzeption durch die Zurechnung von empirisch beobachtbaren Ereignissen, die als Abfolge im Rahmen eines Gesamtprozesses interpretiert

werden, zu einem »Verhaltenssystem« – dieses System »verhält« sich in einer bestimmten Weise, das heißt, es präsentiert unserer aufmerksamen Beobachtung eine Folge von Darstellungen seiner selbst.

Systemtheoretisch läßt sich dieses Konzept leicht präzisieren. Ein System besteht definitionsgemäß aus einer Menge von Elementen und ihren Relationen, und die Systemzustände lassen sich durch die Spezialisierung der Zustandsmatrix formal festlegen. Das »Verhalten« eines Systems läßt sich nunmehr über die Abfolge von Zuständen definieren, die ein System innerhalb einer zugrunde gelegten Periode durchläuft.

Es ist jedoch nicht befriedigend, einen *Prozeß* (Verhalten) über eine Folge von *Zuständen (state-descriptions)* zu charakterisieren. Und tatsächlich verstehen wir auch im Alltag unter »Verhalten« nicht, daß wir an einem Menschen oder anderem Beobachtungsgegenstand zunächst diesen und dann jenen Zustand wahrnehmen, sondern eben den gleichsam »tieferliegenden« Prozeß, der zur Selektion und damit zur Selbstdarstellung in bestimmten Abläufen führt. »Verhalten« bezieht sich zwar, bedingt durch die theorietechnischen Definitionsregeln, die bei der Spezialisierung der Zustandsvariablen (der Matrix-Werte) ansetzen, auf Zustandsgrößen, muß jedoch selbst *als Prozeß* interpretiert werden: als *Folge von Übergängen* von einem Zustand zum nächsten, zu dessen Nachfolger und so fort ... die Zustände sind nur die Bezugspunkte dieses Prozesses, die wir nun in einer Abfolge verbunden und damit zu Elementen eines kontinuierlichen Ereignisflusses gemacht haben.

Wir können jeden beliebigen Ablauf, jede auch noch so zufällige Veränderung oder Bewegung irgendwelcher Elemente unserer Umwelt, als »Verhalten« einer sichtbaren oder gedachten Wesenheit interpretieren (so wie man gelegentlich sagt, das Wetter verhielte sich sonderbar). In einem strengeren Sinne sprechen wir von »Verhalten« jedoch nur dort, wo wir dem betrachteten Verhaltenssystem in irgendeiner Weise eine funktional oder sogar absichtsvoll gesteuerte Selektion eines Verhaltens unterstellen. Echte Verhaltenssysteme liegen also nur dort vor, wo das betreffende System seiner Konzeption nach auf einen dynamischen Bewegungsablauf hin angelegt ist, der für die Funktion der Systemprozesse und die Erhaltung der Systemstrukturen während der »normalen Lebens- oder Funktionszeit« notwendig ist. Die Hauptklasse solcher Verhaltenssysteme bilden natürlich die höheren Lebewesen, vor allem, jedoch keineswegs ausschließlich, Menschen.

Damit wendet man sich der Frage zu, welche Erklärung (das heißt: welche Gründe) man für ein beobachtetes Verhalten eines Systems geben kann. Wodurch ist das Verhalten eines Systems bedingt, wie wird es gesteuert? Dies ist die eigentliche und zentrale Frage der gesamten Systemtheorie – die Frage nach der Steuerung oder Kontrolle von Systemen. Soweit es sich dabei um technische Systeme handelt, fällt dieses Problem in den Wissenschaftsbereich der Kybernetik. Soweit es um nicht-technische (biologische, soziologische, psychologische usw.) Systeme geht, bietet zwar die Sprache der Kybernetik eine große Zahl hilfreicher Konzepte und Modelle, muß aber prinzipiell durch eine Theorie höherer Allgemeinheit ersetzt werden. Eine solche Theorie ist die *funktionalistische Systemtheorie.* Wir müssen uns daher zunächst der Aufgabe zuwenden, den Unterschied zwischen der techno-kybernetischen Systemtheorie einerseits und der funktionalistischen Systemtheorie andererseits zu erläutern.

Viele Ereignisse des täglichen Lebens treffen uns so eigenartig, daß wir sie – wider besseren Wissens – nicht für zufällig, sondern absichtsvoll halten; sie scheinen direkt auf uns zu zielen – so beispielsweise, wenn unser Auto nicht anspringt, obwohl oder gerade *weil* wir eilig fort müssen; ein Brot mit der »Butterseite« auf den Teppich oder in den Schoß fällt; es am Wochenende regnet ...

Die Kunst des Systemtheoretikers besteht darin, Systeme zu bilden, in denen Ereignisse erklärbar verknüpft und gesetzmäßige Zurechnungen vorgenommen werden können und zwar ohne auf das Wirken von »Dämonen« zurückgreifen zu müssen (der alte Begriff des »Dämons« wird in manchen Texten freilich nur durch den modernen Begriff der »Dynamik« ersetzt). Eine solche Systembildung ist einfach, wenn dabei als »Agenten« handelnde Menschen mit ihren Absichten, Hoffnungen, Plänen, Wünschen und Zielsetzungen eingesetzt werden können. Aber keineswegs alle Systeme sind auf Menschen aufgebaut – und selbst wenn in ihnen Menschen berücksichtigt werden müssen (etwa – um nur *ein* Beispiel zu geben – wenn eine Fabrik mit Gebäudeanlagen, Maschinenausstattung, Arbeitern und Angestellten, dem Fuhrpark usw. als System analysiert wird), so kann man doch das System insgesamt kaum in derselben Weise wie Menschen selbst, nämlich als handelnde Wesen, auffassen – allenfalls in einem übertragenen, bildhaften Sinne. Obwohl also eine große Klasse von Systemen gebildet werden kann, die planvolle Abläufe, innere Zielsetzungen, eine gesteuerte, quasi »absichtsvolle« Organisation und ähnliche Strukturmerkmale aufweisen, so kann das »Verhalten« dieser Systeme doch nicht wie bei Menschen aus inneren Motiven oder selbstbewußten Absichten heraus erklärt werden. Wie aber sonst?

Der wissenschaftstheoretische Kunstgriff der Systemanalytiker bestand darin, eine Erklärung für diese Art von organisiertem Verhalten über eine besondere Form oder eine Abwandlung der *teleologischen* oder *finalen* Systematisierung, vorzunehmen, nämlich über den *Funktionalismus.* Was bedeutet das?

Um dies verständlich zu machen, muß man zunächst an den Begriff der »Erklärung« anknüpfen. Eine wissenschaftliche Erklärung besteht aus einer systematischen Verknüpfung einer Reihe von Aussagen; diese Aussagen sind teils allgemeiner, gesetzmäßiger, teils spezieller, auf konkrete Raum/Zeit-Ereignisse bezogener Art. Aus der Verknüpfung dieser Aussagen nach bestimmten logischen Regeln ergibt sich dann deduktiv das zu erklärende Phänomen (vgl. Hempel 1974: 72ff.)

Eine *teleologische* Erklärung (im Gegensatz zu einer *kausalen*) ergibt sich dann, wenn in den *speziellen* Aussagen, die sich auf konkrete Raum/Zeit-Ereignisse beziehen, Absichten, Motive, Pläne, Zielsetzungen usw. von Menschen (oder anderen handelnden Wesen – aber welchen?) vorkommen.

Der Übergang zu *funktionalistischen* Erklärungen ergibt sich dadurch, daß an die Stelle von »Menschen« und deren »Absichten« der Begriff der »Systeme mit zielgerichteter Organisation« oder kurz »ZO-Systeme« eingesetzt wird. An die Stelle von »Absichten« oder »Motiven« usw. tritt der Begriff der »Funktion«.

Damit steht man vor zwei Problemen: einmal dem, den Begriff der »ZO-Systeme« zu explizieren, zum zweiten (und dies ist das schwierige Problem!), eine Erklärung für das Entstehen von ZO-Systemen zu liefern. Soweit derartige Systeme von Menschen geschaffen, konstruiert wurden, treten bei der Erklärung ihres Entstehens natürlich keine besonderen wissenschaftslogischen Schwierigkeiten auf. Soweit sie jedoch nicht von Menschen geschaffen wurden – zum Beispiel die gesamte Klasse der »lebenden Systeme« oder das Universum schlechthin, um nur das beeindruckendste Beispiel zu wählen – sind wir jedoch von einer Lösung dieses Problems noch weit entfernt. Auf dieses Problem werden wir daher hier überhaupt nicht weiter eingehen.

Zum ersten Problem, der Explikation des Begriffs der »ZO-Systeme«, soll hier in aller Kürze nur Folgendes ausgeführt werden: Entscheidend bei dieser Begriffsbildung ist, eine (Unter-)Klasse von Systemzuständen abzugrenzen, die das System entweder permanent beizubehalten oder tendenziell zu erreichen sucht. Ein Beispiel biete die Körpertemperatur des Menschen sowie viele andere organische Zustände, die generell unter den Begriff der »Homeostase« fallen (vgl. Jensen 1970: 80ff). Falls ein System solche Eigenschaften besitzt, so müssen sich in seiner Struktur bestimmte Mechanismen aufweisen

lassen, die dazu dienen, die jeweiligen »Ist-Werte« zu ermitteln, mit den »Soll-Werten« zu vergleichen und Abweichungen zu korrigieren. Höher entwickelte Systeme sind darüber hinaus in der Lage, Soll-Werte selbst zu verändern, evolutionär neu zu entwikkeln und/oder veränderten Umweltbedingungen oder selbstgesetzten beziehungsweise autokatalytisch entfalteten Zielen (Zwecksetzungen) anzupassen.
Diese Formulierungen klingen recht einfach, jedoch eröffnen sich dahinter außerordentliche und bislang keineswegs gelöste Probleme. Allein schon die Aufgabe, die jeweils verwendeten Systeme so zu präzisieren, daß numerische Variablenwerte für die Elemente und für die Systemzustände eingeführt werden können, läßt sich für eine große Zahl von (nicht-technischen!) Systemen bislang nicht lösen. Die Formulierung von bloß qualitativen Begriffen kann jedoch allenfalls als erste Annäherung an das Ziel »echter« Funktionsanalysen angesehen werden. »Dynamische« Analysen – das heißt die Analyse von Wandlungsprozessen von Systemen – sind bei dieser Theorielage überhaupt nur in Gestalt bildhafter Umschreibungen, die mehr dem Niveau geistvoller Essays als dem wissenschaftlicher Arbeiten entsprechen, möglich. Diese trifft insbesondere für die Theorie der sozialen und kulturellen Systeme zu.

6. Verhalten, Programm, Handeln

Die letzten Bemerkungen des vorangegangenen Abschnitts dürfen nicht so verstanden werden, als erreiche die Systemtheorie ihr Ziel nicht und müsse als ungeeignet oder minderwertig preisgegeben werden. Das Gegenteil ist der Fall: Eine bessere Theorie gibt es nicht, und es ist im Moment nicht vorstellbar, umfassende Theorien universalistischer Art – das heißt: mit einem universellen Erklärungsanspruch – anders als in Gestalt von Systemtheorien zu konstruieren. Man muß nur deutlich sehen, an welcher Stelle der Arbeit wir gerade stehen und welche Aussagen bislang begründet möglich sind.
Die Position, an der wir gerade stehen, läßt sich folgendermaßen kennzeichnen: Am besten und am weitesten hat sich die Systemtheorie dort entwickelt, wo es um Systeme geht, die sich der *ersten Schicht* zurechnen lassen (also physikalisch-chemische Systeme der Natur sowie der Technik). Aber auch bei den »lebenden Systemen«, die wir der *zweiten Schicht* (beziehungsweise der Biosphäre) zurechnen, gibt es ganz erhebliche Erfolge. Geht man dagegen zu den Systemen der *dritten Schicht,* also den Handlungssystemen, über, dann wird das Bild der erzielten und noch möglichen Erfolge wesentlich unschärfer. Und schließlich muß man hinsichtlich der Systeme der *vierten* (telischen) *Schicht* einräumen, daß es – bis auf Ansätze (vor allem von Talcott Parsons) – überhaupt noch keine Kulturtheorie gibt, die ernsthaft als Systemtheorie gelten könnte.
Aus dieser Darstellung erkennt man deutlich, daß es um so schwieriger wird, die Systemtheorie voranzutreiben, je höher die Schicht ist, der die Systembildungen zuzurechnen sind. Der Grund dafür liegt in der zunehmenden Vielfalt und Komplexität der zu berücksichtigenden Elemente und Relationen einerseits sowie der abnehmenden Möglichkeit (labormäßiger und/oder technischer) Experimente andererseits und schließlich noch an einem dritten Faktum, dem nämlich, daß wir es bei den Systembildungen der dritten und vierten Schicht in zunehmendem Maße mit geschichtlichen Individuensystemen zu tun haben, über die sich Generalisierungen nur um den Preis von Verallgemeinerungen bilden lassen, deren Erklärungswert zumindest vielen Sozial- und Kulturtheoretikern fraglich erscheint.
Es soll nunmehr versucht werden zu zeigen, wie der Übergang von der zweiten zur

dritten Schicht der Systembildung vor sich geht und welche qualitativen Sprünge dabei auftreten.

Wir haben schon an früherer Stelle kurz definiert, was unter »Verhalten« und »Verhaltenssystemen« zu verstehen ist: »Verhalten« sind all diejenigen Abläufe, Bewegungen, Ereignisfolgen, Prozesse usw., die einem bestimmten *Bezugssystem* zugerechnet werden. Dieses Bezugssystem ist stets ein physikalisch-konkreter Zusammenhang, der eine bestimmte materiell-energetische Struktur besitzt. Diesen materiell-energetischen Aspekten läßt sich in vielen Fällen ein informeller Aspekt zuordnen, so daß auch Prozesse der Informationsaufnahme und -verarbeitung berücksichtigt werden können. Ein »Verhaltenssystem« ist entsprechend ein derartiger empirischer Zusammenhang, der als »System« interpretiert, das heißt: nach bestimmten Regeln konstituiert wird und dem bestimmte Prozesse als »Verhalten« zugerechnet werden; was ein Verhaltenssystem ist, beruht also letztlich auf einer Zuordnungsdefinition.

Jede Analyse eines Verhaltenssystems geht von folgenden Überlegungen aus: Der als System betrachtete Zusammenhang steht in einer Umwelt aus anderen Systemen und weist eine bestimmte Binnenstruktur auf. Unter »Struktur« ist dabei die dem Eigenschaftsraum eines Systems aufgeprägte Ordnung zu verstehen. Ein System nimmt zu jedem Zeitpunkt t_i einen bestimmten Zustand (Z_j) an. Dieser Zustand ergibt sich aus der Spezifikation der Eigenschaftsmatrix. Die Umwelt, das heißt, die anderen Systeme in dieser Umwelt, wirkt auf das Bezugs-System durch systemspezifische Reize ein, die als *Inputs* definiert und vom System über die *Rezeptoren* aufgenommen werden. Innerhalb des Systems liegen irgendwelche Mechanismen, die als *Operatoren* bezeichnet werden. Diese Operatoren verarbeiten die ihnen zugeleiteten Inputs, und sie bewirken weiterhin – entweder abhängig oder unabhängig von diesen Inputs – bestimmte Leistungen des Systems. Diese Leistungen werden als systemspezifische *Outputs* definiert und an die Systeme der Umwelt über die *Effektoren* abgegeben. »Verhalten« wird aufgrund dieser Überlegungen als »Verarbeitung systemspezifischer Inputs zu systemspezifischen Outputs in Abhängigkeit von der Innenstruktur der Systeme« definiert.

Das Ziel der Analyse oder der Konstruktion von Verhaltenssystemen ist in der Regel die *Kontrolle über das Verhalten.* Die kybernetische Kontrolltheorie hat dabei gezeigt, daß es zur Steuerung von Systemen nicht einmal erforderlich ist, die Innenstruktur von Systemen tatsächlich zu erforschen. Diese kann nämlich als »Schwarzer Kasten« *(Black Box)* betrachtet werden. Man begnügt sich damit, die Inputs systematisch zu variieren, bis man in der Lage ist, durch Manipulation der Inputs gerade diejenigen Outputs zu erzielen, die man erhalten möchte.

Entscheidend für das Verhalten der Systeme ist die innere Organisation der Operatoren. Demgegenüber spielt die Umwelt eine weitaus geringere Rolle. Zwar hängen die Reaktionen eines Systems auch von den Stimuli der jeweiligen Umwelt ab, die als systemspezifische Reize wirken und als entsprechende Inputs in das Bezugssystem eingehen. Systematisch lassen sich diese Inputs jedoch stets als *Outputs anderer Systeme* behandeln, so daß sich tatsächlich das »Problem der Kontrolle« auf das »Problem der Kontrolle von Systemverhalten« reduzieren läßt (zumindest in der Theorie).

Zu diesem Zweck muß die innere Operationsstruktur eines Systems genauer bestimmt werden. Das entscheidende Merkmal solcher Operatoren liegt darin, ob es sich um *einfache* Übertragungsmechanismen handelt, die Eingangsreize (»Inputs«) mechanisch, biochemisch oder in sonstiger Weise in Outputs umformen, oder um *komplizierte* Operatoren, die *eigenständige Programme* – insbesondere in Abhängigkeit von Prozessen der Informationsaufnahme, -speicherung und -verarbeitung – entwerfen können.

Dies ist der zentrale Problembereich der *Kybernetik.* Dabei wird oft eine Klassifikation des Verhaltens zugrundgelegt, die zwischen *ausgelöstem, gesteuertem* und *geregeltem*

Verhalten unterscheidet (vgl. Flechtner 1969: 26–43). *Ausgelöstes Verhalten* liegt vor, wenn ein äußerer Reiz einen beliebigen – determinierten oder stochastischen – Prozeß in Gang setzt. *Steuerung* ist eine Form »gezielter Auslösung«. Bestimmte Effekte (Outputs) werden ausgelöst und fortlaufend kontrolliert. Es wird also ständig in den Verhaltensablauf eingegriffen, bis das System sein Ziel erreicht. Steuerung erfordert stets ein Ziel, auf das hingesteuert wird. Alle Interpretationen von Abläufen als »Steuerung« setzen daher entweder letztlich Menschen als handelnde Agenten voraus oder beruhen auf einer anthropomorphen Deutung dieser Vorgänge.

Regelung schließlich ist eine besondere Form der Steuerung, die auf der Anlage spezieller operativer Mechanismen im System beruht. Dabei werden die jeweiligen Outputs über die Rezeptoren an das System zurückgemeldet und im System mit einem eingegebenen »Zielwert« verglichen. Dieser »Zielwert« ist im Operator als Sollgröße in das Programm eingegeben. Entspricht der empfangene Wert nicht dem Sollwert, so bewirkt dies eine Änderung im Systemverhalten durch Manipulation der *Regelgröße,* die an den Sollwert angeglichen wird. Unter »Regelung« kann also »die Angleichung gewisser Parameter an vorgegebene Sollwerte (Führungsgrößen)« verstanden werden. Die von den Störgrößen, das heißt: dem Umwelteinfluß, abhängige Abweichung der Regelgröße von der Führungsgröße heißt »Regelabweichung«. Diese Begriffe der »Regelgröße« und des »Zielwertes« haben sich in der kybernetischen Theorie als die entscheidenden operativen Größen erwiesen, die durch die Effektoren und Rezeptoren in Regelkreisen verbunden werden und durch deren Manipulation das Systemverhalten kontrolliert werden kann.

Ein kurzes Beispiel aus dem Leben eines Autofahrers: Ein Druck auf die Hupe *löst* ein Signal *aus;* die Betätigung aller Fahreinrichtungen, insbesondere des Lenkrades, des Gas- und Bremspedals, der Kupplung und Schaltereinrichtung, ermöglicht das *Steuern* des Fahrzeugs (zu einem Ziel); die Einrichtung eines sogenannten »Tempomats« stellt einen *Regler* dar, der eine konstante Geschwindigkeit (trotz Steigungen oder Gefällen usw.) hält, ohne daß es irgendwelcher Eingriffe bedarf.

Im ersten Überschwang der systemtheoretischen Begeisterung ist vielfach versucht worden, derartige Komponenten auch in nicht-technischen und nicht-biologischen Zusammenhängen zu unterstellen, insbesondere bei der Deutung *gesellschaftlicher* (sozialer, ökonomischer, politischer und juristischer) Zusammenhänge. Aber dies führt nicht zu *Erklärungen,* sondern zu *Analogien,* die auf der Verwendung von technischen oder organischen *Bildern* beruhen.

Eine *Erklärung* gesellschaftlicher Phänomene als System muß vielmehr von dem Gedanken ausgehen, daß es ich hierbei um *Sinnzusammenhänge* handelt. Solche Sinnzusammenhänge können jedoch nicht mehr als materiell-energetische Verhaltenssysteme interpretiert werden, auch wenn derartige Verhaltenssysteme stets die *konditionale Grundschicht* – beziehungsweise die physische Voraussetzung – für Sinnsysteme darstellen. Sie müssen vielmehr als Systeme einer höheren Schicht aufgefaßt werden.

Der nächste logische Schritt liegt folglich in der Frage, welchen *Programmen* Verhaltenssysteme folgen und auf welche Weise diese Programme entstehen. Den Ausgangspunkt dieser Fragestellung kann man wieder in der biologischen Forschung finden. Hier entstand nämlich im Zusammenhang mit der Erforschung der Gen- und Chromosomenstruktur die Frage, auf welche Weise »Leben« innerhalb der Organismen programmiert ist. Die Frage wiederholte sich dann im technischen Bereich unter dem Aspekt, wie man Maschinen so programmieren kann, daß ein bestimmter Ablauf – trotz eventueller Störungen aus der Umwelt – garantiert wird. Diese Frage wurde für alle möglichen Bereiche verallgemeinert und zum Problem der Kontrolle und Programmierung von Verhalten schlechthin gemacht.

Wie aber entstehen diese Programme? Im technischen Bereich ist die Frage leicht zu beantworten: Sie werden von Ingenieuren entwickelt und in Form von Schaltungen in ein

System eingebaut. Die Programme selbst sind nichts anderes als *Anweisungen* für ein System, sein Verhalten in einer bestimmten, nämlich der im Programm vorgeschriebenen Weise, ablaufen zu lassen und zwar so, daß damit eine bestimmte Aufgabe gelöst – oder, funktional ausgedrückt, eine bestimmte Funktion erfüllt, das heißt, eine bestimmte Leistung erbracht – wird.

Bei lebenden Systemen (Organismen) verhält sich dies nicht anders. Die Schaltungen sind hier freilich nicht technischer, sondern bio-chemischer Art, aber sie funktionieren in derselben Weise, nämlich als aktive Systemelemente (Operatoren), die den »Fluß der Wirkungen beziehungsweise Informationen in dem betreffenden System freigeben, sperren oder ändern« können (Lexikon der Kybernetik). Die Programme selbst, die den Schaltungen zugrunde liegen und die Anweisungen für die Verhaltensabläufe erteilen, entstehen im Prozeß der Evolution – durch Prozesse der kontinuierlichen Anpassung an eine sich ständig wandelnde Umwelt sowie durch gelegentliche sprunghafte Veränderungen aufgrund von chromosomalen und genetischen Variationen (Mutationen).

Darüber gibt es jedoch eine Klasse von Verhaltenssystemen, deren Mitglieder dazu fähig sind, ihre Verhaltensprozesse über das Entstehen von Bewußtsein selbst zu steuern und damit die Entwicklung der steuernden Programme auf eine neue Stufe zu heben. Dieser Klasse gehören nach unserem heutigen Wissensstand bislang allein *Menschen* an; es zeichnet sich allerdings mittlerweile die Möglichkeit ab, auch Maschinensysteme auf diese Ebene zu heben (auto-katalytische Systeme, selbstorganisierende Systeme, auto-evolutive Systeme) – freilich bleibt der interessantere Teil dieser Überlegungen noch im Bereich der *science fiction* (vgl. Lem: 1976: 586).

Um keinen Irrtum entstehen zu lassen, der bei der folgenden Erörterung auf völlig falsche Wege führen würde, soll noch einmal ganz deutlich wiederholt werden, was im vorherigen Absatz schon ausgesprochen, aber vielleicht nicht als eigentlicher Zentralpunkt des Argumentes zu erkennen war: Entscheidend kommt es auf den Begriff des *»Programms«* an – nicht auf den des »Verhaltens«! Das Verhalten wird über Programme gesteuert und kontrolliert. Die Höherentwicklung von Verhaltenssystemen beruht auf der Höherentwicklung, insbesondere der auto-evolutionären Selbstorganisation, *der Programme,* denen das Verhalten dann folgt. Wir sprechen also hier und im Folgenden immer von *Programmen* und nicht mehr vom physisch-konkreten Verhalten.

Programme sind Anweisungen, die der Lösung von Aufgaben dienen – allgemeiner: die das Verhalten von Systemen so steuern, daß bestimmte Leistungen erbracht und damit bestimmte Funktionen erfüllt werden. Bei biologischen, lebenden Systemen sind diese Programme auf das Problem des Überlebens bezogen – und zwar auf das *Überleben der Art.* Die Evolution hat dabei in der Regel eine enge Beziehung zwischen dem Lebensraum einer Spezies und den Verhaltenseigenschaften, das heißt, der Programmstruktur bewirkt – die Reize der Umweltsysteme wirken als unmittelbare *Auslöser* für ein bestimmtes Reaktionsverhalten der Organismen – in Abhängigkeit von der Innenstruktur und dem Reifegrad des Einzelwesens.

Der Mensch hat diese enge Zuordnung von Organismus und artspezifischer Umwelt durchbrochen. Der entscheidende Begriff hierfür lautet: »Interdependenz-Unterbrechung« (Luhmann). Diese Fähigkeit beruht auf anthropologischen Gründen, hängt also mit der spezifisch menschlichen Konstitution zusammen: der Plastizität und Offenheit der Anlagen, der Instinktreduktion, der Unspezifizität der Sinne, die Entdifferenzierung von Instinkten und deren Konvertierbarkeit (Freud) – kurz: es liegt kein direkter Kontakt mehr zwischen Organismus und »natürlicher« Umwelt vor, sondern diese »Funktionskreise« werden – wie der Wiener Zoologe Otto Storch formuliert hat – »gedehnt« oder, in der hier von Luhmann übernommenen Formulierung, in ihrer Interdependenz unterbrochen. Diese Unterbrechung bietet dem Menschen die von ihm, will er überhaupt überleben, zwingend zu ergreifende Chance, sein Verhalten selbst zu gestalten, es durch eigene – auto-evolutionär entfaltete – *Programme des Erlebens und Handelns* zu überformen.

Das Verhalten selbst ist beim Menschen nicht grundsätzlich von dem des Tieres (insbesondere der nächsten Verwandten des Menschen, der Primaten) verschieden – im Gegenteil bestehen erhebliche Übereinstimmungen in den Grundlagen, die dann kulturell überformt werden. Entscheidend für das menschliche Verhalten ist jedoch die Lösung von der starren Erbmotorik (Storch) der Tierwelt, die ein festgelegtes Programm bedeutet, das der Mensch zu durchbrechen und frei zu gestalten vermag.

Am deutlichsten oder eindrucksvollsten zeigt sich dies in der Sprache. Die Appell- und Ausdrucksfunktionen, die die menschliche Sprache enthält, lassen sich eindeutig auch schon bei tierischen Äußerungen feststellen. Viele Tiere können Freude und Zorn, Schreck und Angst durch Laute oder Gebärden ausdrücken, die nicht nur von den Artgenossen, sondern oft sogar auch von verwandten Arten verstanden werden. Mitteilungs- und Darstellungsformen der Sprache sind vor allem in der sogenannten »Bienensprache« repräsentiert, die genaue Angaben über Art, Richtung und Ergiebigkeit einer Futterquelle zu machen vermag. Das für Tiere höchstmögliche Niveau scheinen einerseits die Schimpansen, andererseits die Delphine zu erreichen – Tonhöhe und Tonstärke, Rhythmus und Art der verfügbaren Vokale und Stimmlaute sind außerordentlich variabel und erlauben mit ihren wechselnden Kombinationen die verschiedensten Affekte und Stimmungen auszudrücken. Aus anatomischen Gründen (Kehlkopfbau/Stellung) bleibt die Artikulation jedoch undeutlich, und es gibt keine »Lautgestalten« mit fester Begrenzung (also echte Symbole), sondern nur »Kettenlaute«, deren Länge vom Maße der Erregung abhängt. Insgesamt handelt es sich bei allen »Tiersprachen« in der Regel (mit Ausnahme der in der Dressur oder bei Versuchen mit Primaten/Delphinen erreichten Leistungen) um reine *Erbsprachen*, von denen die Tiere nicht abweichen können (starre Erbmotorik) und die sich insoweit nicht von anderen, signifikanten Gesten unterscheiden.

Erst der Mensch ist von dieser starren Erbmotorik auch des Sprachapparates befreit und vermag daher, diese Anlage frei auszubauen, so daß eine bewußte, evolutionär selbstgestaltete Programmierung der symbolischen Kommunikation möglich wird. Diese Fähigkeit zur Selbstprogrammierung des Verhaltens ist die Basis für den Aufbau von Systemen der dritten Schicht – den Handlungssystemen. Diesen Systemen werden wir uns nunmehr zuwenden.

Teil III

1. Theorie der Handlungssysteme

Theorien – wie alle Gegenstände unserer (Kultur)-Welt – entstehen allmählich. Und ebenso allmählich dringen sie, wenn überhaupt, in das Bewußtsein ein, so daß, wenn man sie endlich wahrnimmt, sie in einer vagen Weise Vorläufer, Entstehungsphasen, Reifeperioden, aber keinen genau fixierten Ursprung zu haben scheinen. Bei der Theorie der Handlungssysteme soll dennoch eine genaue Zurechnung vorgenommen werden: Sie wurde 1950/51 durch Talcott Parsons begründet und in den beiden Bänden »Toward A General Theory of Action« sowie »The Social System« kodifiziert.
Man muß aber sofort hinzufügen: Natürlich hat diese Konzeption viele weiter zurückliegende Ursprünge, Vorläufer und Mitbegründer. Weder ist Parsons der Begründer auch nur der soziologischen Systemtheorie noch der erste Handlungstheoretiker noch der einzige Theoretiker der Handlungssysteme. Und dennoch ist die Theorie der Handlungssysteme so untrennbar mit seinem Namen verknüpft, daß die behauptete Zurechnung begründet ist.
Die Handlungstheorie Parsons' ist die Kodifikation der Theorie sozialen Handelns in der Semantik der Systemtheorie. Dies klingt nach einer eher bescheidenen Übersetzungsarbeit, und mehr haben einige Kritiker auch tatsächlich nicht entdecken können, was ein klägliches Licht auf sie fallen läßt. In Wirklichkeit hat Parsons jedoch eine vollkommene Neuformulierung einer umfassenden Theorie der gesamten Lebenswelt des Menschen *(human condition)* in Angriff genommen, mit der Theorie der Handlungssysteme als Kernstücke, deren Systematik dann jedoch über die gesamten Bio-, Sozial- und Kulturwissenschaften (also der Biologie, der Biotechnik, der Medizin, der Anthropologie, der Ethnologie, der Psychologie, der gesamten Geisteswissenschaften, der Ökonomie und Jurisprudenz, der Theologie, Philosophie usw.) zu einer Theorie des humanen Kosmos erweitert werden sollte. Der Tod Parsons' im Jahre 1979 kann an diesem prinzipiellen Anspruch der Theorie der Handlungssysteme nichts ändern, aber ohne die Reputation und den enormen Fleiß sowie schließlich die großen Kenntnisse Parsons' auf allen möglichen Gebieten (vgl. Jensen 1980) wird es jedem (potentiellen) Nachfolger sehr schwer sein, das Vorhaben fortzusetzen. Im Augenblick scheint Niklas Luhmann der einzige zu sein, der eine kongeniale Vorstellung von dem Plan Parsons' besitzt, und die Fähigkeit, die Arbeit an der Systemtheorie, wenn auch mit abgewandelten Konzepten, fortzusetzen.

2. Interaktion und Kommunikation

Den Ausgangspunkt für die Konzeption des »Handelns« bildet paradoxerweise der Begriff des »Verhaltens«. Verhalten wird durch Programme gesteuert. Soweit es sich um lebende Systeme handelt, beruht das Programm auf einer Reihe von biochemischen Mechanismen, die im Laufe der Evolution – spezifisch für die einzelnen Arten – entstanden sind und im Wege der Vererbung übertragen werden. Dies gilt zunächst auch für den

Menschen. Jedoch kommt es beim Menschen zu einer »Interdependenz-Unterbrechung«, die ihn in seinem Verhalten von einer starr fixierten Erbmotorik freisetzt. Er kann und muß die Programme für sein Verhalten selbst aufbauen; die biologischen Mechanismen fungieren nur noch als konditionaler Satz von Rahmenbedingungen.
Der Aufbau der spezifisch menschlichen Verhaltensprogramme erfolgt in der Auseinandersetzung jedes einzelnen Individuums mit den anderen Individuen seiner Umwelt sowie allen anderen Objekten der Situation. Das angeborene elementare biologische Verhaltensprogramm, das im Grunde nur ein Potential sowie eine minimale Motorik bereitstellt, differenziert sich in zwei Klassen: ein Programm für körperliche Abläufe (materiell-physisch/energetische Verhaltenssteuerung) einerseits sowie ein zweites Programm für symbolische Ereignisse (informationelle Steuerung). Beide Möglichkeiten sind, wie erwähnt, auch schon bei Tieren angelegt, bleiben dort aber undifferenziert. Diese Differenzierung führt zu zwei fundamentalen Verhaltensformen, die sich zwar vielfältig überschneiden, überlagern und durchdringen, aber andererseits frei gegeneinander variierbar sind, nämlich *Interaktion* und *Kommunikation.* Diese beiden Prozesse führen zum Aufbau der komplexen, weltumspannenden und evolutionär unvergleichlichen Systeme des Erlebens und Handelns.
Die biologischen Grundlagen für den Aufbau derartiger Programmstrukturen menschlichen Verhaltens in Gestalt von Handlungssystemen (oder Systemen des Erlebens und Handelns; zur Begrifflichkeit Luhmann 3: 67ff.) sind in der *Lernfähigkeit* des Menschen – also in Lernvorgängen – zu erblicken. Die Überlagerung von instinktgesteuerten durch erlernte Verhaltensweisen ist schon in den phylogenetisch-taxonomischen Reihen der Tiere zu beobachten und insbesondere in den Primatenreihen von den Halbaffen zu den Menschenaffen weit vorangeschritten. Überall, wo Lernvorgänge eine Rolle spielen, wird das Verhalten plastischer und variabler. Eine allgemeine Grundlage menschlichen Verhaltens ist damit ein hohes *Lernvermögen.* Wichtig ist dafür zunächst das Gedächtnis, das in der Primatenreihe zunehmend vervollkommnet wird: Die Zeit, in der eine einmal gezeigte Futterquelle in der Erinnerung behalten und bei einer zweiten Darbietung sofort aufgesucht wird, beträgt bei Halbaffen 5 Sekunden, bei Catarrhinen und Gibbons 15 Sekunden, bei Menschenaffen bis zu 2 Stunden und mehr; beim Menschen ist der »Aufschub des Handelns« praktisch unbegrenzt. Die *Aufgliederung des Wahrnehmungsfeldes* und die Fähigkeit, die Teilinhalte variable zu kombinieren, ist eine weitere Grundlage der *Intelligenz,* »der Fähigkeit, unter Erfahrungseinsatz zu lernen« (Fischer-Lexikon Anthropologie: 110f.).

»Erinnerungsspeicherung, Wahrnehmungsanalyse und Assoziationen sind in erster Linie eine Funktion der *Großhirnrinde,* die in der Primatenreihe eine fortschreitende Vergrößerung teils durch Vergrößerung der Schädelkapazität, teils durch Faltung des Hirnmantels erfährt ... Hand in Hand damit geht eine fortschreitende Differenzierung der histologisch unterscheidbaren *Rindenfelder.* Die den Assoziationen dienenden sogenannten sekundären Rindenfelder werden dabei stärker vergrößert und vermehrt als die primären Rindenfelder für Sinneswahrnehmung und Motorik. So umfaßt das Stirnhirn, das für die höheren Denkleistungen besonders wichtig ist, bei Halbaffen 8% der Großhirnrinde, beim Schimpansen 17%, beim Menschen durchschnittlich 29%. Neu sind beim Menschen unter anderem das Sprechzentrum in der 3. Schläfenlappenwindung (Brocasche Windung) und dicht daneben das Gnosien- und Praxienzentrum, das unter anderem für die technischen Fertigkeiten von Bedeutung ist« (Fischer-Lexikon Anthropologie: 111f.).

Eng mit dem Aufbau der menschlichen Denkleistungen verknüpft – so daß man auch hier eine Interpenetration von Bewußtsein und Sprachleistung annehmen muß – ist die Entwicklung von semantischen Symbolsystemen (Sprache). Die Lautbildungen werden von der momentanen Situation und den konkreten Merkmalen gelöst und sie werden zu Symbolen generalisierter Bedeutungselemente der Wirklichkeit. Die Wirklichkeit bleibt damit nicht dieselbe – sie wird umgeformt, verdichtet, anhand bestimmter Merkmale zusammengezogen und von anderen, an sich wahrnehmbaren, aber ausgeblendeten Elementen befreit. Die Verlagerung der Verhaltensabläufe von physischen Gesten auf Sprache bietet nicht nur eine ungeheure Steigerung an Möglichkeiten, sondern ist auch von einer großen energetischen Ökonomie: Der Energiehaushalt wird entlastet, es erfolgt eine Freisetzung zu schöpferischem Denken usw. Auf die Bedeutung von Interaktion und Kommunikation gehen wir später genauer ein; hier geht es zunächst nur um die biologische Voraussetzung für ihre Ausdifferenzierung. Diese biologischen Voraussetzungen müssen stammesgeschichtlich sehr weit zurückliegen, da bereits die Neandertaler eine menschliche Symbolsprache hatten – möglicherweise begann bereits bei den Australopithecinen die Fixierung bestimmter Laute auf bestimmte Bedeutungen; man weiß dies nicht genau, jedoch müssen irgendwo in der hominiden Stammeslinie die Anlagen für Lautnachahmung zu den Anlagen für Lautverständnis hinzugetreten sein, die bei den Tierprimaten noch fehlen ...

Neben der Entwicklung des Gehirns besitzt die von der Fortbewegung entlastete, befreite Arbeitshand für den Kulturaufbau größte Bedeutung. Phylogenetisch ist sie älter als die Hirnkapazität des Menschen. Daraus kann man den Rückschluß ziehen, daß die Hand nicht nur für den Werkzeuggebrauch Voraussetzung war, sondern auch für die Erfassung der Dingkonstanz und damit das Symboldenken – die haptische Komponente des »Be-Greifens« der Welt kann offenbar gar nicht hoch genug bewertet werden (Gehlen 1961 und 1964).

Dies sind die Kulturvoraussetzungen. Das Wachstum und der Aufbau der Kulturen, ihre evolutionäre Entfaltung in der Geschichte, sind anthropologisch jedoch nicht mehr aus solchen Gründen herleitbar. Sie liefern nur die urgeschichtlichen Voraussetzungen. Die Hirnkapazität des Menschen erreichte bereits am Ausgang des älteren Paläolithikums die für den homo sapiens kennzeichnende Größe. Wir müssen daher nun skizzieren, wie sich aus dieser anthropologisch begründeten Chance zur Interdependenz-Unterbrechung der Bindung Mensch/Natur die Programme des »Erlebens und Handelns« (E/H) entfalten.

Wie angedeutet, ist die wichtigste Komponente dieser Entwicklung in der Differenzierung von Interaktion und Kommunikation sowie deren wechselseitiger Durchdringung und Verstärkung – dem Zusammenspiel von symbolischer und physischer Manipulation der Wirklichkeit – zu erblicken. Man soll also dieses Argument einer Ausdifferenzierung von »Interaktion und Kommunikation« nicht so interpretieren, als entstünden hier zwei getrennte Stränge, sondern es bleiben beide Formen des menschlichen Sozialverhaltens miteinander verflochten. Der entscheidende Punkt ist jedoch, daß sie sich gegeneinander variieren lassen.

Dabei soll unter »Interaktion« verstanden werden, daß Menschen in einer konkreten Situation miteinander in einen raum/zeitlich konkreten Kontakt treten, bei dem materielle und energetische Eigenschaften der physischen Dingwelt, einschließlich der organisch-körperlichen Anlagen der Beteiligten eine bestimmende Rolle spielen. Beispiele dafür sind abundant: Die archaische gemeinsame Jagd oder Flurbestellung, gemeinsame Mahlzeiten, Spiele, Kampf, (sexuelle) Liebe, jede Form der gemeinsamen Arbeit, religiöse Zeremonien usw. Das entscheidende Merkmal der Interaktion ist der physische Verhaltensaspekt, also der Umstand, daß materiell-energetische Veränderungen (nicht nur mit dem Tun oder Lassen verbunden, sondern als Handlungsziele) ausdrücklich gewollt sind. Dies bedeutet nicht, daß nicht auch hier informationelle und – vor allem – *symbolische* Elemente eine äußerst bedeutsame Rolle spielen; es bedeutet vielmehr, daß eine symbolische (semantische) Manipulation *allein* nicht ausreichen würde, um das gewünschte Ziel zu erreichen.

Demgegenüber soll unter »Kommunikation« die Verwendung von semantischen Symbolsystemen verstanden werden. Auch hier muß sofort klargestellt werden, daß es Kommunikation (allgemein: Information) ohne eine physische Basis (Trägerschicht) nicht gibt; jede Übertragung von Information beruht notwendigerweise auf der Manipulation physischer Ereignisse. Die elementare Form solcher Übertragungen liegt darin, daß gewisse Ereignisse auf ein Bezugssystem als Schlüsselreize wirken, die eine bestimmte Reaktion auslösen. Auf dieser Ebene bleibt es im Grunde unbestimmt, ob überhaupt die Stufe der direkten physischen Verknüpfung (etwa über biochemische oder elektrische Kausalketten) verlassen wird (so wie beispielsweise bei technischen Geräten aufgrund eines elektronischen oder sonstigen sensorischen Impulses ein bestimmter Effekt ausgelöst wird). Semiotisch interpretiert, befindet man sich auf der *syntaktischen* Ebene, auf der es allein darauf ankommt, ob die Zeichen »korrekt« angeordnet sind, also eine »Botschaft« an das System allein unter formalen Aspekten darstellen (das künstliche Hauptwort »Arbute« beispielsweise wäre syntaktisch korrekt gebildet, so daß auch der Satz: »Er bat sie, die Arbute zu holen«, korrekt wäre; dann aber auch der Satz: »Er bot sie, die Arlute zu lohen« usw. mit einer Folge weiterer Buchstabenverdrehungen ...). In diesem Sinne sind auch die sogenannten »genetischen Codes« zu interpretieren. Tatsächlich handelt es sich um die Verschlüsselung komplizierter chemischer Auslösemechanismen in besonderen Molekülen; also einen rein chemischen Vorgang, den wir nun neuerdings gern in termini der Sprachtheorie kodifizieren ...

Für menschliche Kommunikation wird dieser ganze Komplex der Signalübertragung erst dann bedeutsam, wenn die Signalereignisse »entschlüsselt« oder »interpretiert« werden müssen. Reiz-Reaktions-Schema stellen eine physische Verknüpfung von Kausaleffekten in der Kette »Vorgänger/Nachfolger« von Ereignissen dar. Kommunikative Schemata sind anders organisiert, nämlich nach dem Schema »Signal – Interpretation – Verhalten«. Dabei muß im RR-Schema eine Abfolge eintreten, die durch die Gesetze dieses Bereichs bestimmt sind; hingegen gibt es bei Kommunikation nicht nur die Möglichkeit aller Spielräume der Interpretation, sondern vor allem auch die Freiheit, eine Nachricht nicht zu akzeptieren (Luhmanns »Negations-Codierung«).

Die Antwort auf das Signal muß nicht zwingend erfolgen; es gibt den Begriff des »Auslösers« hier nicht mehr, sondern Signale müssen empfangen und in ihrer Bedeutung ausgelegt werden (vgl. Lem 1981: »Mavo«). Das Signal wird zur Nachricht, (*message*, Botschaft). Das bedeutet, daß Sender und Empfänger einen gemeinsamen Zeichenvorrat haben müssen, den sie mit einer bestimmten Bedeutung belegen, um kommunizieren zu können. Kommunikation impliziert, daß zwischen dem Signal als auslösendem Ereignis einerseits und dem ausgelösten Effekt andererseits ein Zwischenglied eingeschaltet wird, nämlich die *Interpretation* des Signals gemäß seinem gemeinten, das heißt vereinbarten, *Sinn.* Dieser Begriff des »gemeinten Sinnes« erweist sich dabei als die zentrale Kategorie, die erst das Konzept der Kommunikation aus dem Fluß der bloßen Nachrichten- oder Informationsübertragung auf eine neue, höhere Ebene hebt.

Der Begriff des »Sinns« ist nicht leichthin zu definieren (vgl. Schülein 1982). »Sinn«, »Bedeutung«, »Sinnbedeutung«, »sinnhafte Bedeutung« entstehen aus dem gemeinsamen, sozialen Verhalten von Menschen durch Prozesse der Selektion, der Generalisierung und des Konstanthaltens von Merkmalen der Situation einerseits sowie der Art der gemeinsamen Reaktion andererseits. Weniger kompliziert: »Sinn« kommt dadurch zustande, daß mindestens zwei Interaktionspartner eine gemeinsame und übereinstimmende Auslegung einer Situation vornehmen – daß der eine etwas tut und der andere sich darauf einläßt und der erste wiederum dieses »Sich-Einlassen« des anderen versteht. In dem Moment, in dem dies geschieht, werden von den beiden gewisse Merkmale ausgewählt und im Verständnis festgehalten, andere – die an sich auch präsent wären – werden vernachlässigt, unterdrückt oder nicht beachtet. Auf diese Art kommt die symbolische Belegung der Realität, die sinnhaft jeder Kommunikation zugrundeliegt, zustande. Dabei spielen sowohl die unübersehbar eindrucksvollen, sozusagen die Situation gesetzmäßig bestimmenden Merkmale, als auch ganz zufällige, im Grunde bedeutungslose Elemente, die nur aus dem Augenblick heraus gewählt wurden, eine Rolle und vermischen sich untrennbar (und oft für das spätere nachvollziehende »Verstehen« so schwer entschlüsselbar).

Sinn ist eine referentielle Kategorie. Sinn eröffnet Bezüge und stiftet Beziehungen. Der Sonnenuntergang hat für Tiere und Menschen einen bestimmten Sinn: Die Welt verdunkelt sich, die Nacht bricht herein, die nächtlichen Gefahren nehmen drohende Gestalt an; es ist Zeit für Schlaf an einem geschützten Platz. Sinn ist ein Horizont von Möglichkeiten, dessen Elemente durch das gemeinsame Erleben und Handeln bestimmt sind und auf die man sich »jetzt und hier« beziehen kann, in der Erwartung, bei anderen dafür Verständnis und mithin die Chance zum gemeinsamen, komplementären Handeln zu finden.

Die Dinge und Ereignisse haben ihren Sinn nicht aus sich selbst heraus. Man muß ihnen ihren Sinn zuweisen. Dies geschieht in der gemeinsamen Interaktion – und zugleich wird in diesem Prozeß aus dem bloßen Verhaltensablauf erst das, was wir als »Interaktion« bezeichnen, nämlich ein von einem bestimmten, gemeinsam konstituierten Sinn erfülltes Verhalten – soziales, sinnhaftes Handeln. Sinnhaftes Verhalten, Aufbau von Interaktion und Zuweisung von Sinn sind Prozesse, die sich in einem dialektischen Gegenspiel vollziehen – es sind Elemente eines autokatalytischen Prozesses, aus dem sich allmählich die Systeme des Erlebens und Handelns aufbauen (vgl. Schütz 1974: 11–111).

Dingen und Ereignissen einen Sinn zuzuweisen, bedeutet noch nicht, zugleich symbolisch über sie kommunizieren zu können. Die symbolische Belegung der Lebenswelt ist ein weiterer, späterer Schritt. Aber wenn er einmal erfolgt ist, wenn einmal ein semantisches Symbolsystem zur Verfügung steht, dann übernimmt dieses Symbolsystem, infolge seiner größeren Freiheitsgrade und seiner Loslösung von den konditionalen Bedingungen der physischen Realität, die auf die Manipulierbarkeit der physischen Trägerschicht reduziert sind, die Führung im Prozeß der Konstitution von Sinn. Es kommt dann dazu, daß die gesamte Realität in Symbolen gedeutet und jeder Prozeß, jedes Ereignis als Nachricht interpretiert werden, die etwas über die tiefere Bedeutung dieser Welt mitteilen sollen. Mit anderen Worten: Der Mensch kann prinzipiell *jedes* Ereignis dieser Welt als *Informationsgröße* behandeln und semantisch interpretieren: »Ja – Gott gibt uns ein Zeichen!« (Lem 1981).

Die Beziehungen zwischen »Sprache, Denken, Kultur« (Paul Henle 1969) sind oft genug und in der vielfältigsten Weise untersucht worden. Für den Zusammenhang dieses Buches kommt es vor allem auf folgenden Aspekt an: Durch die Differenzierung des Verhaltens in zwei sich wohl durchdringende, im Prinzip aber *gegenläufige* Funktionskreise der Interaktion und Kommunikation, entstehen zwei gegeneinander variierbare – gegenläufige – Programmstrukturen, wobei der symbolische Strom als *Medium* fungiert, der im kybernetischen Sinne die Steuerung des physischen Stroms übernimmt (welcher seinerseits als Satz konditionaler Bedingungen zu interpretieren ist).

Anthropologische und sozialpsychologische Studien haben immer wieder darüber reflektiert, daß die Steigerung menschlichen Verhaltens zu komplexen Strukturen auf der Fähigkeit zum »Probehandeln« in der Sprache, auf der Fähigkeit der symbolischen Manipulation der Realität, beruht, so daß der spontane Zusammenhang von Reiz-Reaktion durchbrochen wird und der interpretative, gedanklich-reflexive Vorentwurf der Handlung dazwischentritt (Schütz 1974: 79; Gehlen 1961: 50ff.; Gehlen 1964: 11ff. u. 25ff.). Wir definieren dies hier so um, daß die symbolischen Programmstrukturen die

»lead-function« in der Bestimmung des Verhaltens übernehmen: Das semantische Symbolsystem der Sprache wird zum Medium, das die physischen Abläufe steuert.

Ein einfaches Beispiel bietet das Tennisspiel. Tennis muß man mit körperlichem Einsatz, also in Form der (physischen) Interaktion spielen; man kann durch bloßes »Reden« weder den Schläger noch den Ball bewegen. Zugleich spielt aber auch die Kommunikation, die den physischen Ablauf »begleitet«, nicht nur eine begleitende, sondern in Wirklichkeit eine *steuernde* Rolle. Prinzipiell wird das Spiel durch eine Menge von semantischen Regeln gesteuert, die sowohl den allgemeinen Sinn des Spiels als auch die konkreten Bedingungen und Bedeutungen der einzelnen Ereignisse festlegen. Zum Beispiel: wie der Ball ins Spiel zu bringen ist, wann ein Ball als »Aus« oder »Fehler« gilt, wem dies als Punkt oder Fehler zuzurechnen ist, wie zu zählen ist, usw. Diese Regeln müssen im Bewußtsein der Spieler präsent und kommunizierbar sein; ihre Anwendung entscheidet im Einzelfall, welcher physische Ablauf vorzunehmen – wie vorzugehen – ist.
Darüber hinaus wird aber auch der gesamte Spielablauf – absichtlich oder gewohnheitsmäßig, jedenfalls trotz aller bewußter Anstrengung, die man vornehmen mag, nicht abwendbar – von den Spielern semantisch ins Bewußtsein gehoben und sprachlich ausformuliert, wenn auch oft nur in einzelnen, oft etwas deftigen, Ausdrücken, und dies steuert die weitere Motorik (insbesondere richtet hier Kritik am Partner oft verheerende Folgen an). Schließlich ist als weiterer Punkt die Phase des Lernens oder Trainierens zu erwähnen: Tennis – wie heute jeder körperliche Ablauf – wird nicht durch bloße motorische Nachahmung gelernt und durch Zuschauen oder »Abgucken« verbessert, sondern durch »Unterricht«, also durch Kommunikation – einen Prozeß, in dem zwar die Demonstration der physischen Abläufe eine Rolle spielt, die aber gegenüber der semantischen Kodifikationen dieser Abläufe in einem »erklärenden Schema der Interpretation« sekundär sind. Die beste Darstellung all dieser Effekte liefert in einem sehr amüsanten Buch: Art Hoppe 1976.

Noch deutlicher wird die *»lead-function«* der strukturalistischen Symbolsysteme gegenüber den physischen Vollzügen im Bereich der Technologie: Zeichnungen, Pläne, Entwürfe, Sizzen aller Art, Baubeschreibungen, Pausen und sonstige schriftliche Unterlagen bilden nicht nur stets die Grundlage aller Konstruktionen, sondern übernehmen auch bei der Ausführung die Steuerung. Natürlich wirkt die physische Konstruktion in ihrem Werden und aus ihren Abläufen heraus immer wieder korrigierend, verbessernd auf die Entwürfe zurück *(feed-back)* – aber dieser *feed-back* wird seinerseits zunächst *symbolisch* verarbeitet, in Begriffen – das heißt semantisch – interpretiert und in seiner Struktur erfaßt.
Derartige strukturalistische Symbolsysteme, die in einem Verhaltenssystem die *»lead-function«* gegenüber den physischen Abläufen übernehmen und dabei zugleich mit ihnen in einem über *feed-back*-Prozesse gesteuerten Wechselwirkungszusammenhang stehen, sollen als »Medien« bezeichnet werden. Die Theorie derartiger Medien wurde von Talcott Parsons (vgl. Jensen 1979) entwickelt (und in Deutschland von Niklas Luhmann fortgesetzt; vgl. Luhmann 2: 270).
Wir können das Ergebnis dieses Abschnittes darin zusammenfassen, daß wir sagen: Verhalten hängt allgemein von dem Zusammenspiel »System/Umwelt« ab. Beim Menschen kommt es zu einer Interdependenz-Unterbrechung der Erbmotorik, damit eröffnet sich die Chance, komplexere Verhaltensprogramme zu entwickeln und als intermediäre Strukturen zwischen Reiz und Reaktion einzuschieben. Dies führt zu einer Differenzierung in einen gegenläufig organisierten Strom von Interaktion/Kommunikation, bei der das strukturalistische Symbolsystem als Medium die *lead-function* übernimmt.

3. Zur Theorie der Medien

3.1 Sprache und Medium

Es wird Zeit, einen ersten Blick auf das Konzept der »Medien« zu werfen. »Medien« sind Zusatzeinrichtungen zur Sprache, und Sprache wiederum interpretieren wir hier als eine Form ausdifferenzierter Strukturkomponenten, die das menschliche Erleben und Handeln tragen – eine der morphologischen Formen in dem differenzierten Strom von Interaktion und Kommunikation, der aus dem ursprünglichen, entwicklungsgeschichtlich früheren, genetisch primitiveren Prozeß des Verhaltens entspringt. Zum genaueren Verständnis des »Medien«-Konzeptes kommt es zunächst darauf an, systemtheoretische, soziologische und semantische Überlegungen miteinander zu verbinden.

Von allen dynamischen Systemen werden Inputs aufgenommen, die im System verarbeitet und zu spezifischen Outputs umgewandelt werden. Dies setzt eine *Informationsübertragung* zwischen den *»operative units«* im System voraus (nach dem üblichen, von Otto karikierten, Muster: »Milz an Großhirn – Großhirn an Leber – Leber an Auge ...« usw.). Zwar können diese Übertragungen in einfachen Systemen auf rein physische Ströme reduziert sein (mechanische, physikalische, chemische, bio-chemische Reize); bei komplexen und höher entwickelten Systemen stellt diese Menge der zirkulierenden physischen Ereignisse in der Regel nur noch die *Trägerschicht* für nicht-physische Ereignisse *symbolischer Art* dar, also für Informationen. Mechanismen, die Informationen übertragen – also in Systemen zwischen operativen *units* die Kommunikation bewirken – sollen gemäß Parsons als »Medien« bezeichnet werden. *»At the level of action, mechanisms have developed comparable to organic information processing. We refer to such mechanisms as »symbolic media of interchange.«* (Parsons/Platt 1973: 23).

Dies gilt insbesondere für Systeme, in denen Menschen als *»operative units«* vorkommen. Um hier keine Mißverständnisse entstehen zu lassen, muß man zunächst eine Zwischenbemerkung über die Art der hier vorgenommenen Systembildung einschalten: Die gesamte Lebenswelt des Menschen bildet im Grund ein einziges gigantisches, wenngleich in sich ungeheuer vielfältig differenziertes System – die *»human condition«* (Parsons). Dieses riesige System läßt sich einteilen in eine hierarchische Folge von Systembildungen verschiedener Schichten. Eine dieser Schichten wird durch die »Systeme des Erlebens und Handelns« (oder kurz: die »Handlungssysteme«) gebildet. Zu der Konstruktion dieser Handlungssysteme kommen wir noch in speziellen Abschnitten dieses Textes, haben aber dazu schon festgestellt und wiederholen dies hier: daß der Mensch dieser Schicht *nicht* angehört, sondern der zweiten, biologischen Schicht, nämlich der Bio-Sphäre, der alle *lebenden* Systeme zugehören, wobei der Begriff des Lebens ausdrücklich durch eine Reihe von Merkmalen – wie zellulares Wachstum, genetische Reproduktion usw. – definiert wurde. Wenn wir hier davon sprechen, daß in Systemen Menschen als *»operative units«* vorkommen, so sprechen wir offenbar von Systembildungen, die *über mehrere Schichten hinweg aggregieren,* und *nicht* spezifisch auf der Ebene von Handlungssystemen. Und in dieser Verknüpfung von mehreren Systembereichen entfaltet sich ja auch erst die volle Leistungskraft der Systemtheorie, bezogen auf die vielschichtige Realität.

Im vorigen Abschnitt war als Schluß formuliert, daß sich menschliches Sozialverhalten in zwei Ströme differenzieren läßt, Interaktion und Kommunikation, das heißt, einen realen und einen symbolischen Prozeß. Dies scheint in Widerspruch zu geraten zu einem so etablierten Konzept wie dem der »symbolischen Interaktion«, das beide Strukturkomponenten miteinander verbindet. Um einem solchen Widerspruch vorzubeugen, ist sofort einzuräumen, daß die gesamte sinnhaft strukturierte Lebenswelt des Menschen tatsächlich in höchstem Maße symbolhaltig ist. Aber keineswegs läßt sich die gesamte Realität *ausschließlich* durch symbolische Manipulationen, durch die Verwendung von Symbolen *allein*, gestalten. Jede Tätigkeit, jede Interaktion, die in der Welt etwas bewegen will, nämlich als kausaler Eingriff und physisch-energetischer Ablauf in der Realität, muß selbst physischer Natur sein. Man kann sich nicht unkörperlich fortpflanzen. Man kann weder nur symbolisch essen und trinken noch nur symbolisch atmen noch nur symbolisch leben. Aber man kann all diese Prozesse symbolisch außerordentlich überhöhen.

Auch die umgekehrte Maxime haben wir bereits mehrfach formuliert, nämlich: Es gibt kein rein symbolisches Ereignis ohne physische Grundlage (Trägerschicht). Für unsere Argumentation kommt es also nicht auf die absolute Trennung dieser beiden Aspekte, sondern auf ihre *funktionale Differenzierung* an – auf das Auseinanderziehen und die folgende wechselseitige Interpenetration dieser beiden Aspekte des Erlebens und Handelns.

Betrachten wir ein einfaches Beispiel: Man kann zu zweit oder viert auf einem platten Feld einen Ball mit Schlägern hin- und herschlagen. Das ist eine physische, eine reale Interaktion. Darüber kann man in einem zweiten Schritt zusätzlich gewisse Regeln einführen. Damit erhält der bislang symbolisch undifferenzierte Ablauf gewisse Merkmale zugewiesen, die eine bestimmte Bedeutung erzeugen: »Der Ball ist hinter der Linie im Aus – das bedeutet einen Gewinn/Verlustpunkt.« Oder: »Der Ball berührt zweimal den Boden, ehe er zurückgeschlagen werden konnte, und das bedeutet einen Gewinn/Verlustpunkt ...« usw. Jedes mögliche Ereignis bekommt einen durch Kommunikation symbolisch in einer bestimmten Semantik festgelegten Bedeutungsinhalt. Dies hat zur Folge, daß sich weitere Erlebens- und Handlungsabläufe sowohl auf die realen Ereignisse (Interaktionen) als auch auf die symbolischen Bedeutungen richten können – und eben diese Differenzierung erweist sich als äußerst bedeutungsvoll.

Man kann nicht, wenn ein Stamm versorgt werden muß, nur symbolisch auf die Jagd gehen. Aber man kann die Jagd symbolisch auf Felswänden darstellen. Dies hat, wie wir wissen, eine nicht nur künstlerische, sondern vor allem magische oder kultische Bedeutung, die von der realen Jagd getrennt ist, auch wenn in der Vorstellung der Jagdgesellschaft sich die magischen Auswirkungen des Kultes auf den realen Jagderfolg erstrecken. Der Kult selbst, in dessen Rahmen die Jagdszenen symbolisiert werden, besteht seinerseits aus zwei Ebenen: einer Ebene der realen Handlungen, auf der die Aktoren mit konkreten stofflichen Materialien umgehen (»Brot« und »Wein«), und einer symbolischen Ebene, auf der die Verwendung und Handhabung der Materialien »etwas Bestimmtes bedeuten« (»Abendmahl«). Dies zeigt deutlich, daß man bei dem Konzept der Ausdifferenzierung von zwei »Strängen« aus dem konkreten Verhalten, nämlich Interaktion und Kommunikation, nicht an eine physische Trennung denken darf, sondern vielmehr an eine funktionale Variabilität dieser beiden Aspekte gegeneinander, wie wir sie hier schon mehrfach betont haben.

Das Beispiel symbolischer Darstellungen an Felswänden erinnert zugleich daran, daß die Verwendung von Symbolen, daß Kommunikation nicht notwendigerweise und vollständig über eine Sprache erfolgen muß. Entscheidend ist die Verwendung von Symbolen. Die Fähigkeit, mit Symbolen zu operieren, beruht ihrerseits darauf, Objekten und Ereignissen eine Bedeutung, einen Sinn, beilegen zu können, den diese Dinge nicht schon aufgrund ihrer Qualität als »Auslöser« einer erbmotorisch fixierten Reaktion haben.

»Bedeutung« ist das entscheidende Schlüsselwort. Die gesamte Lebenswelt des Menschen, die allmählich in langen evolutionären Prozessen durch die Gemeinschaft aufgebaut wird, ist voll von kulturellen Bedeutungselementen, von Kultursymbolik, die sichüber biologische Mechanismen nicht mehr entschlüsseln und transferieren läßt. Damit entsteht das Problem, wie sich eine solche symbolgeladene Bedeutungswelt überhaupt in Zeit und Raum erhalten und übertragen läßt, allgemein: *Wie ist der Transfer von Kultur möglich?*

Zunächst einige Worte zum Begriff der »Kultur«: Das Verhalten von Menschen weist gewisse Regelmäßigkeiten, eine identifizierbare Ordnungsstruktur, auf. Diese Struktur wird dem Verhalten (soweit es nicht biologisch begründet und genetisch fixiert ist) durch die Kultur aufgeprägt (»... *the structure of action systems consists in normative culture, internalized in organisms and personalities, institutionalized in societies and cultural systems«* formuliert Parsons (1970: 44).

Kultur ist also ein System von normativen Musterbildungen, und diese sind oder bilden die Struktur von Handlungssystemen. Man kann diese Aussage so interpretieren, daß es sich hier um einen *Code* handelt. Ein Code besteht aus einer Menge von definierten Elementen, aus denen sich nach den festgelegten Regeln die zulässigen Muster (Nachrichten) bilden lassen. Im Fall der Kultur sind die einzelnen Musterbildungen dann »Botschaften«, die eine Antwort auf die Frage geben: »Wie sollen wir unser Erleben und Handeln gestalten?«

Der entscheidende Punkt in der Konzeption der Medien, die von der Differenzierung der gegeneinander variablen, sich gegenseitig durchdringenden, Flüsse der Kommunikation und Interaktion ausgeht, so daß in Theorie unterschieden werden muß zwischen dem »realen Prozeß« physischer Wirkungen und Voraussetzungen einerseits und dem symbolisch verschlüsselten Prozeß der Kommunikation, liegt darin, die Verwendung von Symbolen und die Codierung von Referenzen mit dem Begriff des »Sinns« zu verknüpfen. Jede Interaktion, schon jedes Verhalten, von und zwischen Menschen hat schon immer einen Sinn, der genetisch ursprünglich vermutlich aus instinktangeleiteten, biologisch fundierten Antrieben entsteht – Nahrungssuche, Fortpflanzungsdruck, Überlebenskämpfe usw. Eine Steigerung dieser einfachen Möglichkeiten, insbesondere des gemeinsamen, sozial koordinierten Handelns, ist nur über die Sprache möglich. Auch die Sprachentfaltung vollzieht sich über die Differenzierung von ursprünglichen Lautgestalten, die physisch im körperlichen Apparat angelegt sind, und sie steigert sich dann an den Handlungszusammenhängen und Handlungsvollzügen.

Die besondere Leistung der Sprache liegt darin, daß sie es ermöglicht, die einmal hergestellten Sinnbezüge zwischen Interaktion und Situation in ihrer Referenz auszudrücken, zu kodifizieren und aufzubewahren sowie bei anderer Gelegenheit wieder präsent zu machen. Und darüber legt sich nun eine weitere Schicht von Möglichkeiten, die daraus gewonnen wird, aus den kodifizierten Elementen neue Sinnzusammenhänge aufzubauen, die in der ursprünglichen Situation gar nicht enthalten waren, also nur innerhalb der Symbolik Sinnentwürfe, Interpretationen, Sinnreferenzen vorzunehmen und anzubieten. Jemand, der dies innerhalb einer sozialen Gemeinschaft unternimmt, der also auf der reinen Symbolebene schöpferisch tätig wird, offeriert, in termini der Ökonomie ausgedrückt eine Leistung: »Liefere situationsauslegende, weltauslegende, sinngebende Schemata für Erleben und Handeln.« Oder: »Nehme Weltauslegungen und Situationsdeutungen vor.« Oder: »Eröffne Sinnhorizonte.« Oder schließlich in der einfachsten möglichen Formel: *»Biete Sinn«*.

Wir werden später darauf eingehen, daß und wie sich mit derartigen Formeln die Medien erschließen – denn er, der uns »Sinn bietet«, will auf der anderen Seite auch etwas dafür einnehmen: Ansehen, Einkünfte, Anhänger ... Wirkungen auf die Welt. Und eben diese Verknüpfung von Geben/Nehmen sowie symbolischen und physischen Faktoren zu einer zirkulären Wirkungskette ist kennzeichnend für die Medien. Vorerst aber nochmals eine Bemerkung zur Leistung sprachlicher, das heißt, sich nur in der Symbolik abspielender, Manipulationen der Realität: Es handelt sich um Ansätze zur Neu-Schöpfung von Dimensionen der Wirklichkeit durch Auslegungen auf einen Sinn hin, der vorher (für uns einfache Geschöpfe) nicht erkennbar war, bis ihn der Künstler oder Magier offenbarte (der aber – was nun? – schon immer da war oder erst durch den Magier konstituiert wurde?). Die Leistung aller Kulturschöpfer ist es, ein Schema zu finden, in dem alle Phänomene auf einen bestimmten Sinn hin geordnet sind, in dem sie ihre Bedeutung finden, und dieser Sinn (oder dieses Schema) muß dann erhalten und transferiert werden – dies ist die allgemeine Funktion von Medien überhaupt.

Ähnlich hat auch Luhmann angesetzt, wenn er darauf hinweist, daß man *Schrift als Zweitkodierung* von Sprache ansehen muß, die die ursprüngliche Verschlüsselung der Botschaft (»wie soll erlebt und gehandelt werden?«) dupliziert und damit außerhalb von momentanen Interaktionskontexten zur Verfügung hält – eine außerordentliche Steigerung von kulturellen Kapazitäten (Luhmann 2: 173). Die Koordination und symbolische Repräsentation von physischen und psychischen Ereignissen – also die Erzeugung von normativen Mustern – kann damit vom raum/zeitlichen Ursprungspunkt gelöst werden und expandieren. Erst damit werden Kultursysteme im großen und umfassenden Sinne möglich. Wie dicht ist Luhmann hier an dem Problem, auf das alles zielt, wenn man sich mit dem Thema »Medien« beschäftigt – nämlich: dem raum-zeitlichen Transfer, der Erhaltung und Übertragung von Kultur! Aber Luhmann verfolgt diese Bahn an dieser Stelle nicht weiter …

Führen wir noch weiter aus: Kultur ist eine Menge von Symbolsystemen und Deutungsmustern, die dazu dienen, die Situationen der Lebenswelt zu definieren, Sinn und Orientierung für Erleben und Handeln zu bieten. Sie ist das Symbolsystem, in dem »Welt« und »Wirklichkeit« überhaupt erst faßbar, darstellbar und für das Erleben/Handeln bewältigbar wird. Und jemand, der seine Seele wie vom Blitz getroffen einer zuvor nicht begriffenen Kultursymbolik öffnet, findet in dieser Vision plötzlich zu einem neuen Verhältnis des Erlebens und Handelns in der Lebenswelt, wie aus einem Zitat Thomas Mertons aus seinem »Asian Journal« sichtbar wird:

»Surely, with Mahabalipuram and Polonnaruwa my Asian pilgrimage has come clear and purified itself. I mean, I know and I have seen what I was obscurely looking for. I dont know what else remains but I have now seen and have pierced through the surface and have got beyond the shadow and the disguise. This is Asia in its purity, not covered over with garbage, Asian or European or American, and it is clear, pure complete. It says everything, it needs nothing. And because it needs nothing, it can afford to be silent, unnoticed, undiscovered. It does not need to be discovered. It is we, Asians included, who need discover it.«

Das Erlebnis, das Merton schildert, das Verstummen des Mundes und die Wehmut der emphatischen Seele vor den Relikten einer versunkenen Kultur, war typisch für die spätere Kolonialzeit, in der die empfindsameren Reisenden ihren robusten, allein merkantil und militärisch denkenden Vorläufern in die exotischen Gefilde folgten und dort nur noch Ruinen der einst blühenden Kulturen sowie Einheimische, die Sklaven, aber nicht die Schöpfer dieser Kultur sein konnten, vorfanden. So vermischte sich das euphorische Gefühl der Entdeckung mit dem tragischen Gefühl eines unwiederbringlichen Verlustes – und dies lenkt uns zugleich erneut auf die zentrale Frage dieses Abschnitts: Wie kann Kultur, wie können die symbolischen Elemente der Lebenswelt, auf die aller Sinn unseres Erlebens und Handelns beruht, in Raum und Zeit erhalten werden?

Es ist auf den ersten Blick klar, daß Sprache dabei die entscheidende Rolle spielt. Die Sprache ist der Fluß, der alle unsere Traditionen und alle Kommunikation aus der Vergangenheit in die Gegenwart und weiter in die Zukunft trägt. Wo dieser Strom versiegt, endet die Kultur. Aber Sprache allein genügt nicht. Sprache ist ein Fluß, der vieles trägt: Wahrheit ebenso wie Täuschung und Lüge; Märchen ebenso wie sachliche Informationen; Schreie der Pein ebenso wie Laute des Entzückens; militärische Kommandos wie Gebete; Schwüre der Liebe wie Geständnisse des Verrats … alles läßt sich in Worte fassen und der Sprache anvertrauen.

Wir haben schon an früherer Stelle bemerkt, daß Enttäuschungen riskiert, wer sich nur auf Sprache verläßt. Man kann beispielsweise sexuelle Beziehungen zu Liebesbeziehungen aufwerten, geht dann aber das Risiko ein, Symbolen vertrauen zu müssen. Man kann dann einfach von »Liebe« (in welchen Tönen auch immer) sprechen, man muß sie nicht mehr »zeigen«. Und der andere hat die Qual der Entscheidung, ob er den Worten trauen darf oder ob er Täuschungen erliegt.

In der Mediendiskussion wäre dies ein Beispiel für eine Inflation: Es zirkulieren zuviel Worte (Symbole) gegenüber zuwenig »Realien« – es wird zuviel über Liebe geredet und zu wenig Liebe praktiziert. Aber auch das Umgekehrte kann der Fall sein: Eine Flucht »vor zuviel Worten« in »die wirkliche Sache«, und dies hieße in diesem Fall, daß über Liebe und von Liebe nicht gesprochen wird, sondern daß »man es einfach tut«, und dies wiederum hieße zuviel Vertrauen in die biologische Mechanik setzen, die als Basis für eine längerfristige Gemeinschaftsbildung nicht ausreicht. Eine solche Flucht aus sprachlicher Unbeholfenheit oder Angst vor der Unzulänglichkeit der Sprache, die das Symbol vermeidet und sich nur an die »Realien« hält, wäre ein anderer Aspekt desselben Phänomens. Beide Aspekte (eine Sache – welche auch immer – »totzuquatschen« oder Kommunikation durch physische Interaktion zu ersetzen, bis hin zum totalen Krieg, sind bekannt genug ...

Nicht das Problem der Täuschung allein beherrscht die Problematik von Interaktion/Kommunikation, sondern dominant ist eigentlich ein fundamentaleres Problem: In dem Maße, in dem Sprache sich gegenüber Interaktion verselbständigt und beide Ströme gegeneinander variabel werden, wird das Verhalten von seiner quasi natürlichen selbstverständlichen Ausformung gelöst und freier gestaltbar, und diese Gestaltung wird über die Sprache kontrolliert und gelenkt – alles Erleben und Handeln wird ständig »semantisch überlagert«. Dies bedeutet, daß man in zunehmenem Maße über Sprache kulturelle oder soziale Normierungen in die Gestaltung einfließen lassen kann; Zumutungen (wie Dahrendorf sagt) an das Verhalten in der Interaktion. Die Interaktion, wie etwa die Kooperation in der Familie, im Gemeinschaftsverband des Clans oder sonstwo, mag notwendig sein, um etwa ein Überlebensproblem zu lösen, aber die Art und Weise, wie dem einzelnen seine Teilnehme daran zugemutet wird, ist es nicht: daß man zum Beispiel einem Herrscher die Füße küssen muß, ist sozial willkürlich gewollt, während die Haltung des Respekts vor einem sozial Höherstehenden möglicherweise biologisch fundiert ist.

Die Festlegung all dieser Interaktionen erfolgt über die Sprache und, wie erwähnt, liegt nun das Problem darin, die Nicht-Notwendigkeit der gewollten Interaktionsformen zu stabilisieren. Interaktionen werden mit ihren Sinnreferenzen komplizierter und stützen sich sowohl auf vergangene Leistungen und Beiträge als auch auf zukünftige Erwartungen oder Versprechungen sowie schließlich auf das, was sich fortlaufend ereignet – und gerade dies wird nun über Sprache ständig interpretierbar. Dadurch liegt aber die Vergangenheit nicht vollständig fest, sondern ein Verhalten kann nachträglich uminterpretiert und in neue Bezüge eingebettet werden (vgl. Krüger 1978), und darüber hinaus kann eine gegenwärtig abgegebene Erklärung oder Willensäußerung später eine andere Deutung erfahren (»... war so nicht gemeint«). Die Gegenwart bestimmt sich sowohl durch Referenzen auf das, was vorher war, als auch auf das, was erwartet wird: durch Aufprägungen einer *kausalen und teleologischen Struktur* auf unser Erleben und Handeln.

In dem Maße, in dem nun Sprachmuster zusätzlich zur Interaktion notwendig werden, um das Handeln insgesamt in einer Komposition von beiden (Interaktion *und* Kommunikation) zur Einheit zu bringen, in dem Maße treten Probleme auf, weil sich die Teilnehmer über Formeln, die dann »nichts als Worte« sind, ihren Verpflichtungen entziehen könnten, so daß der größte und geschickteste Wortartist zugleich das beste

Leben hätte – so wie ein nichtsnutziger Mensch sein Leben auf Kosten seiner Ehefrau und der Familie »umsonst« fristen könnte, indem er nur stereotyp auf alle Vorhaltungen antwortet: »Aber ich liebe Euch doch – so seid doch auch lieb zu mir!«.
Sprache hat viele Funktionen – keineswegs nur die, wahrheitsgemäß wiederzugeben, »was der Fall ist«; diese Binsenweisheit räumen wir nicht nur ein, sondern haben sie schon früher ausführlich in Erinnerung gebracht. Aber die Einarbeitung von Sprache, von multifunktionaler Semantik und Symbolik, in die Interaktion erzeugt Probleme, die gelöst werden müssen, wenn eine Gesellschaft nicht auf der elementarsten Ebene von Tauschhandeln und anderen »Zug-um-Zug« Geschäften verharren will, sondern das Vertrauen in kunstvollere Lebensgestaltung institutionalisiert werden soll. Diese Aufgabe erfüllen die Medien, und umgekehrt: Wo es Mechanismen gibt, die diese Aufgabe erfüllen, wollen wir von Medien sprechen, die nämlich als Zusatzeinrichtungen zu einer kommunikativ gesteuerten Interaktion sicherstellen, daß das, was man sagt, eine Verpflichtung zu einem bestimmten Handeln impliziert, und umgekehrt: daß eine bestimmte Interaktion mit bestimmten kommunikativ oder symbolisch festgelegten Regeln konform bleibt.

3.2 Sanktionierte Kommunikation/Interaktion

Wir haben bislang zwei Aspekte der Funktion von Medien herausgearbeitet: den raumzeitlichen Transfer kultureller Sinngehalte und die Sanktionierung von Kommunikation und Interaktion. Beide Aspekte hängen miteinander zusammen. Erläutern wir nochmals kurz, was gemeint ist: Im ersten Fall – wie können kulturelle Schöpfungen (beispielsweise Religionssysteme) über Generationen erhalten und ausgebreitet werden, ohne ihre ursprüngliche Bedeutung und ihren eigentlichen zentralen Sinngehalt zu verlieren? Dazu bedarf es besonderer Regeln und besonderer Rollen, der Kodifikation der entscheidenden Formeln und – vor allem – besonderer Mechanismen, die das System davor schützen, daß »nur mit Worten gespielt wird«. Damit gelangen wir aber bereits zum zweiten Aspekt: der Sanktionierung von Kommunikation und Interaktion – es muß nämlich durch diese besonderen Mechanismen garantiert werden, daß aus der Verwendung bestimmter Formeln (»hiermit gelobe ich feierlich ...«) auch tatsächlich eine festgelegte Konsequenz folgt und das Aussprechen dieser Formel nicht nur ein bequemer Weg ist, von anderen »Etwas« für »Nichts« zu erhalten.
Wir sehen daran, daß Medien und Sprache zwar eng zusammenhängen, aber keineswegs identisch sind. Medien sind gesellschaftliche *Zusatzeinrichtungen* zur Kommunikation und Interaktion und liegen damit selbst auf einer anderen Ebene.

Betrachten wir wieder Beispiele: In Gesellschaftsromanen, die die Zarenzeit in Rußland beschreiben, findet sich gelegentlich die Formel: »Rußland ist groß und der Zar ist weit«, was ausdrücken soll, daß Herrschaftsansprüche mit der geographischen Entfernung von ihrem Zentrum allmählich aufweichen und ungewiß werden. Man muß also ein Herrschaftssystem durch irgendein »Medium« über Zeit und Raum hinweg ausbreiten und erhalten können. Dieses Medium ist *Macht*. Es könnte scheinen, als würde Herrschaft nicht durch ein Medium (Macht) transferiert, sondern – wie doch jeder weiß – »auf den Spitzen der Bayonette« getragen, also durch Militär und Polizei. Aber so zu denken, wäre ein Irrtum, weil man in diesem Fall nur die »Realien« des Handelns vor Augen hätte, nicht aber die entscheidendere symbolische Struktur. Gewiß, um Herrschaft zu errichten und zu erhalten, muß man sich auf »reale Macht«, das heißt, technische und physische Machtmittel, Militär- und Polizeikräfte usw., stützen können, und doch weiß andererseits jeder schon aus der eigenen Schulzeit, daß ein Überordnungs-/Unterordnungs-Verhältnis zwischen Stärken und Schwächeren nicht darauf beruht, daß der Stärkere unablässig den Schwächeren drischt, sondern daß dazu eine Lektion der Stärke genügt, die dann freilich anschließend durch *Symbole* präsent gehalten oder in Erinnerung gebracht werden muß. Die Symbolik solcher auf einer *Drohung* beruhenden Verhältnisse bezeichnen wir als Macht (vgl. Parsons in Jensen 1980, Luhmann 1975). *Macht* ist ein gesellschaftliches *(»societal«)* Medium. Betrachten wir ein anderes: Rundfunk, Fernsehen, Zeitungen und Periodica sind *technische* Medien. Sie dienen dem Transfer oder Transport von kulturellen Informationen. Schließlich läßt sich auch das Verkehrssystem als »Medienstruktur« interpretieren: Hier muß man die »Autos« oder andere Verkehrsvehikel als zirkulierende Einheiten (»Vehikel«) sehen, während das Straßensystem samt Verkehrsregeln die Hintergrundstruktur bildet, auf der sich diese Vehikel bewegen. Abgesichert wird dabei die Idee des räumlichen (»spatio-temporalen«) Transports als einer wichtigen gesellschaftlichen Errungenschaft.

Mit diesem letzten Beispiel verläßt man im Grunde die Vorstellungen »symbolischer versus realer Ströme«. Es soll aber zeigen, wie man die Idee der Medien handhaben muß und auf welche Aspekte es jeweils ankommen kann: Hier auf die Idee, daß derjenige, der über ein Medium verfügt, damit über ein Potential an bestimmten Möglichkeiten verfügt, nämlich den Zugriff auf gewisse kollektive oder gesellschaftliche Ressourcen.

Stellen wir uns für einen Moment zwei extreme Situationen vor: Ein Mann findet sich in einem anderen Lande plötzlich in der Lage, zwar Geld seiner eigenen Währung, aber kein »einheimisches« Geld in seinen Taschen zu haben. Sein Geld bedeutet hier nichts. Es kauft nichts, es ist Papier. Geld, so zeigt sich hier, ist in sich selbst (»intrinsisch«) wertlos; es ist ein Symbol, das »für etwas anderes steht« – nämlich Kaufkraft symbolisiert, aber nur im Rahmen einer bestimmten Wirtschafts- (und Geld-) Ordnung. Zweiter Fall: Ein Mann, gewohnt in einem großen Betrieb Anordnungen zu geben und Chef zu sein, findet sich plötzlich an einer anderen Stelle der Welt, wo man seinen Status nicht kennt, seine Worte nicht ernst nimmt und über seine Versuche, etwas zu organisieren, nur lacht. Auch hier zeigt sich wieder, daß die Fähigkeit, anderen befehlen zu können, allgemein *nicht* auf einer realen Basis, das heißt, physischer Überlegenheit: Gewalt, beruht, sondern auf einem Organisationszusammenhang, in dem Entscheidungsbefugnisse verteilt sind, also auf sozialsystematischen Strukturen (vgl. Popitz 1968).

An diesen Beispielen sollte man allmählich in ersten Umrissen erkennen, daß Sprache allein nicht ausreicht, um Selektionen zu übertragen – denn warum soll ein anderer, dem ich meine Ideen mitteile, sich auf diese Vorstellungen einlassen? Es kann ebenso viele zufällige Gründe geben, daß er etwas anderes will, wie es zufällige Gründe für ihn geben kann, mir zu folgen. Auf dieser Basis der Zufälle können jedoch Kultur- und Sozialsysteme, kann allgemein die Lebenswelt nicht überleben. Man muß die evolutionären Errungenschaften von Sinnsystemen absichern – sowohl im Raum (auch wenn »der Zar weit ist«) als auch in der Zeit (über die Generationen). Medien, so wurde gesagt, sind Zusatzeinrichtungen zur Sprache, die bestimmte funktionale Bedingungen verstärken und absichern sollen. Sprache selbst ist allgemein ein Mechanismus zur Übertragung von Information (obwohl man immer bedenken sollte, daß Sprache »ein Fluß ist, der vieles trägt«), und so sind Medien selektiv wirksame Verstärkungsmechanismen ... es sind Schleusen und Gattern im Strom der Sprache, die diesen Strom regulieren. Diese Regulierung hat zwei Schwerpunkte – zum einen die Absicherung von Kommunikation, zum anderen die Absicherung des kulturellen Transfers. Wenden wir uns beiden Punkten nacheinander zu.

(a) Medien entstehen im Verlauf von Kommunikation oder Interaktion erst dann, wenn die Botschaft, der besondere Inhalt der Mitteilung, speziell abgesichert und garantiert werden muß. Nicht jede Mitteilung, nicht alle Themen, müssen aufwendig abgesichert werden. In den meisten Fällen rechnet man die Besonderheit einer Äußerung ihrem Sprecher als dessen Eigenheit zu – es ist eben sein Beitrag zur momentanen Situation. Demgegenüber gibt es die selteneren Fälle, in denen es auf die Inhalte der Mitteilung sehr genau ankommt, beispielsweise beim Abschluß von Verträgen, bei Rechtsgeschäften, bei offiziellen Mitteilungen, Verlautbarungen von Machthabern, magischen Ritualen, wissenschaftlichen Äußerungen, technischen Festlegungen ... Die hier erforderliche Absicherung der Einheit des Sinns, die gewährleisten soll, daß der Sprecher nichts falsch sagt und der Empfänger nichts mißversteht, erfolgt einerseits durch die Standardisierung der Symbolik und der Semantik (Standardbeispiel ist der Geld-Code), andererseits durch die Vorschrift, daß bestimmte Semantiken überhaupt nur von Inhabern bestimmter Status-Positionen (mit einer nachgewiesenen Qualifikation, Amtsprinzip usw.) und/oder in bestimmten (sakralen) Situationen verwendet werden dürfen – *sanktionierte Kommunikation* (Standardbeispiel Religionssysteme).

(b) Der zweite Punkt liegt in der Frage: Wie werden die Kulturmuster, also sozusagen die »genetischen Anlagen der Handlungssysteme« übertragen? Eine Möglichkeit, solche Übertragungsmechanismen zu studieren, bietet der genetische Code. Dabei müssen bestimmte vitale Informationen verschlüsselt und übertragen werden. Betrachten wir nochmals den Ausgangspunkt. Die Grundidee der Medien ist, daß es in der evolutionären Entfaltung von Handlungssystemen zu einer Differenzierung zwischen Interaktion und Kommunikation kommt, bei der zwei gegensinnige Ströme entstehen. Der semantische (symbolische) Strom übernimmt dabei die Steuerungsfunktion im kybernetischen Sinne, während der zweite Strom der physischen Manipulation der Welt dient.

Die Entstehung der Medien ist eine Folge dieser Differenzierung. Es gibt einige Zusammenhänge, in denen Kommunikation (und Interaktion) nicht beliebig, sondern strengen Bedingungen unterworfen ist. Beispiele dafür sind die Wissenschaften, Rechtssysteme und Religionen. Sollen hier Resultate erzielt werden, so müssen die historisch herausgebildeten Regeln beachtet werden – und um die Befolgung dieser Regeln sowie *die Rekonstruktion des Sinns* derartiger (Kommunikations- und Interaktions-) Kontexte geht es bei den Medien.

Die ersten Hinweise auf »Medien« finden sich bei Talcott Parsons anfangs der 50er Jahre – und zwar in der Diskussion des *ökonomischen* Paradigmas (Parsons/Smelser 1956). Hier erwies sich *Geld* als das entscheidende Medium, das die Transaktionen zwischen den Wirtschaftssubjekten steuert. Entscheidend ist dabei die Vorstellung einer *normativen Hintergrundstruktur* in Gestalt von Eigentumsrechten, Märkten, allgemeiner Wirtschaftsordnung und so weiter, in deren Rahmen sich das ökonomische Handeln abspielt. In der Folgezeit erwies sich, daß sich die Vorstellungen, die mit der Konzeption eines solchen Mediums »Geld« verknüpft waren, generalisieren ließen. Dabei wurde Parsons zunehmend klar, daß das allgemeine Paradigma nicht in der Ökonomie zu finden war, sondern dieser ökonomische Fall nur ein besonders gut entwickeltes Beispiel eines viel allgemeineren strukturellen Paradigmas sein müßte. Parsons vermutete, daß dieses Paradigma in der Linguistik angesiedelt sein könnte, und er begann daher, die Medientheorie als einen Sonderfall der Linguistik zu behandeln. In dieser Phase wurden Medien als »Sondersprachen« interpretiert. Dieser Auffassung scheint sich auch Luhmann angeschlossen zu haben, denn er spricht ausdrücklich von »Kommunikations-Medien« (vgl. Luhmann 2: 170ff., 193ff.).

Darüber hinaus gibt es jedoch noch einen dritten Zusammenhang, der für die Interpretation der Medien von größter Bedeutung ist – das *biologische Paradigma,* genauer: den *genetischen Code.* Bevor ich darauf eingehe, sei noch eine Bemerkung zur Bedeutung der biologischen Theorie für Parsons eingeflochten: Wie man aus Parson's Biographie sehen kann, interessierte er sich am Anfang seiner akademischen Laufbahn sehr nachdrücklich für die Biologie.

Dieses Interesse schien während der mittleren Periode seiner Arbeit an der Handlungs- und Systemtheorie mit ihren Schwerpunkten im Bereich der Psychologie, Soziologie und Kulturtheorie (denen sich Parsons nacheinander zuwandte), zurückzutreten, aber in der letzten Arbeitsperiode Parsons', in der er sich der Theorie der *»human condition«* insgesamt zuwandte, flammte dieses Interesse an der Biologie wieder auf und führte zu zahlreichen neuen Verflechtungen der einzelnen Theoriestränge (Parsons 1977 und 1978). Es kann daher nicht überraschen, daß in der letzten Arbeitsphase Parsons' die Medientheorie in ihrer grundsätzlichen Konzeption wieder etwas von der linguistischen Konzeption abrückte (ohne sie preiszugeben) und stärker mit dem biologischen Paradigma verknüpft wurde. Diesem Gedanken müssen wir uns nunmehr zuwenden.

3.3 Der genetische Code

Der genetische Code dient der Verschlüsselung der Erbinformationen in den Chromosomen des Zellkerns. Der gesamte Aufbau des Organismus aller Lebewesen und die Steuerung aller Lebensprozesse (deren Abläufe beim Menschen durch zusätzliche Kontrollmechanismen geregelt werden, die im sozialen Handeln entwickelt werden) beruht auf Zellprozessen, die durch diesen genetischen Code programmiert werden.

Die Natur verwendet für diese Verschlüsselung als materielle Basis eine besondere chemische Verbindung, nach internationaler Übereinkunft als DNA (Des-oxi-ribonuklein-Säure) bezeichnet, die ein Riesenmolekül bildet, das aus Untereinheiten zusammengesetzt ist. Diese Untereinheiten bestehen, neben den stützenden Phosphorverbindungen und Zuckermolekülen, aus den Nucleobasen. Diese Basen sind chemische Substanzen (Adenin, Cytosin, Guanin und Thymin), von denen sich je zwei zu einem Basenpaar verbinden. Basenpaare dieser Art formen die langen Stränge der DNA und bilden die bekannten Doppelhelix (eine chemische »Strickleiter«), die innerhalb des Zellkerns, von Eiweißmolekülen (Histonen) und insgesamt von einer Membrane umschlossen, liegt. In diesem Aufbau der DNA ist der Bauplan verschlüsselt, der die Prozesse der Eiweißsynthese in den Zellen steuert. Der Ort, an dem sich diese Synthese vollzieht, liegt außerhalb des Zellkerns – es handelt sich um das »endoplasmische Retikulum«, an dem »Ribosome« haften, und hier erfolgt der Zusammenbau der Eiweißmoleküle.

Man muß sich also zunächst klar vor Augen führen, daß die Verschlüsselung der relevanten Informationen im Zell*kern* in langen DNA-Abschnitten in Form vieler Tausende von Genen vorliegt (ein Gen ist selbst eine Polypeptidkette), während die Enzymsynthese *außerhalb* des Kerns erfolgt. Zwei Fragen sind also zu beantworten: (1) Wie ist die Information im Zellkern verschlüsselt und (2) wie gelangt sie an den Ort der »Produktion«?

Zu (1): Die Verschlüsselung erfolgt durch den Aufbau der Gene in Gestalt von Hunderten bis Tausenden »Sprossen« der DNA-»Leiter«. Diese Leiter besteht aus zwei Strängen, und jeder Strang ist aus einer langen Folge von Nucleobasen, das heißt, den oben bezeichneten chemischen Substanzen A, C, G, T gebildet. Diese chemischen Substanzen bilden ihrerseits – und zwar immer in der Folge von drei Einheiten, die als »Triplett« bezeichnet werden – die »Codierung« einer Aminosäure (und diese sind wiederum die Elemente der Proteine – das Grundmaterial aller organischen Prozesse). Jeder Strang der DNA ist also eine äußerst lange Folge von »Tripletts« oder »Codierungen« von Aminosäuren und damit letztlich von Proteinen. Man muß dabei beachten, daß diese »Tripletts« nicht die Aminosäuren (und damit der Ansatz für die Proteine) selbst sind, sondern nur chemisch kodierte *Anweisungen* für den *Aufbau* von Aminosäuren (daher auch als »Codone« bezeichnet). Die eigentliche Codierung besteht also in der Verschlüsselung von Aminosäuresequenzen in den Triplett- (Codon-)-Sequenzen!

»Aus vier verschiedenen Basen können 64 verschiedene Tripletts zusammengestellt werden. Diese Zahl reicht völlig aus, um die 20 regelmäßig vorkommenden Aminosäuren zu kennzeichnen; zur Determinierung mancher Aminosäuren stehen sogar vier verschiedene Tripletts zur Verfügung. Aminosäuren ... sind zum Beispiel das durch das Triplett ATG kodierte Tryphtophan; Methionon wird durch TGG gekennzeichnet, und TTC oder TTT bedeuten beide die Aminosäure Phenylalalin. Außerdem gibt es Tripletts, deren Aufgabe es ist, den Anfang (GTG = Start) oder das Ende (TAA) einer sinnvollen Sequenz zu kennzeichnen« (Bösel 1981: 15).

Zu (2): Welche Vorgänge zum Abruf und damit zur Aktivierung des »operativen Mechanismus« führen, ist noch ungeklärt. Angesichts der ungeheuren Vielzahl von Genen steht lediglich fest, daß während der meisten Zeit *keine* Aktivität (Abruf von Informationen) stattfindet: Nicht alle Enzyme müssen ständig neu hergestellt werden. Man nimmt daher an, daß die DNA in der Regel vor Zugriffen geschützt ist – durch sogenannte »Repressoren« (Histone, Kernproteine), die durch besondere Regulationsmechanismen (eventuell durch Hormone) kontrolliert werden. Sobald jedoch die relevante Information aus der DNA benötigt wird, muß der entsprechende Gen-Abschnitt freigegeben und »transkribiert« (de-codiert) werden. Dies geschieht folgendermaßen:
Der DNA-Doppelstrang reißt an der Stelle, an der sich die relevante Information befindet, ab, so daß sich die Basenpaare trennen. Stellt man sich die DNA als Strickleiter vor, bei der die Sprossen stets zwei Nucleobasen zu einem Paar verbinden, so wird am Punkt der relevanten Information ein Strang durchtrennt und eine Vielzahl von Sprossen durchschnitten, so daß ein »freier Strang« aus Basen entsteht. An diesem freien Strangende werden aus einem entsprechenden *»pool«* im Zellkern neue Basen angelagert, und zwar nach einem streng bestimmten Schema, so daß ein neuer Strang entsteht, der zwar informationell dem ursprünglichen Modell entspricht, aber chemisch gewisse Abweichungen aufweist (andere Zuckermoleküle als Träger, eine andere chemische Substanz – Thymin wird durch Uracil ersetzt). Am wichtigsten ist die Tatsache, daß dieser neue Halbstrang losgelöst von der DNA in der Zellflüssigkeit schwimmen kann. Er trägt die Bezeichnung »m-RNA« (*messenger* Ribo-nuklein-Säure). Diese Bildung einer m-RNA aus der ursprünglichen DNA wird als »Transkription« bezeichnet.
Entscheidend ist nun, daß diese Boten-RNA in der Lage ist, den Zellkern durch Poren in der Zellmembran zu verlassen, um an den Ort der Proteinsynthese zu gelangen.

»An bestimmten Stellen dieses Membransystems befinden sich kugelförmige Proteinkörper (sogenannte Ribosomen), an denen die m-RNA vorbeizieht. Es bedarf nun weiterer Substanzen, damit an den Ribosomen des endoplasmatischen Reticulums gemäß der Aufeinanderfolge der m-RNA-Tripletts (der Codons) eine Sequenz von Aminosäuren synthetsiert werden kann. Es existieren dafür Schleppermoleküle, die an ihrem Vorderende ein Basentriplett tragen und am anderen Ende die (dem Code entsprechende) zugehörige Aminosäure herbeischleppen. Die Schleppermoleküle heißen t-RNA (*transfer*-Ribo-nuklein-Säure). t-RNA-Moleküle sind imstande, mit ihrem Vorderende die ihnen entsprechenden Tripletts der m-RNA zu erkennen; sie ordnen sich nach der durch die m-RNA vorgegebene Triplett-Reihenfolge am Ribisom an und können auf diese Weise entsprechende Aminosäuren in der richtigen Abfolge aneinanderhängen. Diesen Vorgang nennt man ›Translation‹ (Bösel 1981: 16f.).

3.4 Der kulturelle Code

Die entscheidenden Merkmale des biologischen Paradigmas liegen darin, daß zunächst in den Genen alle Informationen verschlüsselt sind, die der Organismus für die Steuerung der Zellaktivitäten zur Verfügung hat. Die effektive Umsetzung dieser Informationen erfolgt durch Steuerungsprozesse im Zellkern, die noch nicht vollständig erforscht sind.

Die Folge einer Aktivierung im Zellkern besteht darin, daß der relevante Informationsteil aus der DNA durch den Aufbau eines entsprechenden RNA Moleküls kopiert und auf den Weg gebracht wird. Die so abgesandte Information wirkt an einer anderen Stelle der Zelle als Auslöser für energetische Prozesse der Eiweißsynthese.
Parsons scheint nun der Auffassung zuzuneigen, daß die Steuerung menschlichen Erlebens und Handelns nach einem strukturell gleichartigen Paradigma erklärt werden kann. Dies geschieht in der Konzeption der Medien. Dabei muß der Begriff »Kultur« so definiert werden, daß er der Vorstellung des »genetischen *pools«* entspricht (Parsons/Platt 1973: 16) – der Begriff der »Kultur« wird sozusagen durch den des »kulturellen Erbes«, des »ererbten Kulturguts«, ersetzt. Es ist nicht völlig klar, welcher Begriff dem biologischen Konzept der »Gene« entsprechen soll; Parsons verwendet den Ausdruck *»culture traits«;* ebenso könnte man den Begriff der *»culture patterns«* zugrunde legen. Insgesamt erscheint jedoch klar, daß die Gesamtheit dieser *»traits«* oder *»patterns«* mit dem Konzept der *»cultural systems«* bezeichnet wird, das dem gesamten »Gen-System« (Genom) entspricht.
Inhaltlich handelt es sich bei der Konzeption der *»culture systems«* um eine analytisch ausdifferenzierte Komponente des menschlichen Erleben und Handeln. Dieses Erleben und Handeln vollzieht sich nicht in diskreten Akten, sondern in höchst komplexen, *systembildenden* Zusammenhängen – es ist für Parsons sozusagen eine anthropologische Prämisse, daß menschliches Erleben und Handeln systembildend ist. Dabei richtet sich die Vorstellung einer – im Erleben und Handeln angelegten, dort wirkenden – *kulturellen* Komponente auf all diejenigen Elemente, die sich auf die Kodifizierung von Sinnkomponenten beziehen (Parsons/Platt 1973: 8).
Der Begriff des »Kultursystems« muß also verstanden werden als ein Konzept, das die gesamten Sinn-Inhalte oder Sinnkomponenten menschlichen Erlebens und Handelns umfassen soll. Der »kulturelle Code« dient demzufolge zur Verschlüsselung aller sinnhaften Informationen, auf denen Erleben und Handeln beruht. Die Verschlüsselung der Informationen erfolgt bei den Handlungssystemen überwiegend auf der Ebene von Sprache – also semantisch (es gibt jedoch auch andere, nicht-semantische, Symbolisierungen!), und dies ist die Parallele zur biologischen Verschlüsselung in der DNA (der Molekularbildung). Die Medientheorie kommt – wie schon im biologischen Modell – erst mit der *operativen* Phase zum Tragen, nämlich mit der Entschlüsselung und Übertragung selektiver Informationen.
Im biologischen Modell geschieht dies durch die Anlage von besonderen materiell-energetischen Prozessen, die im einzelnen angedeutet wurden (Aufbau von m-RNA- und t-RNA-Molekülen; Auslösung der Eiweiß-Synthese). In den Handlungssystemen vollzieht sich ein entsprechender Prozeß durch die *Aufprägung einer besonderen Kommunikationsstruktur:* relevante Informationen werden in semantischer Form aus dem bestehenden Sinnzusammenhang entnommen und *nach bestimmten Regeln* (gemäß einem bestimmten Code) dazu verwendet, Handlungszusammenhänge immer erneut aufzubauen.
Es geht also darum, Erlebens- und Handlungszusammenhänge immer erneut aufbauen zu können, ohne aber – und das ist nun entscheidend – dabei immer wieder in alte Fehler zurückzufallen, schon durchgespielte Lösungen erneut von Anbeginn zu durchlaufen, auf ausgetretenen Pfaden in alte Gruben zu fallen oder seine Zeit für die Suche nach einem Ziel zu verschwenden, das von einem anderen schon längst gefunden wurde. Kultursysteme stellen evolutionär unwahrscheinliche, risikoreiche und entropisch höchst gefährdete Lösungen von Sinnproblemen dar, und wie alle Lösungen, die von einer Gruppe von interagierenden Aktoren zu einem bestimmten Zeitpunkt in einer bestimmten Situation gefunden werden, wären sie im nächsten Augenblick verloren, wenn es nicht

gelänge, sie auf irgendeine Weise zu erhalten und über Zeit und Raum zu tragen. Dazu müssen die entscheidenden Komponenten des Problems, seiner Lösung (und der Konstitutionsbedingungen) als Information rekonstruierbar sein.

Man könnte meinen, dazu genüge die Sprache. Aber Sprache dient Vielem. Worte alleine genügen für dieses Problem nicht. Der Aufbau und die Erhaltung von Handlungssystemen braucht besondere Absicherungen. Der Grund dafür ist, daß Interaktion und Kommunikation – physisches und symbolisches Handeln – beim Aufbau der Lebenswelt zusammenwirken müssen, und daher muß es irgendwelche Mechanismen geben, die an die Verwendung von bestimmten Symbolen bestimmte *reale Folgen* knüpft, und umgekehrt müssen entscheidende physische Abläufe (wegen ihrer besonderen – kausalen oder teleologischen Voraussetzungen, Wirkungen und Folgen) mit eindeutigen symbolischen Formeln belegt sein. Solche Mechanismen sind die Medien. Sehen wir uns zur Verdeutlichung dazu einen konkreten Lebenszusammenhang an:

Besucht man die historischen Stätten der Maya, so kommt man auch nach Chichén Itzá. Dort befindet sich unter anderem der besterhaltene und imposanteste antike Ballspielplatz Mittelamerikas. Das eigentliche Spielgelände ist ein Platz von 95 mal 35 Metern. An beiden Längsseiten befinden sich acht Meter hohe Steinmauern. In ihrer Mitte ist ziemlich weit oben jeweils ein großer Steinring angebracht, der senkrecht aus der Wand ragt. Durch diesen Stein mußte ein aus Kautschuk hergestellter Ball geworfen werden. Dieser Ball durfte allerdings nicht mit Händen oder Füßen gespielt, sondern er mußte mit Schultern, Hüfte und Knien gestoßen werden – ohne je den Boden zu berühren.

Man kann weder die Bedeutung noch die Regeln des Spieles vollständig rekonstruieren. Es steht fest, daß das Spiel keinen sportlichen, sondern einen religiösen, liturgischen, Charakter hatte. Der Wille der Götter offenbarte sich in seinem Ausgang. Der Ball wurde nach dem Spiel geopfert, getränkt mit dem Blut der Verlierer. Vermutlich, soweit man dies aus Relief-Darstellungen der Steinwände herauslesen kann, symbolisierten die Ballplätze den Himmel und die Bewegung des Balles den Lauf der Sonne; vom Ausgang des Spiels hing die Fruchtbarkeit der Erde ab, was durch Schlangen und Pflanzen, die aus dem Hals der enthaupteten Spieler schießen, symbolisiert wird. »Aller Wahrscheinlichkeit nach repräsentierten die beiden Mannschaften beim Spiel bestimmte Gruppen der Indio-Gesellschaft, die zum Wettkampf um priesterliche Funktionen antraten. Diese Funktionen wurden dann von den Siegern übernommen, während die Besiegten die täglichen Menschenopfer stellen mußten« (Pierre Ivanoff 1974: 113).

Diese antiken Plätze und ihre archäologischen Funde sind von einer manchmal grausigen Faszination – vermutlich gerade deswegen, weil wir ihre Bedeutung nicht vollständig rekonstruieren können, sondern immer nur in Andeutung verstehen. Aber was fehlt uns zum vollständigen Verständnis? Das Problem für unser Verständnis liegt offenbar darin, daß die Kommunikationskette zwischen den Maya und uns unterbrochen und trotz aller Bemühungen auch nicht wieder herstellbar ist. Die Kultur ist in der Geschichte versunken. Schon die spanischen Augenzeugen der letzten Ballspiele (oder der mittelamerikanischen Kultur insgesamt) verstanden nicht, was sie vorfanden – sondern zerstörten es zum großen Teil, wie beispielsweise der spanische Franziskaner Diego de Landa, der als Bischof von Mérida alle verfügbaren Schriften der Indios verbrennen ließ, um sie leichter in den Schoß der katholischen Kirche zu holen. Die spanischen Eroberer verstanden die vorgefundene Kultur – man könnte sagen: absichtlich – nicht, weil sie in einer Weise kodifiziert war, die der Verschlüsselung der spanischen Kultur nicht entsprach. Und dieser selbe Grund hindert auch uns für immer an einem vollständigen (inneren) Verständnis ...

Das Ballspiel der Maya ist nur *ein* Beleg für die kulturelle Kodifikation von Sinnzusammenhängen in termini einer religiösen Orientierung, die die gesamte Kultur prägte. Ein anderes Beispiel ist der (ebenfalls in oder nahe bei Chichén Itzá liegende) »Caracol«, ein turmartiger Bau von über 12 Metern Höhe (der einzige Rundbau toltekischer Architektur), der zu astronomischen Beobachtungen diente, die ihrerseits eine rein religiöse Bedeutung hatten. Wie alle Kalenderbauten weist der Turm konstruktive Merkmale und technische Eigenheiten auf, die auf bestimmte Sonnenstände bezogen sein müssen; wiederum können wir jedoch deren Sinnbedeutung für das Leben der Maya nicht vollständig rekonstruieren. Dasselbe gilt natürlich auch für die Kalenderbauten im europäischen Bereich, etwa Stonehenge oder selbst die Pfalzkapelle Karls des Großen (vgl. Weisweiler 1981).

Die Verwendung von Sprache *allein* garantiert niemals, daß wir den Sinn, die kulturelle Bedeutung, von Elementen der Lebenswelt verstehen. Woran liegt das? Jede Aktion ist ein Ereignis, das »jetzt und hier« stattfindet. Sie kann sich jedoch an Zusammenhängen orientieren (und symbolische Elemente mit einbeziehen), die nicht auf »jetzt und hier« vorliegende Phänomene beschränkt sind. Damit ist es möglich, weit über den »Gegenwartspunkt«, an dem jeder einzelne mit seiner Existenz verankert ist, hinauszugreifen und das Raum/Zeit-Universum erheblich auszudehnen.

Symbolbildung und Sprache kann unter diesem Aspekt als eine Möglichkeit verstanden werden, die Beschränkung des »jetzt« und »hier« durch besondere semantische Konstruktionen zu überwinden. Dies geschieht durch besondere Modalitäten der Sprechformen, die den Verweis auf andere Räume, andere Zeiten und andere Möglichkeiten explizit machen. Durch die Verwendung solcher Modalitäten wird das Mißverhältnis zwischen den aktualen Gegebenheiten und den irrealen Konditionen der kommunizierten Inhalte aufgehoben. Die Verwendung solcher Modalitäten ist selbst ein wesentliches Element der Handlungssituation – sie ist geradezu ein konstitutives Moment dafür, das hier überhaupt von intersubjektiv verständlichem (sinnhaftem) Handeln noch gesprochen werden kann (wer diese Formen nicht beherrscht, kann an derartigen Kommunikationsprozessen nicht teilnehmen).

Eine der größten Leistungen hochentwickelter Sprachen liegt darin, daß sie gerade diese Möglichkeiten ständig und erheblich vergrößern, »irreale« Elemente als Sinnkomponenten in die Kommunikation zu integrieren, indem über zusätzliche erklärende Äußerungen, zeitliche und sonstige Modi, grammatikalische Konstruktionen usw. Rahmenbedingungen eingeführt werden, die diese »irrealen« Elemente, die in der Situation selbst nicht als präsent zu erkennen sind, in sie hineinprojizieren und damit große komplexe Zusammenhänge über viele Raum-/Zeit-Dimensionen hinweg schaffen.

Eine so konstituierte »Wirklichkeit« besteht aus einer eigentümlichen Mischung von realen Elementen der konkreten Situation und »irrealen« Elementen aus anderen Zusammenhängen, die in die gegenwärtige Situation mittels symbolischer Bezüge projiziert sind. Es wäre naiv zu glauben, daß eine so konstruierte »soziale Wirklichkeit« die »wahre Wirklichkeit« abbilden oder repräsentieren könne – eine solche Vorstellung von einer »Abbildung«, »aproximativen Annäherung« oder ähnlichem ist sinnlos, weil die Leistung dieser Art des Weltaufbaus kontingent, historisch spezifisch und kulturabhängig ist. Ein *»common-sense«* Einwand an dieser Stelle nimmt oft die Form an, daß beispielsweise dort, wo ein Baum »zu sein scheint«, in der Regel tatsächlich ein Baum ist (der Sonderfall von Wahrnehmungstäuschungen und anderen okkulten Phänomenen beschäftigt mich hier nicht). Aber das Problem liegt nicht darin, ob unsere Wahrnehmungen mehr oder minder zuverlässig über die Beschaffenheit der Welt Auskunft geben, sondern darin, daß Wahrnehmung nicht eine »simple Konstatierung von Basis-Phänomenen in Form von Basis-Sätzen« ist, sondern eine komplex organisierte, symbolisch durchformte Rezeption mit zahlreichen mitgedachten oder unterdrückten Bezügen, die (beispielsweise optisch) physikalisch überhaupt nicht aufscheinen und daher nur im übertragenen Sinne »gesehen« werden können. Um jedes physische Objekt (oder eine Objektgruppe) liegt stets ein verfließender Schein von Sinnreferenzen, die auf der Ebene

der organischen Wahrnehmung überhaupt nicht identifizierbar sind. Diese Bezüge sind symbolischer Art und weitgehend in der Sprache begründet.
Auf dieses Problem der konstitutiven Symbolik, insbesondere das hier anschließende Problem der Überproduktion von Möglichkeiten, die latent vorhanden sind, aber als nicht verwirklichte Möglichkeiten mit den ihnen eigentümlichen Sinnbezügen, die in eben dieser Form der »angelegten, aber nicht verwirklichten Möglichkeiten« durchaus thematisiert werden können, in der Schwebe bleiben, kann hier nicht eingegangen werden. Der Anknüpfungspunkt zu den Medien jedenfalls liegt darin, daß eine solcherart mit Symbolen und Referenzen schwebend aufgebaute Konstruktion der sozialen Realität ein besonders hohes Maß an Risiken von zufälligen und gewollten Täuschungen aus Brüchen, Inkonsistenzen, Sprungstellen, Widersprüchen usw. enthält.
Hier greifen nun die Medien – in ihren Grenzen – regulierend ein, weil sie die symbolische Interaktion mit einem Netz von Regeln unterfangen, die zum einen vor gewollten Täuschungen schützen, weil sie daran Sanktionen knüpfen und Normen als Schutzwälle errichten, und die zum anderen Inkonsistenzen, Brüche und Spannungsstellen überbrücken, weil sie kontrafaktische Bedingungen stabilisieren oder überhaupt Maximen etablieren, die von der Faktizität der physischen Handlungsbedingungen unabhängig sind. Man muß also durch die semantischen oder symbolischen Systeme hindurch bis zu den Medien selbst vorstoßen, in denen die kulturellen Sinnelemente kodifiziert sind.
Die Theorie der Medien kann auf längere Sicht jedoch nicht anhand solcher intuitiver Überlegungen entwickelt werden. Man muß ein konkretes Schema zugrundelegen, das dazu zwingt, den Aufbau der Medien in exakter Weise mit dem Aufbau von Systemen zu verknüpfen. Dazu ist zunächst erforderlich, die Arbeit an der Darstellung der Theorie der Handlungssysteme weiter voranzutreiben. Wir werden das hier auch tun und daher die Erläuterung der Medienkonzeption mit einigen allgemeinen, noch unsystematischen, Vorbemerkungen abschließen. (Vgl. als deutsche Einführung in die Medientheorie den Band von Jensen 1980 sowie als amerikanische Veröffentlichung die sogenannte »Parsons-Festschrift« von Loubser u. a. 1976. Für eine etwas anders gefaßte Formulierung des Medienkonzepts vgl. Luhmann 2: 170–203; Luhmann, Macht 1975; Luhmann, Religion 1977.)

Medien haben allgemein die Funktion, zwischen der physischen und der symbolischen Struktur des Erlebens und Handelns zu vermitteln. Menschen sprechen – aber dies sind vielleicht nur Worte. Menschen tun etwas – aber das ist vielleicht nur ein physischer Ablauf, dessen Sinn unklar und dessen Bedeutung nicht rekonstruierbar ist. Beides muß miteinander verknüpft, in ein System gebracht werden, das im Raum/Zeit-Kontinuum sowohl eine physische Struktur als auch einen rekonstruierbaren soziokulturellen Sinn hat: durch die Medien.
Kulturelle Medien (die in der kybernetischen Hierarchie von steuernden Faktoren und physischen Konditionen am höchsten rangieren) leisten diese Aufgabe im Hinblick auf die Kultursysteme. Betrachten wir als Beispiele für Teile der Kultur etwa Religionen: Dies sind besondere Sinnsysteme, die das Erleben und Handeln des Menschen bezüglich einer Reihe von transzendentalen Fragen regeln – hinsichtlich der Frage nach dem Sinn unseres Geborenwerdens und unseres Sterbens, nach dem Sinn unseres Lebens, unserer geschichtlichen Herkunft und Aufgabe, der Frage nach dem Sinn des Leidens, des Bösen und der Sünde in einer Welt, die (angeblich) von einem Gott (oder vielen Göttern) geschaffen wurde ... In einem solchen transzendalen Konstitutionssystem stecken außerordentliche Probleme, und ihre semantische Kodifikation schafft eine große Arbeit, die auf die Dauer nur von einer besonderen Kaste getragen werden kann. Auf einem solchen Hintergrund muß sich notwendigerweise eine Medienstruktur entfalten –

und dies ist auch innerhalb des religiösen Komplexes geschehen, dessen zentralen Kern die Religionsgemeinschaft und das Glaubenssystem bilden.
In einem solchen Erlebens- und Handlungszusammenhang etablieren sich besondere Rituale, besondere Formen der Interaktion und besondere Formen der Kommunikation. Solchen besonderen, geschützten und soziokulturell in ihrer Bedeutung garantierten Formen stellen den Typus der »sanktionierten Kommunikation/Interaktion« dar. Sie dienen dem Aufbau von Handungszusammenhängen mit einem besonderen, festgehaltenen Sinn.
Diese sanktionierte Kommunikation/Interaktion beruht auf der Verknüpfung semantischer (allgemein: symbolischer) Formeln einerseits mit dem sozialen Status in der Gruppe andererseits. Dies bedeutet, daß gewisse Probleme und gewisse Formeln nur von bestimmten Rollenträgern thematisiert werden dürfen und/oder daß derjenige, der sich in diese Zusammenhänge begibt, diese Formeln verwendet, diese Themen aufgreift, es »ernst meint« und bereit ist, die sich ergebenden Konsequenzen zu tragen. Diskutieren wir dafür zwei Beispiele: Wissenschaft und Religion. Beide Bereiche sind mediengesteuert.
Die eigentliche Verschlüsselung der kulturellen Informationen erfolgt überwiegend semantisch (mit Ausnahme vieler Bereiche der Kunst) – also im Aufbau von Sprachstrukturen. Die Entwicklung der Medien, die ihrer Gestalt nach zumeist Zusatzeinrichtungen zur Sprache (oder zu anderen Symbolsystemen) sind, setzt voraus, daß sich in den Bereichen, in denen sie auftreten, eine »normative Hintergrundstruktur« entfaltet, auf der dann die besondere sanktionierte Kommunikation und Interaktion entsteht. Dies ist am Fall der Wissenschaft und der Religion ganz deutlich zu sehen: Der Begriff der »Wahrheit« ist ursprünglich religiöser Natur und bezieht sich auf Offenbarungen. Hierbei tritt jedoch nun das Problem auf, »echte« Offenbarungen von »unechten« (nicht-sakralen) Botschaften oder Eingebungen zu unterscheiden. Dazu müssen zahlreiche Prüfungs- und Konsistenzregeln entwickelt werden – also ein methodologischer Kanon. Dasselbe Problem stellt sich der Wissenschaft: Wie läßt sich »echte« Erkenntnis, die »wirklich wahr ist«, von »unechten« Einsichten, welche auf Irrtümern beruht, die nichtsdestoweniger psychologisch und soziologisch äußerst plausibel sein können, unterscheiden?

Wie man weiß, trifft man dabei stets auf dasselbe Grundproblem, das seinen Ursprung in der *semantischen Verschlüsselung* aller kulturellen Informationen hat: Da wissenschaftliche Aussagen immer nur mit anderen Aussagen, niemals direkt mit der Realität zu vergleichen sind, kann man niemals zu einer Auszeichnung irgendwelcher »grundlegenden« Aussagen kommen, es sei denn – durch Beschluß, also willkürlich. Es gibt keine Wahrheit in Gestalt eines »wahren Satzes« (oder eines Systems wahrer Sätze), sondern es gibt nur eine »intrinsisch wertlose Wahrheit« in Gestalt des Mediums, nämlich im Rahmen der Methodologie der Überprüfung.
»Wahrheit« ist eine Code-Struktur. Der Code wird durch die Methodologie der wissenschaftlichen Überprüfung von Behauptungen definiert. Den »normativen Hintergrund« bilden die Institutionen der Wissenschaft. In diesem Rahmen müssen wir die Funktion und Wirkung des Mediums betrachten.
Parallel zur Funktion des genetischen Codes nehmen wir also an, daß die relevanten Informationen in semantischer Verschlüsselung vorliegen – beispielsweise in Gestalt eines wissenschaftlichen Aussagensystems innerhalb einer Theorie. Der Wahrheitscode steuert nun die Bildung weiterer Aussagen auf der Grundlage der Theorie, die den Ausgangspunkt bildet. Dabei gibt es eine Vielzahl von steuernden strukturellen Komponenten, auf die hier nicht im einzelnen einzugehen ist; das Ergebnis ist jedenfalls die

Erzeugung weiterer semantischer Sinnkomponenten, die zugleich kulturelle Komponenten des allgemeinen Handlungssystems sind.
Auch im religiösen Bereich kann man zunächst davon ausgehen, daß die relevanten kulturellen Informationen semantisch verschlüsselt vorliegen – in Gestalt von überlieferten religiösen Offenbarungen und deren Kanonisierungen. Anders als im Fall von Wissenschaft handelt es sich hier jedoch nicht um eine Verschlüsselung von kognitiven Elementen, sondern um *konstitutive* Symbolik, deren Inhalte Glauben verlangen. Es ist dieser Glaube, der durch einen entsprechenden Code bestimmten Regeln unterworfen wird. Dabei muß man die Parallele zum Problem der »Wahrheit« in folgender Weise konstruieren: Im Fall der Wissenschaft besteht das Problem darin, Erkenntnisse von Irrtümern zu trennen, die beide in derselben semantischen Gestalt auftreten. Im Fall der Religion besteht das Problem darin, »echten« *(gerechtfertigten!)* Glauben von einer »ungerechtfertigten Hingabe an das Falsche« zu trennen – da auch hier beide Formen dieselbe Gestalt zu haben scheinen. Die Grenze ist also nicht zwischen »Glauben« und »Unglauben« zu ziehen, sondern zwischen Unterschieden in den Glaubensinhalten und deren unterschiedlichen Symbolisierungen, die strukturell gerade nicht unterscheidbar sind.
Auch hier gibt es einen »intrinsisch wertvollen« Glauben (gegenüber einer anderen, wertlosen Form) als solchen *nicht*. Es gibt keine »wahre Symbolisierung« des Glaubens. Jede derartige Symbolisierung kann auf einem falschen Glauben, auf Häresie, auf Vermessenheit, auf Verblendung, beruhen. Die Wahrheit des Glaubens ist verborgen, sie kann nicht in irgendeiner Symbolisierung manifest erscheinen – und so bleibt jede Symbolisierung nur ein Gleichnis, das nicht intrinsisch die »Sache selbst« sein kann, sondern nur ihre – in sich wertlose! – Repräsentation im Handlungssystem.
Dennoch gilt auch hier das Gleiche wie im Fall der Wissenschaft: Die Verwendung des Codes regelt, wie aus dem bestehenden Glaubenssystem in der tagtäglichen Interaktion ständig neue, das heißt, in Fortsetzung des Bestehenden anschließende und sich damit neu konstituierende Formen religiöser Symbolisierungen (semantischer und nichtsemantischer Art) entwickelt werden *dürfen*, die dann als kulturelle, konstitutive, Komponenten des Erlebens und Handelns zur Verfügung stehen.
Nach diesen Vorbemerkungen zur Medientheorie wenden wir uns wieder dem Aufbau der Systemtheorie des menschlichen Erlebens und Handelns zu.

Teil IV

1. Erleben und Handeln

1.1 Konditionale (biologische) Grundschicht und kybernetische (soziokulturelle) Faktoren)

Ausgangspunkt jeder soziologischen Theorie muß stets die Orientierung an Menschen und ihrem gemeinsamen Erleben und Handeln in der Alltags- oder Lebenswelt sein (zum Begriff der »Lebenswelt« vgl. die Rekonstruktion durch Schütz/Luckmann 1979). Folglich müssen auch wir hier im ersten Schritt vom Menschen ausgehen. Menschen sind zunächst einmal Lebewesen, das heißt Teil der Biosphäre. Systemtheoretisch sind alle Lebewesen »Verhaltenssysteme«, die eine bestimmte innere Organisation aufweisen, über biologische Antriebsenergien verfügen und miteinander sowie der Umwelt in Austauschbeziehungen stehen: Sie entnehmen der Umwelt energetisch-physische und informationelle Quanten und geben entsprechende Quanten an die Umwelt und deren Systemkomponenten ab (vgl. Stachowiak 1965: 1 ff.).

Die Analyse solcher Austauschprozesse zwischen Systemen ist das eigentliche Kerngebiet der Systemtheorie – die Analyse aller Determinanten solchen Verhaltens: Wie kann das Verhalten beschrieben werden, von welchen Bedingungen hängt es ab; welche inneren und äußeren Faktoren steuern diese Abläufe; welche Einwirkungen hat die Umwelt dabei und welche Austauschprozesse gehen vor sich ...

Hier interessiert von all diesen Aspekten nur: Wie wird das Verhalten von *Menschen* gesteuert. Zu diesem *kybernetischen* Aspekt zunächst eine einführende (technische) Erinnerung: Wie aus der Technik bekannt, gibt es zahllose Maschinen, in denen bestimmte Steuerungs- oder Regelungsprozesse ablaufen – wie beispielsweise in Kühlanlagen, Waschmaschinen, Schienensystemen, Autopiloten, Radargeschützen usw. All diese Maschinen erhalten eine Energiezufuhr, die sie in Arbeit umsetzen. Diese Arbeitsleistung wird in ihrem konkreten Ablauf in irgendeiner Form gesteuert – eine Waschmaschine beispielsweise von einem »Programm«, das die Form von Schaltungen auf einem Trägermaterial hat. Die Kontrolle der Abläufe erfolgt also durch Programmierung, genauer: durch den Einbau eines Steuerungszentrums mit Programmteil – oder durch den direkten Eingriff von Menschen.

Man kann diese *technische* Erklärung so generalisieren und systematisieren, daß sie die Kontrolle von Prozessen überhaupt erfaßt – ganz gleich, ob in technischen Maschinen, biologischen Organismen oder in einem formalen Algorithmus. Die Frage ist nun, wie diese Theorie in bezug auf das Verhalten von Menschen aussieht.

Menschen gehören der Biosphäre an; sie sind »lebende Systeme«. Ihr Verhalten wird jedoch nicht von biologischen Mechanismen kontrolliert. Ihre Heranziehung erklärt allenfalls die körperlichen Ereignisse und einen Teil der seelischen Begleitprozesse bis zu einem bestimmten Punkt – jedoch nicht über die Ebene somatischer Phänomene und der von ihnen bedingten Seelenzustände hinaus. Über diesen biophysischen und biochemischen Faktoren liegt *eine weitere Schicht steuernder Elemente.* Diese Schicht wird im Verhalten der Menschen selbst aufgebaut. Diese folgende Schicht ist zwar konditional, das heißt, ihrer physisch/materiell/energetischen Beschaffenheit nach *schwächer*, dafür

aber kybernetisch, das heißt, ihrer kontroll-technischen Wirkung nach *stärker* – und erst diese Komponenten erweisen sich als die den technischen Programmen eigentlich vergleichbaren Steuerungsmechanismen. Die biologische Ausstattung des Menschen dagegen entspricht formal der technischen Anlage physischer Systeme. Wir müssen also in beiden Fällen die Ebene der *Programmierung* aufsuchen – die Ebene, auf der die Steuerung oder Regelung im kybernetischen Sinne erfolgt.
Dies bedeutet, daß wir zwischen dem *konkreten physischen Verhalten,* als einem beobachtbaren (filmbaren) Ablauf von Körperbewegungen, Gesten, Mienenspiel, Lautäußerungen usw. einerseits und den abstrakten symbolischen *Programmen,* als den kybernetischen Steuerungsfaktoren, andererseits unterscheiden.
Die konditionelle Grundschicht für das menschliche Verhalten bildet, wie erwähnt, das biologische Potential des menschlichen Organismus. Alles, was hier angelegt ist, kann verwendet werden, und umgekehrt: was hier nicht angelegt ist, kann auch nicht verwirklicht werden, es sei denn, durch *technische Ergänzungen,* die Verwandlung des Menschen in einen »Kyborg«, das heißt kybernetischen Organismus (vgl. Lem 1976).
Dies läßt dem Verhalten jedoch noch immer einen ungeheuren Spielraum, wie eine Betrachtung der Ethologie zeigt. Der Aufbau des eigentlichen »Programms« erfolgt also *nicht* über die biologisch-organischen Anlagen, sondern über die Prozesse des *menschlichen Sozialverhaltens* – über *den Aufbau sinnhafter Schemata des Erlebens und Handelns.* Um menschliches Verhalten zu erklären, muß man folglich – *zusätzlich* zu den konditionellen Steuerungsmechanismen (nicht etwa ohne sie!) – diese sinnhaften Schemata des Erlebens und Handelns heranziehen.
Zunächst einmal müssen wir versuchen, völlige Klarheit darüber herzustellen, wie die systemtheoretische Erklärung menschlichen Verhaltens genau erfolgen soll: Der erste Schritt muß notwendigerweise auf der Ebene der *»Systeme der zweiten Schicht«* erfolgen, also im Rahmen einer biologisch-organischen Erklärung. Offensichtlich reicht jedoch eine biologische Ethologie nicht aus, um das menschliche Verhalten befriedigend zu erklären. Das Hauptgewicht liegt vielmehr auf psychologischen, sozialen und kulturellen Faktoren – also der *Programmstruktur* des menschlichen Verhaltens. Diese Faktoren rechnen wir der Ebene der *»Systeme der dritten Schicht«* zu: den »Systemen des Erlebens und Handelns«. (Die Begrifflichkeit übernehmen wir von Luhmann, dem diese Arbeit (wie natürlich vielzählige andere auch) ohnehin außerordentlich viel verdankt; dies fällt unter eine von Luhmann selbst rubrizierte Kategorie: »Die Ausbeutung eines Mildtätigen« (vgl. Luhmann 2: 138 sowie Anm. 22, 147).)
Erleben und Handeln sind in jedem Falle menschliches Verhalten. Es geht also in beiden Fällen um körperbedingte und dadurch sequentialisierte Vollzüge. Darüber hinaus kann man das Gemeinsame beider Prozesse durch das Merkmal der Intentionalität charakterisieren, das sinnhafte Gerichtetheit und Zugänglichkeit für reflexive Akte impliziert. Aber worin besteht die Differenz? Oder genauer gefragt: Wie kommt es zur Differenzierung von Erleben und Handeln?

»Meine Antwort wird lauten: Die Differenzierung wird durch Prozesse der *Zurechnung von Selektionsleistungen* erzeugt und ist also abhängig davon, daß innerhalb sozialer Systeme ein Bedarf für Zurechnungsentscheidungen auftritt. Mit anderen Worten: Die Unterscheidung von Erleben und Handeln bezieht sich auf ein angebbares Problem, das in allen sozialen Systemen auftritt. Sie wird daher erst in sozialen Systemen artikuliert; und dies nicht nur deshalb, weil sie intersubjektiv konstituierten Sinn voraussetzt, sondern deshalb, weil bei aller Kommunikation explizit oder implizit über Zurechnung kommuniziert werden muß.
Die Differenz von Erleben und Handeln wird demnach durch unterschiedliche Richtungen der Zurechnung konstituiert. Intentionales Verhalten wird als *Erleben* registriert, wenn und soweit seine Selektivität nicht dem sich verhaltenden System, sondern dessen *Welt* zugerechnet wird. Es

wird als *Handeln* angesehen, wenn und soweit man die Selektivität des Aktes dem sich verhaltenden *System selbst* zurechnet. Wohlgemerkt: Ein Verhalten des Bezugssystems des Zurechnungsprozesses ist immer im Spiel« (Luhmann 3: 68f.) ... Wohlgemerkt!

Wenn mich also ein Mädchen mit einer Striptease-Nummer erregt, so ist das mein *Erleben,* aber ihr *Handeln.* So einfach könnte das sein. Für Luhmann jedoch »liegt der Fall des Erlebens komplizierter. Hierfür gibt es zwei korrespondierende Gründe. Der erste hängt mit phänomenologisch aufweisbaren Strukturen von Welt zusammen. Die Welt schließt das erlebende System ein als Teil ihrer Selbst – es kann sich nicht erleben als extramundänes Subjekt – und ist für dieses System doch ein außen; sie wird in der Form, in der sie Erleben dirigiert, nämlich als Verweisung auf immer andere Möglichkeiten, durch Erleben konstituiert und ist für das Erleben doch nur als Horizont von Objekten zugänglich ...« (Luhmann 3: 69).
Bleiben wir bei den einfachen Möglichkeiten. Für uns ist die Zerlegung von »Erleben/Handeln« eine einfache Differenzierung von Aspekten der Interaktion – von Aspekten, die man einem System als dessen *Handeln* und von anderen, die man einem System als *Erleben* und mithin *anderen* Systemen als deren *Handeln* zurechnen kann. Der »stärkere« Begriff ist offenbar der Begriff des »Handelns«, denn »Erleben« läßt sich immer als »Erleben von Handeln« rekonstruieren. Unter »Handeln« soll hier ein intentionaler Akt verstanden werden, der aus einem konkreten physischen Verhaltensablauf (einem materiell-energetischen, körperlichen Ereignis, das gefilmt werden könnte) besteht sowie aus einer gemeinten symbolischen Bedeutung, die diesem Verhalten im Zusammenhang der Situation mit anderen Menschen (real anwesenden, gedacht anwesenden, fiktiven Partnern der Interaktion usw.) zukommt. Dabei ist klar, daß die »Bedeutung« sozial oder soziokulturell geschaffen worden sein muß – niemand kann einem materiellen Ereignis – sei es eine Geste, ein Laut, ein Vorgang in der Umwelt usw. – *allein* ohne Bezug auf andere und ohne Mitwirkung anderer eine Bedeutung zuschreiben. Bedeutungen werden ausschließlich sozial konstituiert. Das soll nicht heißen, daß man nicht in Momenten des Allein-Seins – etwa in der Natur – einem Ereignis, wie dem Aufglühen einer Sternschnuppe am nächtlichen Himmel, eine besondere Bedeutung zuschreiben könnte, etwa die: Glück zu verheißen. Gemeint ist vielmehr, daß die Fähigkeit, überhaupt Ereignissen eine symbolische Bedeutung zu verleihen, sie symbolisch belegen zu können, eine *soziale* Leistung ist. »Gott gibt uns ein Zeichen; die Natur spricht zu uns« – dies sind soziokulturell entfaltete Vorstellungen, die bis auf die Ebene telischer Systembildungen reichen. In diesem Zusammenhang gehört auch die, vor allem auf Wittgenstein bezogene, Diskussion über die Unmöglichkeit einer »Privatsprache« sowie die Einsicht, daß es unmöglich ist, »privat einer Regel zu folgen« (vgl. Moreland Perkins 1967, Helen Hervey 1957 sowie Peter Winch 1966).
Wie kommen Erleben und Handeln zustande? Parsons und ihm folgend Luhmann haben diesen Prozeß in der Begrifflichkeit der »doppelten Kontingenz« erklärt: Menschen lassen sich sozusagen versuchsweise auf einen Verhaltensablauf ein in der Erwartung, daß die Partner gewisse Aspekte dieses Verhaltens als »situationsangemessen« und in Zuordnung zu ihrer eigenen Motivationsstruktur aufnehmen. Erst die Aufnahme des Verhaltens durch die Situationspartner legt die Bedeutung der Verhaltensofferte genauer fest, und der erste kann sich nun an dieser Interpretation orientieren, um sich zu überlegen, ob er sich auf diese Deutung einlassen oder Korrekturen vornehmen will. Doppelte oder sogar mehrfache Kontingenz ist sicherlich ein Merkmal von Prozessen des Erlebens und Handelns, aber ob man die analytische Situation zweier Aktionspartner (»Ego und Alter«) als besten Ausgangspunkt für die Rekonstruktion von Erleben und Handeln wählen soll, sei dahingestellt. Wir wollen hier in anderer Weise vorgehen,

nämlich über die allmähliche Ausdifferenzierung kybernetisch höherer Steuerungskomponenten aus dem individuellen Verhalten, das aus einer elementaren konditionellen Schicht zunächst seine Impulse von biologischen Mechanismen enthält.

Als Ausgangsthese können wir das Verhalten von Menschen nach dem Schema der *Black Box* interpretieren: Der Mensch nimmt Reize aus der Umwelt auf, verarbeitet sie nach einem uns noch unbekannten Verfahren und gibt bestimmte Outputs an seine Umwelt ab. Beispielsweise atmet der Mensch ein, in seinen Lungen findet ein Gasaustausch statt, er atmet aus. Aber ebensogut können wir ein Beispiel in folgender Weise bilden: Der Mensch erhält eine schriftliche Anweisung, liest sie, verarbeitet sie in seinem Geist und ... tut das Gegenteil.

Wir müssen also, um eine etwas genauere Erklärung für das Verhalten zu erlangen, einige Schritte weitergehen. Der Mensch verfügt über einen Wahrnehmungsapparat (Sensorik), der mit den höheren Gehirnfunktionen gekoppelt ist. Zunächst werden also über den sensorischen Apparat (die peripher gelegenen Rezeptorzellen) Außenweltreize aufgenommen und über Nervenbahnen an das Gehirn zur weiteren Verarbeitung übersandt. Die Außenweltreize können auf verschiedene Weise aufgenommen werden: über Photorezeptoren (Augen), über Chemorezeptoren (Nase, Zunge, Blutgefäße), über Mechanorezeptoren, die auf die Verformung (beispielsweise Druck) mit elektrischer Energie reagieren (Haut, Ohren), über Thermorezeptoren (Haut) usw., und sie werden über die Nervenzellen (Neurone) weitergegeben. Diese Nervenzellen bestehen ihrerseits aus Zellkörpern (Soma) und Nervenfaser (Axon). Axone, zumeist zu dicken Strängen gebündelt, durchziehen den ganzen Körper und bilden das periphere Nervensystem. Die meisten Nervenzellen des Menschen liegen allerdings im Zentralnervensystem, zum Teil von Schädelknochen (Gehirn), zum Teil von Wirbelknochen (Rückenmark) umgeben. Außenweltreize führen zu einer elektrischen Stimulierung von Nervenzellen, und diese Erregung springt über miterregte Zellen weiter, so daß lange Neuronenketten entstehen, in denen die Zellen jeweils über Synapsen (Kontakte) verbunden sind. Über afferente Axone des peripheren Nervensystems kann eine derartige Erregung dann das ZNS und die Gehirnrinde erreichen, sich dort ausbreiten und somit Gegenstand des Erlebens werden. Über neuromuskuläre Verbindungen kann es weiterhin zu einer Erregung von Muskelzellen und dadurch zu einer Tätigkeit des Körpers kommen. Alle Körperfunktionen werden also durch ein System von Nervenzellen (hochspezialisierte Körperzellen) gesteuert.

Mit dieser zusammenfassenden Erinnerung an den vermutlich zwar allgemein bekannten, jedoch in der Erinnerung nicht immer präsenten, Aufbau des Nervensystems haben wir zunächst nichts anderes getan, als das »Nachrichtensystem« etwas genauer zu analysieren, mit dessen Hilfe das Verhaltenssystem »Mensch« Informationen aus seiner Umwelt aufnimmt und zum Operatorteil (ZNS, Gehirn) weiterleitet. Über die Kommunikationskanäle sind seit den bahnbrechenden Arbeiten von Cajal (Neuronentheorie) und Sherrington (Synapsentheorie) natürlich weitaus mehr Dinge bekannt, als hier zusammenfassend angeführt wurden (vgl. beispielsweise Eccles in Popper/Eccles 1982: 283ff.); sie interessieren uns hier jedoch nicht weiter.

Der nächste Schritt führt uns vielmehr zu den Gehirnprozessen, weil wir erwarten müssen, daß die dort angesiedelten Operatorfunktionen den entscheidenden Stellenwert für die kybernetische Kontrolle des menschlichen Verhaltens einnehmen. Im Gehirn spielen sich (im einzelnen vielfach noch unerforschte) biochemische Prozesse der Umformung und Anlagerung von molekularen Strukturen ab, die das Ergebnis von Lern- und Speicherprozessen sind. Abstrakt formuliert, erfolgen diese Prozesse durch Umwandlung von Signalen (elektro-physiologischer und biochemischer Art) in Systemkomponenten, die ihrerseits wieder Signale filtern können. Ein einfaches technisches

Beispiel mag als korrelatives Modell dienen – die Fotographie: Dabei treffen die bildvermittelnden Lichtstrahlen auf eine photo-empfindliche Schicht und wandeln sie in einen Filter um, der bei erneutem Strahlendurchgang die »gespeicherten« Bildumrisse wieder freigibt.

Versuchen wir, diese abstrakte Kennzeichnung etwas konkreter aufzuschlüsseln! Unser Ausgangspunkt liegt in der Feststellung, daß der Mensch (immer in der Betrachtung als Verhaltenssystem) über einen Wahrnehmungsapparat (Sensorik) verfügt, der mit den höheren Gehirnfunktionen gekoppelt ist. Im Gehirn gehen in den einzelnen Funktionszonen offenbar außerordentlich viele Reize ein, die in irgendeiner Weise zusammengefaßt und »gelesen« (verarbeitet) sowie zu körperlichen Reaktionen umgesetzt werden müssen. In der weiteren Betrachtung müssen wir nun zwei Aspekte deutlich unterscheiden: einen ersten, *anatomischen* oder *technischen* Aspekt des Aufbaus des menschlichen Großhirns einerseits und einen zweiten, *kybernetischen* oder *programmtheoretischen* Aspekt der Kontrollfunktionen des Großhirns. Wenden wir uns zunächst der Erläuterung dieser beiden Aspekte zu.

Ein Beispiel für den ersten Aspekt bieten vor allem die mikrostrukturellen Studien von Szentágothai, der eine Theorie darüber entwickelt hat, daß die »vertikalen Ketten« der Neuronen in der gesamten Hirnrinde – die sogenannten »Moduln« – den integrierten Mikroschaltkreisen der Elektronik vergleichbar seien. Hier werden also bestimmte *technische Parallelen* zur Erklärung histologischer Befunde herangezogen. Dabei geht es um den »technischen« Aufbau des Großhirns, der (in der Theorie oder sogar in der Praxis mit technologischen Konstruktionen) durch elektronische Modelle simuliert wird. Der zweite Aspekt bezieht sich jedoch nicht auf Probleme des technischen Aufbaus, sondern auf die Funktionen und Operationen, die in einem solchen System vollzogen werden, unabhängig davon, wie es technisch konstruiert ist – als elektronischer Schaltkreis oder als Neuronenverknüpfung.

Hinsichtlich des ersten, technischen Aspektes ist hier nur in aller Kürze Folgendes auszuführen: Der Aufbau des menschlichen Hirns ist seit mindestens 80 Jahren gut bekannt, sowohl in seiner anatomischen Gliederung, in der kolumnären Anordnung der Neuronen und hinsichtlich der grundlegenden Operationsmuster der modularen Interaktion als auch schließlich der Verknüpfung der kortikalen Zonen. Über die bewußte Wahrnehmung liegt ebenfalls eine große Zahl von Erfahrungen vor, so daß der Grundplan des sensorischen Systems als hinreichend bekannt gelten kann.

Das entscheidende Prinzip, das dabei immer wieder auftaucht, sowohl bei der Übertragung der Wahrnehmungsprozesse als auch bei der neuronalen Verarbeitung im Großhirn, ist das *Prinzip der Selektion.* Die verschiedenen Sinnesorgane (kinesthätische Empfindungen, Hören, Sehen usw.) übermitteln dem Gehirn ihre Meldungen in kodierter Form durch das »Abfeuern« von Impulsen. Dabei erfolgt die Übertragung nicht direkt, sondern über die synaptischen Kontakt- (oder Schalt-)stellen, wobei die Nachricht modifiziert wird, so daß das Zentralnervensystem ein »kodiertes Bild« des peripheren Stimulus erhält, das – entsprechend dieser Übertragungsleitung – eigentümlich »verzerrt« ist. »Man muß sich vorstellen, daß diese Übertragungssysteme den ursprünglichen Reiz in neuronale Ereignisse umwandeln, die in der Großhirnrinde aufgenommen und interpretiert werden können. Jeder Sinn ist in seinem primären Projektionsfeld in der Hirnrinde, das heißt dem zugehörigen Brodmannschen Feld, landkartenartig ausgebreitet. Der Hautsinn zum Beispiel ist so angelegt, daß sich die Körperoberfläche als streifenförmige Karte von den Zehen bis zur Zunge über die Brodmannschen Felder 3, 1, 2 hinzieht ...« (Eccles in Popper/Eccles 1982: 309).

Eine solche neuronale Nachricht erreicht aber keineswegs sofort den Zustand einer »bewußten Empfindung«, sondern sie bleibt zunächst nichts anderes als eine »Nach-

richt«, die entschlüsselt und umgesetzt werden muß. Dazu müssen die neuralen Erregungsmuster einen Schwellenwert an Ausbreitung und Komplexität erreichen, der sie auf ein angemessenes Aktionsniveau an der Kontaktstelle zwischen dem technischen Nachrichtenapparat des Gehirns und dem »selbstbewußten Geist« (in Eccles' Formulierung) – also dem Bewußtsein – bringt. Und erst in dieser Aktionszone liegt der entscheidende Punkt für unsere Fragestellung nach der kybernetischen Kontrolle.
Entscheidend ist zunächst die Erkenntnis, daß sie sensorischen Impulse das Gehirn in einer verschlüsselten oder kodierten Weise (technisch gesprochen »verzerrt«) erreichen und daß im Gehirn eine Entschlüsselung (De-Kodierung, Entzerrung) stattfinden muß, damit die Nachricht gelesen und umgesetzt werden kann. *Dies erfordert jedoch eine Auswahl und Interpretation* – wie erfolgt diese Steuerung?
Zusammengefaßt lautet die Erklärung etwa folgendermaßen: Der Aufbau dieser »kortikalen Filter« erfolgt in Lernprozessen. Aufgrund von biochemischen Abläufen entsteht über die Folge der Lebenssituationen, denen der Mensch ausgesetzt ist, ein spezifischer Aufbau von molekularen Strukturen mit besonderen Membranproteinen, die diese Filterfunktionen übernehmen. Diese Abläufe, die sich bei wiederholten Reizen derselben Art verfestigen, einschleifen und stabilisieren, führen zum Aufbau eines festgelegten körperlich-seelischen Gesamtablaufs, der sowohl die äußeren, sichtbaren Reaktionen als auch die inneren, biophysischen, biochemischen, neuralen Reaktionen umfaßt. Dabei kommt es zum Aufbau des inneren Selektionsapparates, den man in einem Bild als ein »System von Filtern« charakterisieren könnte – dieses System von Filtern regelt die Auswahl der apperzipierten Reize, die Reaktionsmuster, Verhaltensweisen usw. »... es ist sinnvoll, die Gehirnrinde (Kortex) als eine Art oberste Steuerzentrale anzusehen. Die Gültigkeit dieser Annahme wird jedoch eingeschränkt durch die große Bedeutung subkortikaler Regulationen. Diese legen auf Grund einer Eigendynamik die Aktivität der Gehirnrinde bis zu einem gewissen Grad bereits fest ... Außerdem muß der Stellenwert kortikaler Informationsverarbeitung auch vor dem Hintergrund der ihm zur Verfügung stehenden Information gesehen werden. Tatsächlich stammen fast alle Nervenfasern, die den Kortex afferent versorgen, aus dem dorsalen Zwischenhirn, d. h. aus den Kerngebieten des Thalamus ... Die unterschiedlichen Aufgaben der unter dem Sammelnamen ›Thalamus‹ zusammengefaßten Nervenzellenanhäufungen lassen sich z. T. nur schwer analysieren. Gemeinsam erfüllen sie die Funktion eines ›Sekretariats‹ für das Großhirn« (Bösel 1981: 201 ff.).
Alle Meldungen »von außen« erreichen also erst ein »Sekretariat« (den Thalamus), das diese Meldungen sichtet, bewertet und dann erst, in einer spezifischen motivationalen Färbung, weitergibt (»Die aus dem Thalamus stammende, afferente Erregung des Kortex enthält bereits nurmehr eine ausgewählte ... durch Vorentscheidungen bewertete Informationsmenge« [Bösel 1981: 204]). Das »Sekretariat« leitet dann die bewertete Information an die Entscheidungszentrale: »den Chef« – aber wer oder was ist das?
Die formale Antwort auf diese Frage lautet natürlich: das Großhirn. Aber die eigentliche Frage zielt offenbar auf etwas anderes – das menschliche Bewußtsein, »den selbstbewußten Geist« *(»self-conscious mind«*, Eccles). In Eccles' Konzeption ist der entscheidende Bestandteil der Theorie, die zum tieferen Verständnis der Interaktion von (anatomischem) Hirn und (funktionalem) Geist, also letztlich zu einer Lösung des alten Leib/Seele-Problems, führen soll, der schon erwähnte Begriff der »Moduln«. Module sind, wie gesagt, vertikale Neuronenketten – säulenförmige, kolumnäre Anordnungen. Die Zahl der Neuronen in einem Modul kann bis zu zehntausend betragen. Technisch arbeitet ein Modul wie ein Komplex von Schaltkreisen – jedoch mit einem bislang unvorstellbaren und technisch nicht nachzuvollziehenden Komplexitätsgrad. In diesen Moduln bauen sich Erregungsniveaus auf, die sich über Impulsentladungen fortpflan-

zen, sofern bestimmte Schwellenwerte überschritten werden können (für ausführliche Darstellungen vgl. Eccles in Popper/Eccles 1982: 291–308). In der Vorstellung Eccles' stellen diese Module eine Form selbständigen, kollektiven Lebens dar, die insgesamt jeweils in der Großhirnrinde große Neuronengruppen bilden, die eine großflächige Anordnung zusammenwirkender Elemente darstellen. Sie erzeugen ein physisches *»pattern«* struktureller Elemente, die bestimmte Eigenschaften der Umwelt des Verhaltenssystems aufnehmen und rekonstruieren. Die Neuronengruppen der Module liefern also ein dynamisches Bild ihrer Umwelt in Abhängigkeit von der internen Funktionslage des Verhaltenssystems. Das Bewußtsein entsteht nun durch die Abtastung dieser dynamischen Bilder im Kortex. »Die einfachste Hypothese der Geist-Hirn-Interaktion ist, daß der selbstbewußte Geist die Aktivität jedes Moduls des Liaison-Hirns abtasten kann – oder wenigstens derjenigen Moduln, die auf seine gegenwärtigen Interessen abgestimmt sind« (Eccles in Popper/Eccles 1982: 443). Die Rolle des Bewußtseins, so wie sie von Eccles beschrieben wird, dürfte im wesentlichen in der Integration einer Vielzahl von neuronalen Mustern liegen, die von den Moduln in jedem Sekundenbruchteil produziert werden. Dieser Prozeß der Abtastung und der Integration bleibt selbst nicht ohne Wirkung auf die Erzeugung dieser neuronalen Muster – er ist vielmehr Teil des Gesamtprozesses.

Selbst aus dieser flüchtigen Zusammenfassung einer der faszinierendsten Thesen der Gegenwart sollte dem Leser klar werden, daß man es hier mit einer sehr stark *dualistischen* These zu tun hat. Dieser Dualismus liegt in der Annahme einer konkreten, körperlichen (oder physischen) Welt einerseits und einer nicht-physischen, geistigen Welt andererseits. Die physische Welt reicht über den menschlichen Organismus, die Rezeptorenstruktur des Wahrnehmungsapparates, die neuralen Verbindungen und die kortikalen Filter, Schleusen und Kanäle bis in die Großhirnrinde, wo sie (die Realität) über die neuronalen Muster der Moduln rekonstruiert wird. Hier tritt sie nun mit der nicht-physischen, geistigen Welt in eine dynamische Verbindung, in eine Interaktion. Diese Interaktion kommt durch integrative Abtastprozesse zustande – und in diesen Prozessen konstituiert sich zugleich der menschliche selbstbewußte Geist *(»the self-conscious human mind«)*. Dieser Geist gehört nicht mehr der physischen Realität an, sondern einer – kybernetisch gesprochen – höherrangigen Ebene.

Diese Konzeption Eccles' stimmt vollkommen mit der hier entwickelten Vorstellung von hierarchischen Schichten der Realität überein. Auch hier rechnen die kybernetischen Fähigkeiten des Menschen, die ihn von der Ebene des physischen Verhaltensorganismus abheben, nicht mehr zu den Systemen der zweiten (biologischen) Schicht, sondern zu den Systemen der dritten Schicht – den Handlungssystemen. Freilich, dies muß man immer wieder betonen, um keine Mißverständnisse entstehen zu lassen, die Trennung dieser Schichten ist *rein analytisch* – die Wirklichkeit umfaßt immer alles, »was wirkt« in der Gesamtheit der komplexen Interaktionen. *Nur* für die Zwecke der Darstellung und sukzessiven Diskussion darf an eine solche einteilende Trennung der Schichten vornehmen.

Da diese Arbeit (im Gegensatz zu dem letzthin mehrfach zitierten Buch von Popper/Eccles) nicht an dem Problem des Bewußtseins interessiert ist, sondern an kybernetischen Kontrollproblemen im Rahmen der Systemtheorie, führt es nicht weiter, über die Rolle des »selbstbewußten Geistes« zu reflektieren, der die neuronalen Gruppierungen im Großhirn abtastet. Wir werden uns auf eine neutralere Formulierung beschränken und von der These ausgehen, daß sich im Großhirn eine Reihe von bislang noch nicht hinreichend genau bestimmten Prozessen abspielt, die einerseits eine physiologische Grundlage in bestimmten biochemischen Abläufen haben, die zugleich aber andererseits eine kybernetische, das heißt, steuernde Funktion erfüllen. Zum Aufbau solcher Steuerungsfunktionen im Großhirn kommt es aufgrund der großen Komplexität der neuralen Schaltungen der Moduln in der kortikalen Interaktion. Diese Vielzahl und Vielfalt an Schaltungen wird in den Lebensprozessen der Individuen selbst aufgebaut. Dabei führt die ständige Aufnahme von Außenweltreizen über den Wahrnehmungsapparat zum Aufbau großer neurologischer Gruppen im Gehirn, in denen die Außenwelt rekonstruiert wird. Nach dieser Auffassung wären also genetisch bedingte und durch Lernvorgänge veränderte Übertragungseigenschaften der Nervenzellen die Grundlage der Verhaltenssteuerung.

Der Aufbau dieser modularen Strukturen im Großhirn erfolgt nun nicht zufällig, sondern folgt einem bestimmten Muster – einem Muster, das durch die *soziale* Umwelt, die Kulturgemeinschaft, in der Menschen geboren werden und aufwachsen, bestimmt wird. Dieses Orientierungsmuster wird beim Aufbau der neuronalen Strukturen verinnerlicht, es wird zu einem konstruktiven, konstitutiven Element dieser modularen Gruppenbildung. Die Skizzierung der physiologischen Grundlagen der Verhaltenssteuerung leistet zunächst also nichts anderes, als die *konditionellen Grundvoraussetzungen* anzudeuten, die die unterste, *aber unbedingt notwendige Basis* der Verhaltenssteuerung menschlicher Aktivität bilden. »Darüber« erheben sich nun erst die eigentlichen kybernetischen Programmstrukturen, wobei der Ausdruck »darüber« insofern irreführend ist, als sich diese Strukturen nicht »eine Etage höher« befinden, sondern in den Aufbau der Gehirnfunktionen integriert sind – die modularen Gruppierungen sind durch die besondere Gestalt des Orientierungssystems miteinander verknüpft, und dieses Orientierungssystem wiederum ist kultureller Art.

Zu diesem Begriff der »Orientierung«, der sich auf die soziokulturellen Faktoren beziehen soll, gehört auch die Vorstellung der symbolischen Verschlüsselung (Kodifizierung) der Bewußtseinsinhalte. Zwar verfügen, wie schon erwähnt, auch Tiere bereits über mannigfache Lautgestalten, über Lautbildungen, die »etwas kommunizieren«, allerdings nur in derselben (eingeschränkten) Weise, wie auch Gesten, Körperhaltungen (Droh- und Lockgebärden usw.) »etwas kommunizieren«, nämlich durch ihre physische Gestalt, die einen auslösenden Reiz darstellt, der vom »relevanten Partner« aufgrund angeborener Fähigkeiten »entschlüsselt«, das heißt, reaktiv beantwortet wird. Aber erst Menschen verfügen über die Fähigkeit, derartige physische Ereignisse (Gesten, Körperhaltungen und vor allem: Lautbildungen) von ihrem Raum-/Zeit-Aspekt und ihrem physischen Ausdruck abstrahierend zu lösen und als *Symbole* zu verwenden. Derartige konkrete Ereignisse (Zeichen, Bilder, Gegenstände, Laute usw.) *bedeuten* dann »etwas«, was sich nicht aus der momentanen Situation ergibt, sondern auf einen gedachten und symbolisch thematisierten *Horizont von Ereignissen* verweist. Diese Fähigkeit zur *generalisierenden Abstraktion* muß ihrerseits in den ontogenetischen Entwicklungsprozessen von jedem einzelnen Individuum gelernt werden und bildet die wichtigste Ausformung der in jedem Menschen angelegten »cerebralen Kapazitäten« *(brain capacity).* (Vgl. dazu ausführlich und begründend Mead 1968, Teil II; Cassirer 1923, Sapir 1934, Whitehead 1927.)

Die Fähigkeit, Symbole zu verwenden, führt zum Aufbau von semantischen Kommunikationssystemen als einer Sonderform von Verhalten – genauer: als einer evolutionär gesteigerten und als besondere Art ausdifferenzierten Form des Verhaltens. Die Verfügbarkeit von symbolischen Systemen wiederum führt dazu, daß die Ausformung der »informationsauswählenden, -speichernden und -verarbeitenden Kapazitäten« des Gehirns in Gestalt linguistischer Strukturen erfolgt. Das Ergebnis ist, daß Menschen ihre »Erfahrungen« in symbolischen Schemata konstruieren, die als »innere Modelle der äußeren Welt« bezeichnet werden können (internes Außenwelt-Modell, kurz iAM).

An dieser Stelle erkennt man nunmehr deutlich, wie sich die physischen Funktionen mit

den soziokulturellen Komponenten verschränken. Zwar hat die Konstitution der iAM eine biophysische Grundlage, ist aber andererseits eine *soziale Kulturleistung* par excellence. Dies bedeutet, daß bereits die Ausformung schon der rein behavioralen Abläufe, die wir am Menschen beobachten können, eine soziokulturelle Überformung erhalten (Ernährungsverhalten, Sexualität, Schlafverhalten, sensorisches Verhalten – beispielsweise Schmerzverhalten –, Situationswahrnehmung und Handlungsimpulse usw.)
Das Verhalten des Menschen wird von einem internen Modell der äußeren Welt gesteuert, das als Aufbau eines internen Systems von Selektionsfiltern, von kulturellen Filtern, Sperren und Schleusen zu interpretieren ist. Es hat im wesentlichen eine linguistische Struktur; sein Aufbau im Inneren des Menschen vollzieht sich auf einer physiologischen Basis durch die symbolische Belegung von Reizen im Bewußtsein über Lernprozesse, durch die sich das Gehirn in einer bestimmten Weise strukturiert. Dieses – hypothetische – iAM ist eine komplexe Struktur, die sich im Gehirn in Gestalt der molekularen Ausformung von Speicherkapazitäten, Verarbeitungskapazitäten, Abtastfähigkeiten usw. herausbildet. Dies ist vom Individuum her betrachtet die Grundlage des Aufbaus von Handlungssystemen.
Der nächste Schritt muß nun darin bestehen, daß wir uns mit den Programmen selbst beschäftigen, die im gegenseitigen »Sich-Verhalten« der menschlichen Akteure entstehen. Wir haben bislang nur die allgemeine konditionelle Basis angedeutet, die entwicklungsgeschichtlich sehr alt ist, also die anthropologisch-physiologischen Grundlagen. Auf dieser Grundlage verhalten sich die Menschen miteinander sowie gegenüber der Natur – und in diesen Prozessen wechselseitig und miteinander ablaufenden Verhaltens entwickeln sich nun die »Programme«, denen das Verhalten dann folgt oder in denen es organisiert wird.
Die Elemente, aus denen sich dieses neue System (das System, in denen Verhalten gemäß einer Programmstruktur organisiert ist) allmählich aufbaut, sind die einzelnen – zunächst faktischen, dann normativ verfestigten – Komponenten konkreten Verhaltens. Verhalten – wie alle physischen Ereignisse der Welt – wird vom Menschen, das heißt, den an einer solchen Situation Beteiligten, selektiv wahrgenommen: Es werden nur einzelne (nicht alle) Aspekte ins Bewußtsein gehoben, es wird generalisiert, aggregiert, abstrahiert usw. Dies gilt auch wieder für die Reaktion der folgenden anderen Partner.
Schon bei zwei Partnern (Ego und Alter) zeichnet sich ab, daß Alter auf selektive Weise auf die Interaktionsofferte von Ego reagiert, und in der Folge dann Ego wiederum in derselben selektiven Weise nur auf gewisse Elemente aus der Reaktion Alters aufnimmt usw. ... Dies gilt um so mehr für eine Mehrzahl von Interagierenden. Derartige (freilich nur in unserer nachträglichen Reflexion, wie sie hier vorgenommen wird) *rekonstruierte* Elemente des Sozialverhaltens sollen als *action-components* = Handlungskomponenten der noch zu bildenden Handlungssysteme bezeichnet werden (vgl. Parsons 1951 a).
Handlungskomponenten entstehen also aus den konkreten Verhaltensabläufen, aus den physisch-konkreten (»filmbaren«) Bewegungen der Akteure/Menschen. Sie *entstehen* daraus – sind nicht etwa damit identisch. Entscheidend ist nämlich nun, daß diese (zunächst konkreten physischen) Körperereignisse als Elemente eines abstrahierten Ablaufs interpretiert werden – als strukturelle Schemata, daß sie also umschlagen zu einer Form oder Gestalt. Um einige einfache Beispiele zu geben: Eine bestimmte Abfolge von Körperbewegungen bei der Nahrungsaufnahme wird als Bewegungsablauf »manierlichen Essens« schematisiert; rhythmische Bewegungen zu Musik werden als Tanzfigur formalisiert; eine Serie von Schlag und Stoßbewegungen der Arme, Beine und des Rumpfes (usw.) werden zur »Kampfhaltung« stilisiert ... usw. Die Bewegungsabläufe als solche werden also zu »Gestalten«, die bestimmte Referenzen zu bestimmten Situationen, Motiven usw. und für alle Beteiligten eine festgelegte Bedeutung haben. Damit

werden diese »Bewegungsgestalten«, gelöst von ihrem konkreten Einsatzpunkt, abstrakt verfügbare Elemente interaktiven und kommunikativen Verhaltens. Sie werden handhabbar wie andere symbolische Elemente der Lebenswelt.

Der wichtigste Punkt liegt darin, daß diese »Bewegungs- oder Verhaltensgesten« nunmehr – obwohl rein faktischen Ursprungs – eine *normative* Bedeutung haben: Sie *sollen* so sein. Man macht es so. Der einzelne wird damit dazu angehalten, das Schema (sei es Bewegung, sei es Laugestalt) zu übernehmen und seinen eigenen Körper darin zu perfektionieren, die Gestalt präzise zu reproduzieren (oder zu karrikieren usw.). Damit ist diese Gestalt zu einem »Programm-Element« geworden, einer Komponente eines normativen Schemas zur Lösung eines Problems, einer Aufgabe, zur Erbringung einer Leistung.

Man darf dies keinesfalls allzu zwanghaft interpretieren. Abweichungen sind nicht nur möglich, sondern üblich. Solche Elemente sind frei zu spielerischen, kreativen Variationen. Man kann mit jedem Verhaltensablauf spielen, Lautbildungen abwandeln, übertreiben, zurücknehmen usw. Als Sonderfälle bilden sich allerdings Bereiche heraus, in denen die Verwendung der zentralen Handlungskomponenten sanktioniert ist (sakrale Bereiche usw.), in denen »nicht gespielt« wird, in denen es heißt »c'est de la vie sérieuse«. Aber diese sind die Ausnahmen. Freilich – was im Detail und konkret gilt, muß man der Situation selbst entnehmen.

In dem Maße, in dem es möglich wird, zur Strukturierung des Verhaltens auf solche standardisierten Schemata zurückzugreifen und dafür beim Partner Verständnis zu finden, differenziert sich aus dem einfachen, motorisch gesteuerten Verhalten eine kybernetisch höherrangige Schicht von Aktions-Mustern aus, die hier mit den Begriffen »Erleben« und »Handeln« bezeichnet werden sollen. Erleben und Handeln beruhen auf der Verfügbarkeit interpersonell konstituierter Handlungskomponenten (oder Handlungselemente), die ihrerseits – wie betont – normierte oder standardisierte Schemata von Verhaltensabläufen sind, denen eine bestimmte Bedeutung zugewiesen wurde. Alle weitere Interaktion und Kommunikation beruht auf der Verwendung derartiger Elemente.

Die Verwendung derartiger Elemente erfordert Selektionen – bewußte Auswahl. Die Darstellung dessen, was man will und was man den anderen als Verhalten anbietet, hängt nicht von ererbten Schemata (von Instinkten) ab, sondern beruht auf einer bewußt oder unbewußt getroffenen Wahl. Menschen leben in einer sinnhaft konstituierten Welt, deren Relevanz für sie durch den Organismus, das heißt, biologische Grundlagen, nicht mehr eindeutig definiert ist. »Die Welt zeigt (dem Menschen) dadurch eine Fülle von Möglichkeiten des Erlebens und Handelns, der nur ein sehr begrenztes Potential für aktuell-bewußte Wahrnehmungen, Informationsverarbeitung und Handlung gegenübersteht. In den jeweils aktuell und damit evident gegebenen Erlebnisinhalten finden sich mithin Verweisungen auf andere Möglichkeiten, die zugleich komplex und kontingent sind. Unter *Komplexität* wollen wir verstehen, daß es stets mehr Möglichkeiten gibt, als aktualisiert werden können. Unter *Kontingenz* wollen wir verstehen, daß die angezeigten Möglichkeiten weiteren Erlebens auch anders ausfallen können, als erwartet wurde; ... Komplexität heißt also praktisch Selektionszwang, Kontingenz praktisch Enttäuschungsgefahr und Notwendigkeit des Sicheinlassens auf Risiken« (Luhmann 1972: 31).

Die Lebenswelt des Menschen ist komplex – sie bietet eine Überfülle an Möglichkeiten; weitaus mehr, als man mit fünf Sinnen und zwei Händen bewältigen kann. Schon biologisch – das heißt, von der physiologischen Konstruktion her – fungieren daher unsere Sinne (die »Pforten zur Wirklichkeit«, deren Tore, wie man meinen sollte, weit offen stehen müßten) als *Selektionsfilter*, deren Aufgabe es ist, die überwältigende Flut an potentiellen Informationen auszublenden. Sinnsysteme dienen in erster Linie der *Datenreduktion* (vgl. Ornstein 1976: 31ff.). Das Gehirn selbst wirkt dann – und zwar relativ unabhängig vom Input (das heißt, den einströmenden Informationen übr das afferente Nervensystem) – in noch wesentlich stärkerem Maße als Selektionsfilter: der Aufbau dessen, was wir weiter vorne als »iAM« (als »inneres Modell der äußeren Welt«) bezeichnet und als operatives Zentrum aller Bewußtseins- und Verhaltensprozesse identifiziert haben, ist nichts anderes als ein funktionales Filtersystem (vgl. Ornstein 1976: 47f. mit zahlreichen Literaturhinweisen).

Die Lebenswelt ist komplex, so lautete die erste Feststellung, und daran schließt sich eine zweite an: Die Lebenswelt des Menschen ist kontingent. Die Komplexität der Lebenswelt erzwingt ständig Selektionen, von der untersten Ebene der (physiologisch) gesteuerten Wahrnehmung an, und dieser Selektionszwang setzt sich in verstärktem Maße im sozialen Verhalten, in der Interaktion und Kommunikation fort. Alles Erleben und Handeln beruht auf Selektionen, das heißt auf der Ausblendung und Negation einer Vielzahl gleichberechtigter alternativer Möglichkeiten der Situationsgestaltung. Da dies so ist, kann jedoch kein Aktor erwarten, daß seine Auswahl als *zwingende* Notwendigkeit von anderen erlebt wird, sondern immer nur als *kontingente* Selektion, als eine Auswahl, die auch anders hätte ausfallen können. Dieses Wissen um die Kontingenz der Selektionen teilt jedoch der handelnde Aktor von vornherein mit seinen Handlungspartnern, so daß er die Reaktionen der anderen auf seine Selektion in diese Selektion miteinbeziehen muß. Die Reflexion über die Erwartung der anderen angesichts kontingenter Selektionen wird zu einem konstitutiven Element sozialen Handelns. Wie Luhmann formuliert:

»Ich gewinne damit die Chance, die Perspektiven des anderen zu übernehmen (indem ich erlebe, daß die anderen erleben, ohne selbst in der Lage zu sein, alle ihre Erlebnisse als eigen zu aktualisieren) oder sie anstelle der eigenen zu verwenden, mit den Augen anderer zu sehen, mir etwas berichten zu lassen und damit den eigenen Erlebnishorizont ohne wesentlichen Zeitaufwand zu erweitern. Damit erreiche ich eine immense Steigerung der unmittelbaren Selektivität des Wahrnehmens. ... Der Preis dafür liegt in der Potentierung des Risikos: in der Steigerung der einfachen Kontingenz des Wahrnehmungsfeldes zur *doppelten Kontingenz* der sozialen Welt« (Luhmann 1972: 32f.).

Mit dem Begriff der »doppelten Kontingenz« bezieht sich Luhmann ausdrücklich (vgl. Luhmann 1972: 32 Anm. 12) auf Parsons. Parsons war der erste, der vom Begriff der *»double contingency«* ausführlichen theoretisch begründeten Gebrauch in der Soziologie gemacht hat. Der Begriff selbst ist wesentlich älter und hat philosophisch-theologische Referenzen. Er dient zur Bezeichnung alles *faktisch* Existierenden, das nicht aus eigener »Wesensnotwendigkeit« existiert – und das ist Alles, mit Ausnahme Gottes. In der Logik sind *kontingente Urteile* dadurch bestimmt, daß ihre Verneinung möglich ist, also wiederum eine sinnvolle Möglichkeit (die in der Welt gegeben sein könnte) aussagt. Mit anderen Worten: Die Lebenswelt des Menschen ist immer kontingent: Sie ist, wie sie ist, aus historischen Zufälligkeiten, aus lauter beliebigen Strömungen erzeugt worden, die alle auch hätten anders verlaufen können. Und dennoch ist sie weder ohne jegliche Gesetzmäßigkeit noch nach reiner Zufälligkeit entstanden, sondern nach einer *nachträglich* rekonstruierbaren Rationalität.

Um ein (wie immer in diesem Text: übermäßig einfaches) Beispiel zu geben: Daß eine Fußballmannschaft mit elf Spielern auf das Feld läuft, ist durch Regeln festgelegt und insofern nicht kontingent, aber daß diese Mannschaft mit zwei zu drei Toren unterliegt, ist ein *kontingentes Faktum*, das sich aus dem Spielverlauf ergibt. In einer umfassenderen kulturgeschichtlichen Perspektive wäre natürlich auch die Zahl von elf Spielern sowie alle andern Regeln des Fußballs, wie Regeln überhaupt, kontingent, denn alles in der geschichtlichen Welt *könnte* auch anders sein und ist zu anderen Zeiten und in anderen Kulturen auch anders gewesen. Aber um den Begriff »Kontingenz« zu erläutern, haben wir ihn hier mit dem der »Regel« kontrastiert. Die Regel definiert gleich das »Wesensnotwendige«, dem das »Kontingente« als das »Sich-Faktisch-Ergebende« gegenübersteht. Die weitaus beste literarische Umsetzung der Philosophie der Kontingenz findet sich bei Stanislav Lem, in der Rezension des (fiktiven) Buches von Cezar Kouska: De Impossibilitate Vitae; De Impossibilitate Prognoscendi« (vgl. Lem 1973: 159–186).

Mit diesem Einschub über »Kontingenz« wurde das Zitat aus Luhmanns »Rechtssoziologie« unterbrochen; ich nehme es wieder auf:

»... Gegenüber doppelter Kontingenz sind andersartige, sehr viel komplizierter und voraussetzungsvoller gebaute Erwartungsstrukturen erforderlich, nämlich *Erwartungen von Erwartungen.* Angesichts des freien Verhaltens anderer Menschen ist sowohl das Risiko als auch die Komplexität des Erwartungsfeldes größer. Entsprechend müssen die Erwartungsstrukturen komplexer und variationsreicher gebaut werden. Das Verhalten des anderen kann nicht als determinierendes Faktum, es muß in seiner Selektivität, als Auswahl aus anderen Möglichkeiten des anderen, erwartbar sein. Diese Selektivität aber wird durch die Erwartungsstrukturen des anderen gesteuert. Man muß deshalb nicht nur das Verhalten, sondern auch die Erwartungen des anderen erwarten können, um gut integrierbare, bewährbare Problemlösungen zu finden« (Luhmann 1972: 32f.).

Dies ist (ganz kurz skizziert) die Ausgangslage, auf der sich die Handlungssysteme konstituieren lassen, und diesem Prozeß müssen wir uns nunmehr zuwenden.

1.2 Der Aufbau von Handlungssystemen

Unser Ausgangspunkt war bislang die Einsicht, daß sich auf der Grundlage bestimmter anthropologischer Voraussetzungen, die sich bis in die physiologischen Grundlagen des menschlichen Verhaltenssystems hinein verfolgen lassen, Prozesse der Interaktion und Kommunikation entfalten, die von kybernetisch höherrangigen Programmstrukturen gesteuert werden – höherrangig gegenüber den evolutionär »primitiveren« Formen einer genetisch (erbmotorisch) fixierten Schematik. Die Elemente dieser Struktur werden aus den normierten und standardisierten Verhaltensschemata gebildet, denen eine bestimmte Bedeutung zugewiesen wird, die interpersonal (sozial) verständlich ist. Diese Elemente haben wir hier als »Handlungskomponenten« *(»action-components«* im Sinne Parsons') bezeichnet. Wir müssen nun auf einen Gedanken zurückgreifen, den wir schon ganz zu Anfang dieses Buches als grundlegendes anthropologisches Prinzip eingeführt haben, nämlich: *Menschliches Erleben und Handeln ist schon immer systembildend.*

Menschliches Erleben und Handeln ist systembildend; dies ist eine physiologisch-psychologisch begründete anthropologische Prämisse dieser Arbeit. Zu Anfang des Buches wurde diese Prämisse als elementare Annahme eingeführt; mittlerweile haben wir einige Argumente zusammengetragen, um sie ausführlicher begründen zu können. Systembildung ist ein operatives Prinzip, das auf dem Zusammenwirken mehrerer Faktoren beruht. Die physiologische Grundlage ist zunächst die Selektivität des sensorischen Apparates, dessen Aufgabe, wie schon erörtert, nicht etwa darin besteht, ein Maximum an Information aus der Umwelt aufzunehmen, sondern der seiner Funktion nach auf ein schmales Spektrum von Signalen zugeschnitten ist, das empfangen und auf dem Wege zum Verarbeitungszentrum im Gehirn mehrfach gefiltert wurde (vgl. Bösel 1921: 252ff. sowie 265ff. [Kap. 10] sowie Ornstein 1976: 47ff.; Handbuch der Psychologie 1974, 1. Band, 1. Halbband).

Dieser Prozeß der »Filterung«, den man zunächst vielleicht als rein passiv interpretieren könnte, wird nun aber ergänzt oder überlagert von einer Reihe von aktiven, dynamischen Prozessen der Gestaltung der sensorischen Wahrnehmung (Ornstein 1976: 48; von Holst 1974: 84ff.; Vernon 1977: 84ff.).

»... der Organismus als wahrnehmendes Subjekt (gibt) sich nicht passiv den physikalischen Einflüssen seiner Umgebung hin. Nur die Sinnesorgane selbst sind dem Zustrom physikalischen Geschehens passiv ausgesetzt: doch auf dem Wege zur Wahrnehmung tritt ein Prozeß der *Vergegenständlichung* in Kraft. Teils werden Afferenzen aus verschiedenen Sinnesorganen gegeneinander ausgespielt, teils wird die spezielle Reizkonfiguration für die Objektivierung verwertet; und vielfach, wo am Wahrnehmungsakt eine motorische Bewegung beteiligt ist, erzeugt der mit dieser Bewegung einhergehende zentralnervöse Prozeß (oder die Bewegung selbst) die lebenswichtige Korrektur. So wird uns deutlich, wie völlig anders die wahrgenommene Wirklichkeit beschaffen ist, als die Wirklichkeit, mit der der Physiker es zu tun hat...« »... nicht nur etwa im Handeln, sondern sogar schon im *scheinbar passiven* Aufnehmen der Umwelt, (sind) *aktive, spontane Leistungen* enthalten, *ohne die der Organismus überhaupt nicht fähig wäre, auch nur sinnvoll zu ›re‹agieren!«* »... in uns (sind) ständig Kräfte am Werk, die das Gesehene hierhin und dorthin rücken, es größer oder kleiner machen, Proportionen ändern, Linien verbiegen und die Welt mit bunten Farben bemalen. Solchen aktiven Kräften danken wir es, daß wir nicht auf ›Reize‹ ansprechen, sondern daß wir *Dinge* sehen und in anderer Situation wiedererkennen können.« (von Holst 1974: 107 und 111–112)

In vielen Wahrnehmungstheorien und ihnen historisch vorausgehenden philosophisch-psychologischen Reflexionen ist diese Abweichung von physikalischen Daten und psychophysischer Re-Konstruktion der Phänomene als Problem der »Unzuverlässigkeit der Sinne« thematisiert worden. Gerade aber die Tatsache, daß wir bestimmten Sinnestäuschungen erliegen und daß die Sinne nicht in einer einfachen und schematischen Weise die physikalischen Daten auf einer Art »Wahrnehmungsschirm« projizieren, beweist, daß die Wahrnehmungsprozesse auf einer aktiven inneren Operatorstruktur beruhen, die die Erlebens- und Handlungssituation des Menschen jeweils neu re-konstruiert.
Diese Rekonstruktion, die sowohl auf Daten (Signale, Informationen) aus der Umwelt zurückgreift als auch von gelernten Inhalten, Motivlagen und Erwartungskomponenten abhängig ist (Allport 1955), muß notwendigerweise von Schritten der Abstraktion, Generalisierung sowie den Prinzipien der Ähnlichkeit, Analogiebildung, Komplementarität usw. Gebrauch machen. Außerdem müssen Verknüpfungen vorgenommen werden, da die physikalischen Eindrücke ja nur aus »Quanten« bestehen können, ihnen jedoch keine »elementaren Sinnesquanten« entsprechen (wie die Gestaltpsychologie zeigen konnte). Zahlreiche psychische Kräfte wirken zusammen, um eine Art »Feldstruktur« zu erzeugen, in der sich Systeme situativ aufbauen und wieder zerfallen.
Bewußtsein ist also ein komplexes Feld auf der physiologischen Grundlage neuronaler Strukturen, in dem die Elemente unserer Lebenswelt in Gestalt von Systemen kurzfristig aufgebaut werden und wieder zerfallen. Diese Systembildungen weisen jedoch eine gewisse Konstanz über die Zeit hinweg auf, weil sich einerseits in der Realität immer wieder dieselben physikalischen Qualitäten zeigen, andererseits aufgrund der biologisch-physiologischen Struktur (des organischen Apparates) der Mensch immer wieder dieselben Signalgruppen rezipiert, so daß sich auch in seinem Bewußtseinsfeld allmählich eine zwar individuell unterschiedlich ausgeprägte, im Ganzen aber inter-individuell doch übereinstimmende, relativ einheitliche Struktur des Lebensraumes, gefaßt in das schon zitierte iAM, aufbaut.
Diese Systembildungen erzeugen ein organisches Fließgleichgewicht, dessen Basis zunächst physiologischer Natur ist und auf die Befriedigung von organischen Bedürfnissen (Schlafen, Essen, Sexualität usw.) zielt. Ihm überlagert sich jedoch eine hierarchische Folge weiterer normativer Schichten, die diese Gleichgewichtsprozesse überformen – psychischer, sozialer und kultureller Art, die über die sozialen Lernprozesse (Sozialisation) verinnerlicht werden und normative Bestandteile des iAM werden. Der entscheidende Prozeß dabei ist die Kommunikation, da über semantische Symbolisierungen das

Funktionsgefüge der Ver- und Entschlüsselung aufgebaut und verwendet wird, mit dessen Hilfe wir den gedanklichen und handlungsanleitenden Aufbau der sozialen Realität (Lebenswelt) vornehmen.

Der Prozeß der Systembildung ist also schon immer in den operativen Kapazitäten des Menschen angelegt. Er kommt in den elementaren und evolutionsgeschichtlich frühen Verhaltensformen des Menschen zum Tragen und wird dann durch die Ergebnisse – nämlich die allmähliche Ausbildung von sozialen, genetisch »freien«, das heißt, nicht fixierten, sondern kontingenten, kulturell überformten Verhaltensschemata – verstärkt, so daß hier Rückkopplungsstrukturen entstehen, in denen die einzelnen Handlungselemente immer wieder als *Elemente eines Systems* auftreten, nämlich als Elemente, die auf andere Elemente bezogen sind und insgesamt einen Zusammenhang bilden, auch wenn dieser in seiner Einheit nur fiktiv und niemals real präsent ist (Horizont-Phänomen).

Diese Auffassung hat dazu geführt, daß heute in der Systemtheorie sozialer Systeme (in Anschluß an Parsons und Lidz sowie Luhmann) von einer »Auto-Katalyse« *(autopoiesis)* der Handlungssysteme gesprochen wird: Sobald einmal die Verhaltenselemente schematisiert und standardisiert sind, werden sie von den Akteuren notwendigerweise als Elemente eines Systems wahrgenommen und zu Systemen vervollständigt – und umgekehrt: jede derartige Schematisierung eines Verhaltenselementes setzt bereits systembildendes Verhalten voraus, erfolgt also in einem System. Das System konstituiert sich sozusagen selbst an seinen eigenen Elementen. Der Grund dafür, um dies nochmals zu wiederholen, liegt in der Referenzeigenschaft, in dem Verweisungscharakter, von derartigen Verhaltens- beziehungsweise Handlungselementen: Da sie stets *zwischen* mindestens zwei Akteuren konstituiert werden, ist für alle Beteiligten das Bewußtsein der »verweisenden Bedeutung« auf etwas, was in der Situation nur symbolisch präsent gemacht werden kann, notwendig.

Um ein simples Beispiel zu wählen: Das Schild »Vorsicht: Hund« verweist auf eine »Vorstellung« – die eines Hundes, der Eindringlinge in sein Revier anknurrt, der bellt und schließlich zubeißt – obwohl »in Wirklichkeit« da nur ein Schild mit »schwarzen Strichen« zu sehen ist. Und zugleich hat die Vorstellung eines »Wachhundes« ihre Bedeutung nur im Zusammenhang mit der Vorstellung eines Hauses mit Bewohnern und Gegenständen, die bewacht und beschützt werden müssen – also eines Gesamthorizontes, der im Bewußtsein angeregt werden muß, um die »richtigen«, das heißt entschlüsselnden Vorstellungen zu entfalten.

Zusammenfassend können wir formulieren: Menschen machen aus anthropologischen Gründen in ihrem Verhalten schon immer von dem Prinzip der Systembildung Gebrauch. Die Frage ist, wie von der Ebene des Verhaltens aus eine Steigerung der menschlichen Kapazitäten möglich ist. Die Antwort darauf lautet, daß dies durch eine »Interdependenz-Unterbrechung« des Zusammenhanges von Umwelt und starrer Erbmotorik möglich wird, nämlich durch den Aufbau von zwischengeschalteten komplexen soziokulturellen Interpretationsschemata für Erleben und Handeln. Diese Systemstrukturen entstehen durch *»autopoiesis«*, also autokatalytisch. Aus dem früheren Zusammenhang des Verhaltens gemäß biologisch vorgegebener, genetisch fixierter Schemata entfaltet sich in einem langen evolutionären Prozeß ein differenziertes System des Erlebens und Handelns; dies geschieht, indem einzelne Elemente des Verhaltens schematisiert und normiert werden, eine sozial konstituierte Bedeutung annehmen und zu frei verfügbaren Elementen der Interaktion und Kommunikation werden. Aus solchen Elementen, die schon immer als Elemente eines Ganzen zu interpretieren und auch ihrem gemeinten Sinn nach auf einen solchen Ganzheitshorizont bezogen sind, entstehen autokatalytisch die Handlungssysteme. Für den einzelnen haben diese Handlungssysteme einen strukturalistischen Charakter: Es sind *Programme,* in denen man sein Erleben und Handeln organisiert und in denen man zugleich, erlebend und handelnd, die Welt als Ganzes erfährt. Diesem Begriff des »Programms« werden wir uns nunmehr ausführlicher zuwenden.

2. Handeln als Programm

Menschen sind Verhaltenssysteme – falls und soweit man sie als Systeme betrachtet. Die Systemtheorie beschäftigt sich mit dem Verhalten von Systemen in der Form, die wir schon erörtert haben: sie betrachtet die Verhaltenssysteme zunächst als *Black Box*, analysiert dann die Inputs und Outputs, die Kommunikationskanäle usw. Damit bleiben wir insgesamt immer auf derselben Ebene der Betrachtung: Wir haben einen physischen Zusammenhang vor uns und beobachten, was mit ihm in einer konkreten Situation und in der Interaktion mit anderen Objekten geschieht.
Diesen Sachverhalt muß man sich zunächst deutlich vor Augen führen, ehe man anfängt zu verstehen, auf welcher ganz anderen Ebene die Konzeption der Handlungssysteme einsetzt. Von der konkreten Ebene, auf der Menschen (zwar qualitativ anders aber im Prinzip ganz gleichartig) wie Maschinen betrachtet, nämlich ganz allgemein als »Verhaltenssysteme« rubriziert werden, führt überhaupt kein Weg zu der ganz anderen Ebene, auf der »Handlungssysteme« (die keine *Verhaltenssysteme* sind!) angesiedelt sind. Erklären wir das zunächst:

Betrachten wir für einen Moment nicht Menschen, sondern ganz andere Systeme, die auch ein bestimmtes »Verhalten« an den Tag legen (und daher natürlich auch Verhaltenssysteme sind) – Fernsehgeräte. Ihr Verhalten ist zwar von dem der Menschen verschieden, aber sie lassen sich in derselben Weise analysieren, wie wir dies hier eingeführt haben: Als »Schwarze Kästen« mit Inputs und Outputs, Rezeptoren, Effektoren, Programm- und Speicherteilen usw. Wie käme man nun von der Ebene der Betrachtung dieser Verhaltenssysteme zu Handlungssystemen? Dazu müßte man Vorstellungen über »das soziale und kulturelle Erleben und Handeln« von Fernsehgeräten entwikkeln, Fragen danach stellen können, an welchen Ideen sich Fernsehgeräte orientieren, welche sozialen Regeln sie kennen, welche politischen Zusammenschlüsse sie bevorzugen ... und ähnlichen Blödsinn. Wird der Unterschied zwischen Verhaltenssystemen und Handlungssystemen an diesem absurden Beispiel schon klar?

In einem Satz zusammengefaßt: Handlungssysteme entstehen erst dort, wo Verhaltenssysteme die Freiheit haben, in ihren Verhaltensabläufen einem – allen gemeinsam verfügbaren und gemeinsam aufgebauten sowie gemeinsam wandelbaren – *Programm der Interaktion* zu folgen.
Wir ziehen hier also eine fundamentale Trennungslinie zwischen *Verhaltenssystemen* und *Handlungssystemen.* Verhaltenssysteme sind physische Systeme, konkrete materiell-energetische Elementverbindungen (so wie wir sie zu Anfang anhand der Definition von Hall/Fagen eingeführt haben), die auf ihre Umwelt einwirken und von ihrer Umwelt beeinflußt werden – und bei dieser Interaktion ist immer an *physische Ströme* zu denken, an materiell-energetische Austauschprozesse.
Handlungssysteme dagegen liegen auf einer ganz anderen Ebene. Es sind Systeme, die das »Erleben und Handeln von Menschen« umfassen und aus *»action components«*, aus Handlungskomponenten, aufgebaut sind. Um die richtige Vorstellung des Unterschieds zwischen »Verhaltenssystemen« und »Handlungssystemen« zu gewinnen, haben wir hier den Begriff des »Programms« eingeführt – Programme steuern das Verhalten. Man muß davon ausgehen, daß diese Programme – in Gestalt der empirisch vorfindbaren Verhaltensschemata – schon immer in der Gesellschaft vorhanden sind. Es handelt sich

um Interaktionsschemata, um Organisationsmuster des sozialen, seiner Intention nach auf andere und deren Aktionen bezogenen Verhaltens.
Man könnte eine Parallele zu den Programmen von Maschinen ziehen: Auch hier sind die Programme schon immer da oder schon immer vorgegeben, nämlich (etwa) in Form von *»chips«* (aufgedruckten Schaltungen) oder einer anderen materiellen Form, deren nichtmaterielle Grundlage wiederum eine Folge von semantischen oder algebraischen Symbolen ist. Aber von diesem Punkt ab wird zugleich der Unterschied zu den Handlungssystemen der Menschen klar, die zwar als »Programme« interpretiert werden können, aber doch zugleich viel mehr sind als wir bislang bei der Programmierung von Maschinen realisieren können.
Handlungssysteme sind also Programme einer wesentlich höheren Komplexität als Maschinenprogramme – aber dies liegt vermutlich nur daran, daß bislang die Entwicklung der Maschinen (insbesondere kybernetischer Systeme mit auto-evolutiven Fähigkeiten) nicht soweit fortgeschritten ist, daß sie Handlungsstrukturen ausbilden könnten. Wir müssen daher unsere Aufmerksamkeit allein auf die »Programmierung des Menschen« richten.
Betrachte als Standardbeispiel einer Programmstruktur die Sprache. Sie ist für den einzelnen immer schon gegeben. Seine Aufgabe ist es, sich die Fähigkeit des Umgangs mit Sprache anzueignen. Sie wird dabei zugleich »ein Teil von ihm«, in dem Sinne, wie es das Wort »Muttersprache« ausdrückt: die Art und Weise der Sprachbeherrschung wird ein Teil der Persönlichkeit; der Gebrauch der Sprache formt sowohl die rezeptiven Organe als auch die Sprechorgane so sehr, daß völlig andere Sprachen nicht »richtig« beherrscht werden können – gewisse Laute, Intonationen usw. sind nicht zu produzieren.
Wir können also sagen, daß das Individuum durch lange und spezifische Lernprozesse mit den fundamentalen Eigenschaften der Programme vertraut gemacht, ja – an sie angepaßt wird (so wie man eine Maschine technisch an die physische Bedingung der Programm-*»chips«* anpassen würde). Mit anderen Worten: die Programme haben nicht allein »strukturelle« und damit unkonkrete Eigenschaften (ihre informationellen Aspekte), sondern auch immer physische Konditionen – und hier muß eine Verknüpfung auf der organisch-biologischen Ebene hergestellt werden, die der technischen Anpassung bei Maschinen entspricht.
Die Programme sind Organisationsschemata für Verhalten – Schemata der Organisation des Verhaltens. Sie sind Programme für Interaktion, für soziales Handeln. Ihr erstes Merkmal ist also, daß sie Verhalten unter dem Aspekt der sozialen Reziprozität – der intentionalen Wechselseitigkeit – organisieren. Es sind »sozial-integrative Schemata«.
Zweitens ist notwendig, daß jedes einzelne Individuum als Verhaltenssystem es lernt, mit derartigen Programmen umzugehen, sie für sich in der (Inter)-Aktion zu verwenden. Ein Standardbeispiel wäre die Sprache. Ich will hier jedoch ein anderes Beispiel wählen – Tennis (oder jeden anderen technischen Sport): Man kann nicht, um eine Sportart zu erlernen, nur allgemein in einem Buch darüber lesen, sondern man muß den Körper in einer Serie von Übungen dazu bringen, sich die Technik als körperlichen Bewegungsablauf anzueignen. Alle Aspekte des Programms, die sich darauf beziehen, körperliche Techniken – etwa des Sprechens, des Sports, der Kunst usw. – zu lernen, gehören zu den behavioralen Aspekten von Handlungsprogrammen.
Hier liegt noch immer eine erkennbare Parallelität zu Maschinen und dem Gesichtspunkt der Adaptation. Jedes Maschinensystem muß so ausgelegt sein, daß es effektiv das gewünschte Verhalten erbringen kann, und ebenso müssen Menschen sich effektiv die Techniken aneignen, derer es bedarf, um Verhaltensabläufe ausführen zu können.
Dies führt zu einem dritten Punkt, der tiefer liegt, daß nämlich zunächst eine viel

fundamentalere Voraussetzung zu erfüllen ist: Die Fähigkeit, Programme überhaupt als sinnvolle Organisationsmuster erkennen, auswählen zu können. Hier verhält es sich bei Maschinen anders: Diese sind technisch von Anbeginn so ausgelegt, daß sie die Programmchips aufnehmen und »lesen« können. Menschen sind nicht von der Natur so ausgelegt. Sie müssen in paradigmatischen Zusammenhängen lernen, Programme zu erkennen, zu selektieren und zu übernehmen. »In paradigmatischen Zusammenhängen« bedeutet, daß einerseits konkrete einzelne Verhaltensweisen, konkrete einzelne Abläufe eingeübt werden (wie richtiges Gehen, Sitzen, Essen, Sprechen), daß diese jedoch zugleich einen beispielhaften Charakter haben, universell sind, generalisierbar über die Situation hinaus.

Eigentlich muß man zwei Dinge unterscheiden: einerseits werden Verhaltensweisen so fundamentaler Natur gelernt, daß sie für das ganze Leben gelten. Sie werden gleichsam zu kulturellen Konstruktionsmerkmalen, die nicht variieren, nicht mehr verändert werden, wohl aber von Kultur zu Kultur different sein können. Demgegenüber gibt es noch eine andere Gruppe von Verhaltensweisen, die für sich betrachtet nur beispielhaften Charakter haben; sie sind *»token«* eines Zusammenhanges: Wer Sprache lernt, lernt nie alle Möglichkeiten »auswendig«, sondern das Prinzip. Dieser zweite Punkt verdient unsere Aufmerksamkeit.

Das Entscheidende solcher exemplarischen Muster liegt darin, daß man mit ihnen das Prinzip erfassen, also die Regeln nachvollziehen muß. Die Idee, die vermittelt wird, ist, daß in der Welt um den Lernenden herum alle Zusammenhänge nach irgendwelchen Prinzipien, Regeln, Schemata aufgebaut sind, letztlich – daß man überall auf Systeme trifft. Dies ist ein anthropologisches *»fundamental«*. Das Wichtigste wiederum, was der einzelne über die anderen Aktoren lernen kann, ist, daß in allen ein »inneres Bild« darüber besteht, wie die Welt beschaffen ist. Dieses »innere Bild« bestimmt das Verhalten. Jedes Verhalten muß daher als eine kodierte Botschaft betrachtet werden, die nur dann gelesen werden kann, wenn man selbst den Code besitzt – also das »innere Modell« teilt. Dieses »innere Modell« ist daher die Zentralstruktur im »Operator/Speicher«, mit deren Hilfe Informationen verschlüsselt und entschlüsselt werden.

Nach diesen Vorarbeiten sind wir nun in der Lage, die Eigenschaften der Programme (»Handeln«) genauer zu untersuchen. Der erste, entscheidende Aspekt ist, daß diese Programme nicht willkürliche, isolierte Komplexe sind, sondern große, hochorganisierte und verflochtene Zusammenhänge – also Systeme. Wir haben zunächst physische Verhaltenssysteme – materiell-energetische Zusammenhänge mit zugeordneten informationellen Aspekten – betrachtet, also Zusammenhänge, die »berührbar«, greifbar sind, dann über ihr Verhalten und dessen Schematik gesprochen und machen nun von einem *anderen Systembegriff* Gebrauch. Dieser Punkt hat viel Verwirrung in der Literatur erzeugt, weil diese Systemreferenzen oft durcheinandergehen.

Die Verhaltensschemata, Programme, sind keine konkreten, greifbaren, physischen Zusammenhänge. Es sind kybernetische, strukturelle, gedachte Organisationsmuster. Beispielsweise zieht im Schachspiel die Figur des Pferdes »im Rösselsprung«. Der Sprung eines Pferdes ist ein konkreter, physischer Ablauf, der gefilmt werden, den man sehen, der (im Unglücksfalle) einen Zusammenstoß erzeugen könnte. Er nimmt im vierdimensionalen Raum/Zeit-Kontinuum eine bestimmte, durch Raum/Zeit-Koordinaten bezeichenbare Konstellation ein. Dagegen ist »der Rösselsprung« ein gedachtes Muster, das man als solches nicht empirisch fassen (wohl aber in einem Beispiel zeigen) kann. »Rösselsprung« ist ein normatives Muster, ein Schema der Bewegung, eine Anordnung. In der Hoffnung, daß dies ganz klar ist, formuliere ich nun: Alle Programme des Verhaltens, alle Verhaltensschemata, alle Formen des *Erlebens/Handelns* sind solche »strukturalistischen Muster« ohne empirische, das heißt, raumzeitlich durch Koordination fixierbare Zuordnungen. Aber ebenso, wie sich ein »Rösselsprung« konkret ausführen, also empirisch belegen, läßt, so auch jedes Erleben/Handeln durch ein entsprechendes Verhalten. Beispielsweise ist »Walzer« als Schema ein abstraktes Muster, dagegen die konkrete Ausführung eine empirische Realisation. Darin liegt die empirische Referenz! Dies alles gilt, solange wir auf der Ebene des einzelnen Individuums bleiben. Aber daraus läßt sich keine Systemtheorie großer und komplexer gesellschaftlicher Beziehungen aufbauen, sondern allenfalls eine Theorie des individuellen Verhaltens – und viele »Systemtheorien« sind tatsächlich auf dieser Ebene stehengeblieben. Wir wollen versuchen, die nächste Ebene zu erreichen.

Man kann die Aufgabe, die vor uns liegt, vielleicht an einem Beispiel skizzieren: Betrachten wir eine Gruppe von vier Tennisspielern (ein Doppel). Wir beobachten den Spielablauf, die Bewegungen der Spieler und des Balles sowie die Fülle der sonstigen Ereignisse, die wir auch auf einem Film aufzeichnen könnten. Wir könnten – in einem »primitiven« Sinne – jede Aktion irgendeinem der Spieler »zurechnen«: Diese Bewegung ging von diesem Spieler aus, veranlaßt bei seinem Gegenüber jene Reaktion ... usw. Diese einfache Zurechnung würde jedoch nur eine sehr oberflächliche Erklärung für den Spielablauf darstellen; denn nur gewisse Zurechnungen erklären wirklich etwas: Einige Elemente des Spiels beruhen tatsächlich darauf, daß ein Spieler körperlich/physisch überlegen spielt, weil er gut trainiert hat, eine Begabung für das Spiel besitzt, schnell und in guter Kondition ist usw. Aber andere Elemente sind nicht primär diesem Faktor zuzurechnen, sondern etwa der Zusammensetzung der Spielgruppe: Man spielt mit einem älteren Partner rücksichtsvoller oder, wenn das Doppel »gemischt« (das heißt, der jeweilige Partner eine Dame) ist, höflicher als in einem – in der Regel »härter« spielenden – Herrendoppel. Auch wenn dieser Verschiedenheit teilweise physische Merkmale zugrundeliegen, so sind diese doch ihrem Sinn nach *»sozial«* und müssen daher den sozialen Faktoren zugerechnet werden. Dasselbe gilt für Spiele zwischen Personen, die außerhalb des Feldes einen unterschiedlichen Status haben, der nicht ohne Bedeutung für ihre sonstigen Beziehungen ist. Andere Zurechnungen wiederum sind weder physischer noch sozialer Art, sondern haben mit psychischen Faktoren zu tun: Etwa dort, wo ein sonst sehr guter Spieler einen »schwarzen Tag« hat, weil ihn Ärger oder Sorgen belasten, die nichts mit dem Spiel zu tun haben. Des weiteren gibt es noch Spielzüge, die sich weder den Spielern noch äußeren Bedingungen zurechnen lassen, sondern die »kultureller« Natur sind; das Spiel ist so gemacht. Würde beispielsweise ein Kind fragen: »Warum schlägt der Mann den Ball komisch schräg«, so könnte die Antwort sein: »Aufschläge muß man halt so schlagen« – und diese Antwort bezieht sich auf die Regeln, das heißt auf die kulturellen, so vereinbarten Konstitutionsbedingungen dieses Spiels.
Schließlich gibt es Zurechnungen, die überhaupt nicht mehr auf Elemente des Verhaltens Bezug nehmen, beispielsweise Eigenschaften des Platzes oder des Wetters, die ebenfalls das Spiel, zumindestens den Flug des Balles, beeinflussen können. Und darüber hinaus könnte es, wie manche Spieler gelegentlich zu glauben scheinen, noch »telische« Faktoren geben, die auf dem Eingriff »höherer Mächte« (Dämonen? Götter? anderer Schicksalsmächte?) beruhen und ebenfalls das Spiel beeinflussen, so daß man ihnen gewisse Ereignisse zumeist ungünstiger Art zurechnen muß – ein Phänomen, das nicht auf Tennis beschränkt ist.
Ein weiteres, etwas dramatisches, Beispiel wäre der Krieg. Es ist unmittelbar einsichtig, daß Kriegsereignisse nicht dem individuellen Verhalten zurechenbar sind, auch wenn jedes einzelne Ereignis, für sich betrachtet, immer auf dem konkreten Tun oder Lassen einzelner Menschen beruht. Aber weder der Ausbruch des Krieges noch sein Ablauf noch sein Ende sind einzelnen Personen zuzurechnen – auch wenn die sogenannte »historische Geschichtsschreibung« traditionellerweise den Anteil der »führenden Persönlichkeit« herausstreicht und Geschichte mit ihren tausendfältigen Verknüpfungen unzähliger Aktionen an einzelne »große Namen« binden will; dies ergibt »Heldensagen« aber keine Geschichtsschreibung.

Das Muster dieser Beispiele zeigt, daß durch die soziale Interaktion und Kommunikation – also die Verknüpfung von Handlungselementen über Zeit und Raum hinweg, in denen nicht nur Menschen miteinander verbunden werden, sondern sie zugleich mit den Gegebenheiten der Natur, sowohl der »ursprünglichen« als auch der bearbeiteten, durch das Tätigsein des Menschen um- und umgewälzten, und mit den Bedingungen der vom Menschen produzierten Technik, schließlich aber auch mit den kosmischen Kräften (oder Mächten – falls man solche anerkennen will) verflochten sind – übergreifende Systemzusammenhänge entstehen, die offenbar in sich wiederum vielfältig differenziert und geschichtet sind und die sich als eigenständige Kräfte (oder »bewegende Mächte«) entfalten. Wir haben schon am Anfang deutlich von »Schichten« gesprochen, denen die Systembildungen zuzurechnen sind – einer basalen »konditionalen« Grundschicht der physikalischen (anorganischen) Systeme, darüber einer kybernetisch höheren und evolutionär zugleich unwahrscheinlicheren Schicht organischen Lebens (der »Bio-Sphäre«, der auch der Mensch als Lebewesen zuzurechnen ist) – nunmehr müssen wir eine dritte Schicht von Systemen akzeptieren: die Handlungssysteme, die zwar dem Verhalten von Menschen entspringen, aber – einmal entstanden – eine Kategorie für sich bilden.

3. Funktionsbereiche des Erlebens und Handelns

3.1 Funktion, Teleologie und Sinn-Systeme

Verhalten ist ein konkreter, physischer Ablauf. Man kann ihn empirisch beobachten, filmen und in seinen Bedingungen und Wirkungen untersuchen. Dieses Verhalten wird gesteuert durch Programme – durch Schemata, in denen Menschen ihr Verhalten organisieren. Diese Schemata werden nicht ad hoc zusammengestellt, sondern sie entwickeln sich über lange historische Zeiträume, und sie bilden miteinander verflochtene Zusammenhänge – Systeme. Wir bezeichnen sie als »Systeme des Erlebens und Handelns« oder kurz »Handlungssysteme«.

Diese Systeme sind *keine physischen* Systeme. Denken wir nochmals an das Beispiel »Rösselsprung«. Ein Rösselsprung ist eine gedachte Bewegung auf einem Schachbrett(muster), ein formales Element einer (gedachten oder wirklich ausgeführten) Bewegungsfolge. Diese Bewegung kann man, beispielsweise im Schachspiel mit der entsprechenden Figur, tatsächlich ausführen, aber dies ist dann nur eine konkrete Realisierung des allgemeinen Musters. Dasselbe gilt, um beim Schach zu bleiben, von zahlreichen Eröffnungen oder Endstellungen – zwar lassen sie sich konkret auf einem Brett (nach-)spielen und sind auch aus einer Vielzahl konkreter Spielsituationen erwachsen, aber als Muster davon unabhängig. Sie bilden strukturelle Systeme für sich. Wie man weiß, sind in Schachlehrbüchern stets die Eröffnungen und die Endphasen von Spielen ausführlich bis in letzte Einzelheiten analysiert, für das Mittelspiel dagegen gibt es nur allgemeine Strategien. Dies hängt natürlich mit der übergroßen Komplexität des Spiels zusammen; die Menge der möglichen Züge überstigt nach kurzer Zeit jede Form einer übersichtlichen Darstellung. Und genauso verhält es sich mit den Programmstrukturen des allgemeinen menschlichen Erlebens und Handelns – sie sind zu komplex, um formalisiert zu werden; dies wäre nur in Spezialbereichen möglich. Für solche Spezialbereiche gibt es Beispiele genug – im Bereich der Organisation vor allem, aber auch in Gestalt zahlreicher Sitten, Regeln, Gebräuche, Manieren, Haltungen ... Trotz der prinzipiellen Unüberschaubarkeit und geringen Formalisierbarkeit der Handlungselemente gilt aber, daß all diese Programmstrukturen aus einzelnen Komponenten *(»action-components«)* aufgebaut und zusammengesetzt sind, wie etwa ein Schachspiel – nur eben noch um vieles komplexer! Und der entscheidende Punkt, den wir hier zunächst herausarbeiten wollten, ist: daß es für diese Programmstrukturen, ebenso wenig oder ebensoviel wie beim

Schachspiel, nicht darauf ankommt, daß physisch tatsächlich etwas bewegt wird: Die Programmstrukturen lassen sich analysieren, ohne daß eine konkrete Partie gespielt wird, ohne daß konkrete Verhaltensprozesse ablaufen.

Versuchen wir zu zeigen, in welche Richtung eine solche Analyse von Programmstrukturen geht. Werfen wir noch einen Blick auf das Schachspiel – hier haben wir als Differenzierung die Unterscheidung von Phasen eingeführt. Das bedeutet, daß bestimmte Gruppen von Zügen bestimmte Aufgaben, *Funktionen,* zugewiesen werden. Diesen Gedanken müssen wir auf die allgemeinen Programmstrukturen des Erlebens und Handelns übertragen.

Alles Verhalten dient bestimmten Zielen. Bei vielen Verhaltenssystemen sind diese Ziele, und damit das Verhalten, von vornherein festgelegt – auf der Ebene »lebender Systeme« beispielsweise durch biologische Mechanismen. Aber schon bei vielen höheren Lebensformen gibt es zunehmend »freie« Bereiche, in denen die Verhaltensmöglichkeiten variierbar und in Grenzen frei wählbar sind, und beim Menschen schließlich muß der Satz, daß die Ziele und damit das Verhalten festgelegt seien, im Sinne einer anthropologischen Bestimmung umgekehrt werden: Der Mensch ist das *nicht* festgelegten Wesen. Damit wird es offenbar auch schwierig, von »Funktionen« zu sprechen, die das Verhalten erfüllen soll ... es sei denn, man denkt sich solche Funktionen ad hoc aus. Aber so sollte offenbar eine Theorie nicht vorgehen. Wir müssen also zunächst einige Aufmerksamkeit auf den Begriff der »Funktion« wenden.

Der Begriff der »Funktion« und das Denken in Funktionen haben eine Reihe von Ursprüngen – in der Philosophie, in der Mathematik, in der Ökonomie, in der Biologie, in der Physiologie, in den Sprachwissenschaften ... Auch die Soziologie hat seit Durkheim in erheblichem Maße von diesem Begriff Gebrauch gemacht. Ausführliche logische Untersuchungen (Hempel, Nagel, Rudner, Stegmüller) haben inzwischen zu der Auffassung geführt, daß es sich bei »Funktions-Analyse« in der Regel um die Analyse von »Leistungen« (Outputs) bestimmter Systemkomponenten im Rahmen der Gesamtprozesse des Bezugssystems handelt. Dabei sind diese funktionalen Leistungen oder funktionalen Beiträge (kurz: Funktionen) notwendig, damit das System insgesamt gemäß seinem natürlichen oder technischen oder sonstwie bestimmten Bauplan arbeiten kann. Es gibt eine Reihe von biologischen und technischen Systemen, auf die eine solche Konzeption glatt und problemlos paßt; in anderen Fällen entstehen jedoch Probleme. Um ein Beispiel zu geben: Es ist problemlos, von der Funktion des Magens zu sprechen, aber es ist problematisch »die Funktion der Religion« zu thematisieren ...

Diese Schwierigkeiten sind darin begründet, daß die Systeme, deren Funktionsabläufe analysiert werden sollen, auf verschiedenen Schichten liegen können. Funktionsanalysen eignen sich hervorragend für physische Systeme der ersten und zweiten Schicht, ab der dritten Schicht, auf der keine physischen, sondern strukturalistische Systeme vorkommen, treten jedoch Probleme auf – und zwar deswegen, weil diese Systeme eine *teleologische* Struktur aufweisen.

Die Besonderheiten teleologischer Strukturen wurden schon früher in diesem Buch angedeutet. An dieser früheren Stelle haben wir gesagt, daß die teleologischen *Erklärungen* sich von anderen wissenschaftlichen Systematisierungen mit einer nicht-teleologischen Struktur darin unterscheiden, daß in ihnen Absichten, Motive, Zielsetzungen bewußt handelnder Wesen (der Menschen) vorkommen. Diesen Gedanken müssen wir hier nochmals aufnehmen und verallgemeinern: Das Kennzeichen aller teleologischen Strukturen ist, daß als zentraler »Bewegungsgrund« aller beobachteten oder vermuteten Ereignisse in einem solchen System *sinnhafte,* von einem *Bewußtsein* überwachte, *Motive* (Absichten, Hoffnungen, Motive, Wünsche, Ziele usw.) vorliegen.

Teleologische Systeme sind also *Sinn-Systeme,* nämlich Systeme, deren Komponenten für irgendwelche, aber natürlich empirisch nachzuweisende, Akteure eine bestimmte *Bedeutung* haben, die auf einer *verstehenden Interpretation,* also der Entschlüsselung von kodierten Sinnelementen, beruht. Solche Sinn-Systeme (das heißt, Systeme aus Komponenten, denen eine bestimmte Bedeutung zugrundeliegt, die entschlüsselt werden muß) haben bestimmte Eigenschaften, die sie von den Systemen der ersten und zweiten Schicht deutlich unterscheiden. Beispielsweise sind Sinnsysteme ihrem Umfang nach nicht abgeschlossen und nicht bestimmt, sondern »schwimmen« sozusagen auf einem Horizont, aus dem sie beliebig mehr an Bedeutung übernehmen oder an den sie Bedeutungen abgeben können. Der Prozeß der wissenschaftlichen Rekonstruktion derartiger Systeme hat daher keine verläßlichen Anhaltspunkte, sondern erweist sich selbst, während er »Re-Konstruktion« sein will, die beobachtend schon abgelaufene oder vor ihrem Beobachtungsschirm ablaufende Prozesse systematisieren will, als neuerlich stattfindende »Konstruktion«, die »immer jetzt« abläuft, also sozusagen auf der Welle reitet, deren Verlauf gezeichnet werden soll. Die Verflochtenheit der sozialen Forschung mit der von ihr erforschten Praxis ist schon oft genug thematisiert worden; man muß sich hier nur in's Gedächtnis und klar vor Augen bringen, welche Bedeutung dies für das vorliegende Problem gesellschaftlicher Funktionsanalysen hat: Es schließt aus, irgendwelche Funktionen *ihrer Bedeutung nach inhaltlich* festzulegen.

Um es nochmals zu erklären: Sinnsysteme könnte man sich in einem Bild vorstellen wie eine Menge von Wolken, deren Formen und Umrisse wechseln: So verfließen auch die Bedeutungen der Handlungskomponenten allmählich gegeneinander und gegenüber dem Gesamthorizont. Es hat keinen Zweck, darin »einzelne Systeme« oder Teilsysteme über lange Zeiträume hinweg »wissenschaftlich festhalten« zu wollen; was man damit festhielte, wären nur Namen von historischen Gegebenheiten, die inzwischen andere geworden sind. Man muß den Prozeß des Wandels selbst aufzeichnen; nicht die einzelnen Wolken, sondern den Prozeß der Bildung von Wolkenschichten, ihre Umbildung und Auflösung. Dazu bedarf es einer abstrakteren Begriffsbildung, die sich nicht an den konkreten Inhalten und Bedeutungen festhält, sondern von formalen Kriterien Gebrauch macht.

Parsons hat diesem Problem folgende Lösung gegeben: Er hat zunächst den empirischen Prozeß der Bildung von Systemen aus den Handlungskomponenten so geordnet, daß sich die Systembildung vier Funktionszusammenhängen zuordnen lassen: (1) dem System des *physischen Verhaltens* als konditionaler Grundschicht; (2) dem System der *Persönlichkeit,* gebildet aus den individuell erlernten und verinnerlichten Komponenten; (3) dem *Sozialsystem* als dem »Feld« wechselseitiger Interaktion und Kommunikation, und schließlich (4) dem *Kultursystem* als dem Bereich der strukturellen Musterbildungen (ein Beispiel folgt). Im zweiten Schritt hat Parsons dann diese Systematisierung der empirischen Prozesse (darum handelt es im Kern) noch einmal reflexiv überarbeitet und die Systembildung selbst auf ihre Funktion hin überprüft. Das Ergebnis ist ein Schema von vier Funktionstypen, das dazu dient, sämtliche (überhaupt nur denkbaren, logisch konstruierbaren) Systembildungen zu erzeugen – also ein *generatives Schema* mit einer rein *methodologischen Bedeutung.* Es soll nun eine genauere Erläuterung folgen, wie dies im einzelnen zu verstehen ist.

3.2 Behaviorale Systeme

Wie zuvor angedeutet, hat Parsons das Problem, die Bildung von Systemen bestimmten Funktionskreisen zuzuordnen, in zwei Schritten gelöst: einem ersten, in dem er dem empirischen Prozeß der Systembildung aus Handlungskomponenten in vier Bezügen ordnete, und einem zweiten, in dem er dann reflexiv nach der Funktion solcher Strukturbildungen fragte. Wir beginnen mit der Rekonstruktion des ersten Schrittes anhand eines Beispiels.

Als Beispiel könnten beliebige Zusammenhänge dienen, etwa das schon früher benutzte »Tennis-Doppel«. Hier soll jedoch ein neues Beispiel eingeführt werden. Wir geben ihm den allgemeinen und unverdächtigen Namen »Vollzug der Ehe«. Dieses Handlungsschema kann (und soll auch hier) mehrere Bedeutunge haben – die Zeremonie vor dem Standesbeamten oder Pfarrer ebenso wie die körperlichen Aktivitäten im Ehebett. Beginnen wir damit: Zum Vollzug der Ehe gehören offenbar bestimmte körperliche Abläufe, die von den Beteiligten beherrscht werden müssen. Zwar funktioniert in einer biologisch so wichtigen Angelegenheit ein großer Teil der notwendigen organischen Abläufe auf einer rein physiologischen Basis, die in einer bestimmten Altersperiode nur ganz minimaler Außenreize bedarf, um alles Weitere in Gang zu setzen (mitunter bedarf es nicht einmal dieser äußeren Reize, sondern die reifen Organe stimulieren sozusagen aus sich selbst heraus [autokatalytisch] die biologisch erforderlichen Verhaltensmuster), dennoch reicht dies für sich allein genommen nicht aus, um zwei »Verhaltenssysteme« in den Kontakt zu bringen, der hier gemeint ist – etwas bleibt bewußt absichtsvoll und gezielt zu tun – und dies bereitet, wie man weiß, oft ganz erhebliche Probleme. Sie müssen gelöst werden. Schemata, die eine solche Lösung bereitstellen, gehören ihrem funktionellen Stellenwert (ihrer Funktion nach) einem ersten, von Parsons als »behaviorales System« bezeichneten Funktionskreis zu.

Wir führen hier gleich weitere Fälle »behavioraler Systembildung« an: beispielsweise die Technik des Essens/Trinkens oder ihres Gegenteils, des Fastens; auch diese Techniken müssen, wie man insbesondere als Elternteil von Kleinkindern gut weiß, gelernt werden. Damit sind natürlich nicht die kulturellen Überformungen gemeint – etwa die Regel, Kartoffeln nicht mit dem Messer zu schneiden, was bestimmte historische (technisch/chemische) Ursprünge hatte, oder die Regel, aus welchen Gläsern man welche Weine trinkt ... Alle Körperbewegungen müssen gelernt werden: »Gehen« beispielsweise sowie erst recht alle Techniken der in ihrer Schnelligkeit oder Sportlichkeit gesteigerten Bewegungen (Sprint, Dauerlauf, Hindernislauf usw.), ebenso beispielsweise Klavierspielen, Schreibmaschine-Tippen, Morsen ..., generell also sämtliche Abläufe, bei denen es auf die Beherrschung des Körpers als Werkzeug ankommt.

Ein bestimmtes Schema des Erlebens/Handelns, das ein einzelner in einer konkreten Situation auswählt, kann also seinem Sinn nach zunächst einmal die Funktion haben, das Verhalten – und das heißt: die eigenen körperlichen Aktivitäten, einschließlich der Atmung, des Herzrhythmus, des Pulsierens des Sonnengeflechts, der enzephalischen Aktivitäten, der Mobilisierung der Erinnerung usw. – so zu steuern, daß es zu einer möglichst optimalen Ausnutzung der situativen Möglichkeiten kommt.

Es handelt sich also um Schemata, die eine *Kontrollfunktion* für das Verhalten übernehmen. Es werden organische Abläufe, Bewegungen von Gliedmaßen (aber auch »tiefere« physiologische Abläufe, Drüsensekretionen, neuronale Verknüpfungen, Gehirnaktivitäten usw.) gesteuert, indem ein bestimmter Ablauf, der normativ vor Augen steht, dem Bewußtsein daher sollgültig vorschwebt, immer wieder eingeübt wird. Diese Schemata sind normative Strukturen, Programme, die dazu dienen, dem – an sich unbestimmten, weil organisch nicht hinreichend determinierten – Verhaltensablauf eine bestimmte Gestalt aufzuprägen, ihn zu steuern. Dieses kybernetische Steuerungssystem, das dem physischen Verhaltensablauf durch Übungsprozesse aufgeprägt und dadurch strukturell mit ihm verschmolzen wird, hat Parsons mit dem Begriff »behaviorales System« bezeichnet. In der Anfangsphase der Theorieentwicklung verwendete er zunächst den Ausdruck *»behavioral organism«*, aber diese Formulierung ließ allzu leicht das Mißverständnis

entstehen, es handele sich um den *physischen* Organismus, den Körper. Das ist jedoch ausdrücklich *nicht* gemeint, denn der physische Organismus gehört, wie mehrfach betont, der zweiten Ebene (Biosphäre) an, während es bei dem »behavioralen System« um das *kybernetische Steuerungssystem*, also ein Handlungssystem, geht. (Aus diesem Grunde verbietet sich natürlich auch die sprachlich zwar naheliegende, aber theoretisch eben falsche Übersetzung von *»behavioral systems«* als »Verhaltenssysteme«, die Habermas (1981: 40) vornimmt – Verhaltenssysteme sind sie eben gerade nicht!
Der Begriff der »behavioralen Systeme« bringt zum Ausdruck, daß die Steuerung menschlichen Verhaltens unter dem funktionalen Aspekt der Kontrolle der körperlichen Fähigkeiten erfolgen kann und erfolgen muß – wobei zugleich einschränkend hinzuzusetzen ist, daß dieser *erste* Aspekt *nur einen* von insgesamt vier möglichen weiteren Funktionsaspekten darstellt. Damit ist gemeint, daß dieser Aspekt funktional dominant, beherrschend, aber durchaus nicht alleinstehend, sondern nur eben anderen Aspekten übergeordnet, in den Vordergrund rücken kann, wenn und soweit diese Art der Systembildung ihrem Sinn nach die funktional primäre Kontrolle über das Verhalten gewinnt. Alle Systembildungen des Erlebens und Handelns, die unter diesem Sinnaspekt zustandekommen, wie etwa beim Sport, bei dem Erlernen einer Sprache, dem Training der Gedächtnisleistungen, dem Erlernen des Kopfrechnens oder, um ein letztes Beispiel heranzuziehen, beim körperlichen Vollzug des Geschlechtsaktes, soweit dieser, wie dies in der Regel zu sein pflegt, um seiner immanenten Lust willen vorgenommen und nicht anderen, etwa kommerziellen oder religiösen oder sonstigen Motiven untergeordnet wird, bezeichnen wir mithin als »behaviorale Systeme«. Diese bilden funktional ausgegliederte, das heißt »differenzierte«, Subsystemzusammenhänge im Rahmen der übergeordneten Gesamtzusammenhänge des Erlebens und Handelns.
Man erkennt aus diesen Beispielen vermutlich bereits hinreichend klar, daß es sich bei diesem Funktionskreis darum handelt, eine »Angleichung« zwischen dem erlebenden/handelnden Menschen und seiner Situation herzustellen – eine Angleichung in beide Richtungen, bei denen sich der Mensch der Umwelt einerseits »anpaßt«, andererseits die Objekte dieser Umwelt »manipuliert«. Dabei muß man sehen, wie die »Umwelt« bis in den Menschen selbst hineinreicht. Der menschliche Körper ist *(von der Ebene der Handlungswelt aus betrachtet)* ein Teil der »materiell-energetischen Konditionen« des Erlebens/Handelns, er ist Bedingung und Voraussetzung dafür, daß wir die Welt erleben und in sie hinein handelnd wirken können – aber der menschliche Körper selbst ist *nicht* Element dieser (dritten) Systemschicht, sondern gehört der Biosphäre, also einer kybernetisch »niedrigeren« Schicht an.
Als Beispiele für den »behavioralen Funktionskreis« fallen verständlicherweise als erstes Bewegungen der Hände, Körperbewegungen im Raum und dergleichen mehr ein. Aber die Bedeutung dieser Funktion reicht viel tiefer: Alle Wahrnehmungsprozesse liegen auf dieser Ebene, die Steuerung der bewußten Hirnfunktionen, die Organisation der Perzeption, die Akkomodierung aller Sinneswahrnehmungen, die Steuerung der cerebralen Speicherkapazitäten, die Koordinierung der Hand-/Augenmotorik usw. Es könnte scheinen, als erschöpfe sich diese Funktion bei einer solchen Explikation auf der individuellen Ebene, also auf der Ebene einer Erklärung der Steuerung der Verhaltensabläufe im einzelnen Menschen. Dies wäre jedoch falsch. *Alle* Schemata des Erlebens und Handelns beziehen sich auf Menschen, auf Individuen – denn *nur diese* können erleben und handeln; nichts und niemand sonst auf der Welt*, aber dieses menschliche Verhalten

* Man trifft, auch bei so prominenten Autoren wie Luhmann und Parsons, gelegentlich auf Formulierungen, die diese Fähigkeit des »Erlebens und Handelns« auch »Systemen« zuschreiben. Solche Formulierungen entspringen Augenblicken intellektueller Schwäche. Das, was in

ist immer zugleich soziokultureller Natur: gemeinschaftliches, seinem Sinn nach an anderen orientiertes Verhalten. Der Begriff des »Sinns« kann überhaupt nicht anders expliziert werden als durch den Verweis auf Partner des Erlebens und Handelns. Behaviorale Systeme entstehen also aus Schemata, die nicht nur individuelles Verhalten steuern, sondern individuelles Verhalten, das sich in der Gemeinschaft mit andern vollzieht, das also zugleich sinnhaftes, das heißt soziales Verhalten ist. Entscheidend aber ist, daß dabei *adaptative Probleme* im Vordergrund stehen, die nur durch konkrete physische Abläufe, den Einsatz der körperlichen Kapazitäten, gelöst werden können. Diese adaptativen Prozesse können auf ganz unterschiedliche konkrete Aufgaben bezogen sein: die gemeinschaftlich organisierte »Erkenntnis« ebenso wie auf die Bewältigung agrarischer oder technologischer Probleme. Sie beginnen jedenfalls unmittelbar bei allen Aktivitäten, die auf den Körper selbst gerichtet sind: Medizin, Beschwörung von Kräften (oder Geistern) im Menschen, Training der körperlichen Fähigkeiten vom Moment der Geburt an, bei der individuellen Ausformung aller biologischen Antriebe, der Steigerung aller Sinnesleistungen und der Gehirnkapazitäten mit der Fortsetzung, die diese Leistungen durch den Einsatz von Werkzeugen erfahren (Steigerung von mechanischen Leistungen, die auf einem Mehr an Kraft beruhen, aber auch von Sinnesleistungen wie Optik, Akustik usw., vgl. Gehlen 1961: 93ff.). Diese Steigerungen sind natürlich nicht nur an individuelle Leistungen (Erfindungen) gebunden, sondern an kollektive, gemeinsame Arbeit und an die Entstehung entsprechender sozialer Strukturen – Agrarsysteme, Industriesysteme, Ökonomie/Technologie usw.

Behaviorale Systeme beginnen also im menschlichen Körper (ohne selbst etwas »Körperliches« zu sein oder körperliche Merkmale aufzuweisen, sondern sie bleiben normative Schemata, deren Wirkung in der kybernetischen Kontrolle physischer Abläufe liegt) und weiten sich dann aus bis zu den umfassenden ökonomisch-technologischen Zusammenhängen, die den gesamten Erdball umspannen – ja, bis in den Kosmos reichen (Satellitensysteme, Radiosignal und ähnliches). Das Training, beispielsweise, das Astronauten absolvieren müssen, basiert (und richtet sich überwiegend) auf Kontrolle über physiologische Prozesse und körperliche (sowie geistige, das heißt cerebrale) Leistungen unter Weltraumbedingungen; aber auch die gesamte Technologie der Raumfahrt gehört ebenfalls, als System der Steigerung körperlicher Leistungen interpretiert, zu diesem Komplex.

Handlungssysteme sind *offene* Systeme. Erklären wir kurz diesen Begriff: Ein Haus ist ein offenes System, weil man seine Türen und Fenster öffnen kann; gelegentlich ist auch das Dach undicht. Ein funktionierendes Radio ist ebenfalls ein offenes System. Ein Mensch ist ein offenes System. Allgemein gefaßt, heißen Systeme deswegen »offen«, weil sie aus ihrer Umwelt materiell-energetische oder informationelle *»inputs«* aufnehmen und *»outputs«* an sie abgeben. Man kann als theoretischen Grenzfall den Begriff eines

---

ihnen behauptet wird, *ist nicht möglich*. Dies darf vom Leser wiederum nicht damit verwechselt werden, *welche Zurechnungen* vorgenommen werden; vgl. das frühere Tennis-Beispiel. Wir können gewisse Elemente von Ereignissen, die wir beobachten (wie beispielsweise die Aktionen eines Tennisspiels), verschiedenen Systemen zurechnen: manche dem Wetter (»Wind verbläst den Ball«), manche dem Platz (»Ball sprang von der Linie weg«), manche den körperlichen Fähigkeiten eines Spielers, das heißt seinem »behavioralen System« (»... ist in hervorragender körperlicher Verfassung« oder auch »durch eine Zerrung behindert«), manche der psychischen Lage (»hat heute keine Motivation« oder schlichter: »keine Lust«), manche den sozialen Konditionen (»... nicht mit der eigenen Frau zusammen ein Doppel spielen – geht immer schief«), manche den kulturellen Regeln (»wer in Verfolgung eines Balles das Netz berührt, verliert den Punkt«) und schließlich manche den telischen Kräften (»das Schicksal war gegen uns!«) – aber all diese Zurechnungen dürfen nicht von der elementaren Einsicht ablenken, daß Systeme (auch wenn sie *»Handlungs*systeme« heißen) nicht »handeln« – *non possunt.*

»geschlossenen Systems« konstruieren, aber von diesem System würden wir praktisch nichts wissen – oder anders: wir könnten niemals nachweisen, daß empirisch ein solches System vorliegt. Ein faszinierendes, freilich nur erdachtes, geschlossenes System präsentiert Stanislaw Lem unter dem Titel »Tagebuch« (vgl. Lem 1981: 65–86). Die Vorstellung des gesamten Kosmos als einem geschlossenen System diskutiert Asimov (1982: 208–214) – freilich rein spekulativ, aber anregend.
Da Systeme allerdings Konstruktionen des menschlichen Verstandes sind, könnten wir uns stets entschließen, nur bestimmte Klassen von *»inputs«* und *»outputs«* zuzulassen, (beziehungsweise in der Theorie zu berücksichtigen), so daß ein System entsprechend bezüglich einer so definierten Klasse von Ereignissen »offen« und hinsichtlicher aller anderen »geschlossen« heißt. Allgemein heißt »offen« jedoch nur, daß Umwelt und System sich »durchdringen«, so daß wir also Elemente der Umwelt im System wiederfinden (so wie beispielsweise Staub oder Luft, sofern man nicht besondere Vorkehrungen trifft, überall eindringen). Es muß jedoch eine Grenzzone geben, an der sich »System« und »Umwelt« – oder das, was System ist, und das, was nicht *»dieses«* System ist (sondern schon ein anderes) – voneinander scheiden. Eine solche Grenze bilden die behavioralen Systeme – die Grenzzone der Handlungssysteme gegenüber der kybernetisch niedrigeren Schicht der konditionalen physischen Bedingungen des Verhaltensorganismus.
Betrachten wir noch einmal unser früheres Beispiel – der Vollzug der Ehe als Erlebens- und Handlungsschema ist an dieser Grenzzone an das Funktionieren behavioraler Schemata als steuernde Muster für die körperlichen Aktivitäten geknüpft; hier müssen sich zwei Systembereiche durchdringen; nämlich das organische System der zweiten Schicht und das behaviorale System der dritten Schicht. Luhmann hat, in Übernahme des von Parsons eingeführten Begriffs, hierfür den Terminus »Interpenetration« vorgeschlagen. Interpenetration würde, in dieser Fassung, kennzeichnen, wie sich Systeme an ihren Grenzzonen durchdringen und wie sich dabei die systemüberschreitenden Quanten ineinander umsetzen, etwa bestimmte physiologische Reize (zweite Schicht) in Erlebens- und Handlungsqualitäten (dritte Schicht) und umgekehrt Erlebnis- und Handlungsinhalte in biochemische (neuronale) Reize usw. Dies scheint als Forschungsprogramm vielversprechend und es knüpft (was von der früheren Deutung, die Luhmann Parsons geben wollte, noch nicht zutraf) an Parsons' – zunächst nur auf Handlungssysteme bezogenes – Konzept von »Interpenetration« in optimaler Weise an (vgl. Jensen 1981).

3.3 Psychische Systeme

Bislang haben wir nur von den Handlungssystemen insgesamt gesprochen sowie von einem ersten ausdifferenzierten Funktionsbereich – den behavioralen Systemen, die eine Substruktur des Gesamtzusammenhanges bilden oder, um es ganz simpel zu formulieren, ein Stück aus der gesamten Torte; wir werden »die Torte« nun noch weiter anschneiden. Behaviorale Systeme sind aus Handlungskomponenten aufgebaut, die sich einem ersten, dem adaptativen, Funktionskreis zurechnen lassen. Der zweite von Parsons identifizierte Bereich ist der Bereich der psychischen Funktionen. Hierbei geht es um die seelischen Antriebskräfte, die Motiv-Dynamik, die durch entsprechende Schemata entweder angeregt und freigesetzt oder unterdrückt wird. Allgemein gefaßt, bedeutet dies, daß Verhaltensabläufe nicht nur durch äußere Ursachen (»Reize«) stimuliert werden, sondern auch körperinnere Ursachen (Motivation) haben können (Bösel 1981: 153).
Derartige »spontane« Verhaltensweisen müssen, um als Bewegungen empirisch wirksam zu werden, eine zugrundeliegende Energie- oder Antriebsquelle im Organismus besit-

zen. Der Organismus ist die Quelle eines kontinuierlichen, spannungserzeugenden Energieflusses. Soweit diese Energie aufgrund von genetisch fixierten Antrieben, die in allen Gattungswesen wirksam sind, in Verhalten umgesetzt wird, sprechen wir von (biologischen) Antrieben (Trieb, *drive*), die auf einer hierarchischen Organisation von Energiereservoirs aufbauen. Diese Energiereservoirs können nun auch bewußt oder unbewußt – das heißt: durch bewußt für ein Ziel eingesetzte Anstrengung oder schlicht »triebhaft« vom Organismus selbst – »spontan« angezapft werden, um Abläufe in Gang zu setzen, die von dem Lebewesen angestrebt werden; entweder, um bestimmte Zustände zu erreichen oder um sie zu vermeiden. Soweit solche Verhaltensweisen genetisch bedingt sind, handelt es sich um Triebe. Sie können jedoch auch das Ergebnis von individuellen Lernprozessen sein, die im Zusammenhang mit der affektiven Stimmungslage, welche mit einem bestimmten Verhalten und ihren Ergebnissen in einer Folge konkreter Situationen verbunden sind, durchlaufen wurden. Es sind also im wesentlichen die Gefühlslagen (Emotionen), durch die eine steuernde Wirkung bei den Lernprozessen und dem Einsatz erlernter Verhaltensweisen (Selektion) ausgeübt wird. Dazu muß man sich nochmals vergegenwärtigen, wie im menschlichen Organismus eine Hierarchie autonomer Regulationen angelegt ist:

»Diese baut sich anatomisch vom Rückenmark über den unteren und oberen Hirnstamm, sowie über den Hypothalamus zum limbischen System und zum Frontalkortex auf. Als oberste Instanz dieser zentralnervösen Hierarchie wurde ... die Großhirnrinde genannt ... Wenn Prozesse von den subkortikalen Strukturen erst einmal in Gang gesetzt worden sind, so wird dadurch der Kortex bereits in gewisser Weise festgelegt; seine ›Handlungsfreiheit‹ wird durch vorangegangene Entscheidungen mitunter erheblich eingeschränkt. Freilich wird dadurch das Bild der absoluten Hierarchie zerstört. Der Kortex ist auch nur ein Funktionsglied in einem Wirkungsgefüge, dessen Tätigkeit von den Aktivitäten der übrigen Funktionsglieder abhängt ... Im Rahmen des physiologischen Interesses zeichnen den Kortex dennoch zwei Eigenschaften aus: Kortikale Strukturen sind lernfähig, das heißt, sie setzen sich am intensivsten mit Umweltinformationen auseinander, und kortikale Prozesse können potentiell Gegenstand des eigenen Erlebens werden, d. h. sie bilden die physiologische Grundlage für das Bewußtsein« (Bösel 1981: 196).

Als zentrale »Sekretariatseinrichtung«, also sozusagen als »Vorzimmer« des Gehirns (dorthin führen fast alle Nervenfasern, die den Kortex afferent versorgen, sie kommen alle aus dem dorsalen Zwischenhirn) wirkt der Thalamus. Dieses Systemteil dürfte sich im wesentlichen als ein *Selektionsfilter* darstellen, in dem die afferenten, dem Kortex zugeleiteten Erregungen und Informationen bereits in Abhängigkeit von der Gefühlslage »geladen« sind. Die Informationsverarbeitung selbst erfolgt erst im Kortex.
Es scheint also die Gehirnrinde als die oberste Steuerungszentrale zu fungieren, aber im Zusammenwirken mit den (oder auf dem Hintergrund der) aus dem Thalamus übermittelten Informationen. Dieses Steuerungszentrum wird in Lernprozessen aufgebaut. Dabei werden die organischen Triebe durch motivationale Schemata kontrolliert. Dies geschieht durch *psycho-selektive* Mechanismen, die sich auf *Bedürfnisse* beziehen, welche in dem Lebensablauf herausgebildet (und umgebildet) werden. Alle Energie kommt – als Antriebsenergie – aus dem Organismus, diese Energiezentren werden aber durch das spontane Handeln in einer bestimmten Weise »angezapft«, nämlich so, wie es den allmählich entstehenden Bedürfnissen entspricht. »*... behavior comes increasingly under the control of systematically organized learned processes ... Learned behavior is the focus of what we mean by psychological systems«*, (Parsons 1959: 616).
Während der Begriff der »organisch-biologischen Ebene« (Organismus, Körper, Physis) den Leser nicht vor Schwierigkeiten stellt, scheint mit der Einführung eines »nichtkörperlichen Wirkungszusammenhanges« (Psyche, Seele) im »Wesen« des Menschen eine gewisse Unsicherheit einzutreten. Man muß sich jedoch deutlich vor Augen führen,

daß auch diese »nichtkörperlichen Wirkungszusammenhänge« eine direkte organische Verankerung haben: Alle konkreten Verhaltensabläufe im Menschen weisen neben der *physischen* Referenz eine *psychische* Referenz auf, nämlich den Bezug auf eine bestimmte Dynamik der Organisation der Verhaltenskomponenten. Die Persönlichkeit muß verstanden werden als ein »dynamisches Organisationsschema« für die Steuerung des individuellen Verhaltens. Es unterwirft die biologischen Antriebsenergien bestimmten über Lernprozesse aufgebauten Kontrollmechanismen, die sich als Selektionen (Unterdrückung und/oder Verstärkung) von bio-energetischen Antrieben auswirken. Was wir als »Persönlichkeit« bezeichnen, ist ein funktionaler Selektionsapparat, ein Filtersystem, das nicht »physisch sichtbar«, also von einer konkret-berührbaren Beschaffenheit materieller Natur ist, sondern als »Muster« wirkt. Diese Persönlichkeit ist eine »organisierende Kraft«, ein dynamisches Feldphänomen, ständig über die Selektionen (Auswahlen, Verstärkungen, Unterdrückungen usw.) wirksam, die in Verhalten umgesetzt werden. Die Persönlichkeit (man könnte sie in einem geradezu schrecklich vereinfachten Bild als einen »Lokführer auf seiner Lokomotive« betrachten) ist ein Selektor, der körperliche Antriebe freigeben oder hemmen muß (den Fluß von energetischen Strömen im Körper oder anders: den Zugriff auf die Energiereservoirs, von der Ebene neuraler Ströme bis hin zur Mobilisierung der gesamtkörperlichen Abläufe). Die Persönlichkeit ist also die zentrale psychische Steuerungsinstanz in der menschlichen Leib-Seel-Gesamtheit.

Schemata, die sich auf die Ausprägung und Ausformung solcher Steuerungsvorgänge im Individuum beziehen, haben wir in einer früheren Formulierung, die im Zusammenhang mit der Theorie der »Systeme mit zielgerichteter Organisation« eingeführt wurde, als »ZO-Systeme« mit der Funktion der »Zielorganisation« bezeichnet. Derartige ZO-Schemata werden in Lernprozessen von Individuen »verinnerlicht« und damit zu integralen Bestandteilen der Persönlichkeit. Die Wirkung solcher Schemata ist jedoch nicht auf das Individuum und den Aufbau seiner Persönlichkeit beschränkt; sie ist nicht etwa rein »intra-psychisch«. Wie alle Schemata des Erlebens und Handelns kommen sie in der gesellschaftlichen Interaktion zustande. Sie steuern, wie man in der Gesellschaft seine Bedürfnisse, Triebe, Ziele usw. – allgemein: seine Motivlage – ausdrückt und in Handeln umsetzt (und welche Formen nicht zugelassen sind … etwa sexueller Sadismus usw.). Zunächst ist davon auszugehen, daß die Motivdynamik, wie alle das Verhalten bestimmenden Kräfte, aus der Interaktion mit der natürlichen Umwelt entspringt und folglich basale Überlebensprobleme (Kampf gegen Hunger/Durst, gegen Feinde, Sorge für Fortpflanzung usw.) zum Inhalt hat. Diese Funktionen sind in ihrer undifferenzierten Form noch ganz untrennbar von der adaptativen Anpassung an die Umwelt. Damit verwoben und sich erst allmählich herausdifferenzierend ist das Problem der Persönlichkeit: Hier liegen die Antriebskräfte, Motive, Spannungselemente usw. – die letztlich nur so konzipiert werden können, daß man von einem Spannungsverhältnis aus diffusen, zunächst in biologischen Instinkten verankerten Antrieben und den situativen Möglichkeiten ihrer Erfüllung ausgeht, aus denen die Wirkungskräfte auf das Verhalten resultieren. Freigesetzt wird dadurch die *Motivations*-Energie, während sich auf der biologischen Ebene diese Antriebskräfte dann in materiell-energetische Prozesse umsetzen. Die Basis in der Persönlichkeit bilden »Bedürfnis-Dispositionen«, die in Lernprozessen in der Interaktion mit der Umwelt aufgebaut und in spezifischer Weise konkretisiert werden.

Jedes Handlungsschema als sozialer Entwurf muß diesen Bedürfnissen der Persönlichkeit Rechnung tragen. Das Ziel jeder motivational gesteuerten Aktion ist die Maximierung einer Beziehung zwischen der Umwelt und dem Organismus (Gratifikation) beziehungsweise die Minimierung von Versagung (Frustration). Bedürfnis-Dispositionen

sind allgemein biologisch angelegt, werden aber als konkrete, gesellschaftlich umschriebene Wünsche gelernt und zugleich auf die möglichen Wege ihrer Erfüllung verwiesen. Die sozialen Handlungsschemata, die das Erleben und Handeln in Hinblick auf die Funktion der Organisation von Verhaltenszielen und Wegen ihrer Durchsetzung steuern, kontrollieren also das Problem der Gratifikationsmaximierung und Frustrationsminimierung angesichts der eingespielten, sozial kontingenten Bedürfnisdispositionen.
Dabei muß man sich klar vor Augen führen, daß darin immer eine basale organische Komponente enthalten ist: Alle Gratifikationen sind immer nur über den Organismus zugänglich, allenfalls mit der Randmöglichkeit der rein »geistigen« Befriedigung und völligen Lösung von der Welt, wie sie das Asketentum und der Weltverzicht etwa des Bhuddismus anstrebt (vgl. Kapleau 1969: 99 über »Ziele des Zen«). Das bedeutet, daß alle körperlichen Vollzüge, jede Tätigkeit des Organismus, jede körperliche Berührung mit der Umwelt, mit psychischen Aspekten verwoben ist und über motivationale Steuerungen der Kontrolle zugänglich wird. Überall dort, wo diese Funktion: eine Kontrolle über das Verhalten mittels Steuerungsmechanismen zu gewinnen, die auf die Motivationslage, auf die Motivdynamik, eingestimmt ist, überall dort soll von »psychischen Systemen« gesprochen werden. Der wichtigste Kontext ist zunächst der Bereich der Sozialisation – der Aufbau der sozialen Persönlichkeit, dann aber alles, was mit »Psychologie« zu tun hat: seelische Phänomene aller Art samt allem, was sich auf dieser Basis aufbaut, der Entwicklung »seelischer Bindungen«, die Äußerung von Zielen des Handelns schlechthin, bis zur Ausformung des »politischen Bereichs«, in dem die Interessen der Gesellschaftsmitglieder artikuliert und der gesellschaftliche Spannungsausgleich gesucht wird.

3.4 Soziale Systeme

Gehen wir nun zum dritten Funktionskreis über. Der erste Funktionskreis umfaßte alle Handlungskomponenten, die sich auf die unmittelbare Steuerung der körperlichen Aktionen richteten; der zweite alle Handlungskomponenten, die die energetischen Ventile kontrollieren, die die Antriebskräfte für einen bestimmten Verhaltensablauf (der seinerseits von den behavioralen Systemen kontrolliert wird), freisetzten. Der dritte Funktionskreis muß nunmehr Handlungskomponenten umfassen, die einer wiederum höheren Kontroll-Ebene angehören. Die Bedingungen dafür liegen in der notwendigen Komplementarität sozialen Handelns. Wir haben schon mehrfach betont, daß die Handlungskomponenten – auch wenn sie sich stets auf die Kontrolle *individuellen* Verhaltens beziehen (konkretes Verhalten ist empirisch immer Verhalten eines konkreten einzelnen Bezugssystems) – aus begrifflich zwingenden Gründen stets sozialer Natur sind: Erleben und Handeln gibt es nur in der Gemeinschaft mit anderen, denn es beruht auf der Verschlüsselung und Entschlüsselung von Sinngehalten, die nur gemeinschaftlich konstituiert werden können. Auch die behavioralen und psychischen Systembildungen aus den einzelnen Handlungskomponenten (die übrigens nie als isolierbare, für sich vorkommende, Einheiten konzipiert werden dürfen, sondern immer nur als Elemente eines Gesamtzusammenhanges) haben diese soziale Qualität, also die Eigenschaft, durch die Gemeinschaft konstituiert zu sein. Im dritten Funktionskreis tritt diese Eigenschaft nun vollkommen in den Vordergrund.
Zugespitzt könnte man sagen, behaviorale und psychische Systeme steuerten das *individuelle*, soziale System das *kollektive* Verhalten. Aber wie schon betont, ist hier immer die Rede von *sozialem* Verhalten, vom Erleben und Handeln in der *Gemeinschaft*, und daher sind auch die behavioralen und psychischen Systeme sozial geprägt. Zum anderen gilt

auch für die sozialen Systeme, daß sie immer das Verhalten konkreter einzelner Menschen, seien es auch noch so viele (wie etwa die Milliarden-Bevölkerung Chinas, die in einem einzigen politischen Gesamtkollektiv, dem politischen Staatswesen der Republik China, zusammengefaßt ist), steuern – allerdings eben *nicht* als Einzelwesen, sondern als Mitglieder von kollektiven Zusammenhängen, beginnend auf der Ebene von Zweierbeziehungen bis zur obersten Ebene der Weltgesellschaft. Die kleinste strukturelle Einheit einer solchen Konzeption, das heißt, der Steuerung individuellen Verhaltens in Kollektiven, ist die Rollen-Komponente (Parsons 1951 a: 26 f.) – und der Begriff der Rolle belegt zugleich deutlich genug, daß einerseits eine unmittelbare Verknüpfung mit der Struktur der individuellen Persönlichkeit vorausgesetzt wird, andererseits aber auch *pari passu* die Verknüpfung mit anderen Aktoren eines Kollektivs, mit reziproken Rollenelementen und reziproken Erwartungen.

Die Bildung sozialer Systeme aus den sozialintegrativen Handlungskomponenten geht zwar von dem einfachen Bild einzelner Positionen und entsprechender Rollen aus, sie muß sich jedoch sehr schnell mit viel komplexeren Zusammenhängen auseinandersetzen: Die Zurechnungen, um die es geht, betreffen ja nicht nur einzelne Menschen, die bestimmte Ansprüche stellen, Leistungen erbringen, Hoffnungen und Wünsche haben, sondern diese Menschen bilden Gruppen, Gemeinschaften, Verbände, Organisationen, Gesellschaften, Nationen usw. ... Hier entstehen neue, aggregierte Zurechnungsprobleme, die entsprechend über komplexe Positionssysteme gelöst werden müssen. Derartige Positionssysteme sind kollektive Strukturen, für die Parsons den Ausdruck *»collectivity«* verwendet hat. Kollektive beginnen bei Zweierbeziehungen (etwa: Ehepaaren und ihren Rechten/Pflichten gegenüber anderen Gruppen der Gesellschaft) und reichen bis zur Weltgesellschaft. Viele Kollektive weisen eine (oft hochkomplexe) Organisation auf, die als gesondertes Merkmal analysiert werden kann (Organisationssoziologie).

Menschen interagieren und kommunizieren *miteinander*. Der andere ist konstitutive Bedingung meines eigenen Erlebens und Handelns. Sein Handeln wird zu meinem Erleben, und zugleich legt meine sein Handeln erlebende Interpretation erst im reaktiven Erlebnis des eigenen (an seinem Erleben gespiegelten) Handelns fest, welchen sozialen Sinn dieses Handeln erhält. Dies klingt kompliziert, aber ist einfach: Das eigene Handeln spiegelt sich im Erleben der anderen. An den Reaktionen der anderen nehmen wir es wahr, und erst aus der Vermischung des von uns gemeinten mit dem nun an der Reaktion der anderen sichtbaren Sinn ergibt sich die »wirkliche« soziale Bedeutung dessen, was wir getan haben (Strauß 1968).

Soziabilität bezeichnet den Umstand, daß ich *mit anderen* handeln muß oder überhaupt nicht erleben/handeln kann. Der andere – sowie der Umstand, daß es darin allen gleich ergeht – ist konstitutive Bedingung meines eigenen Daseins und Verbleibens in dieser Welt – dies ist die ärgerliche, aber unumgängliche Tatsache der Gesellschaft. Soziabilität ist ein Merkmal, das weit über das Wesen des Menschen hinausreicht, hat aber als anthropologische Kategorie doch eine besondere über dieselbe Eigenschaft bei Tieren hinausführende Bedeutung, weil angesichts der Instinktentlastetheit und Offenheit der Verhaltensweisen die Komplementarität des Erlebens und Handelns durch besondere Sinnschemata über die Kultur erfolgen muß. Alle Handlungskomponenten, die diese Aufgabe erfüllen, rechnen wir dem dritten Funktionskreis zu.

Damit sind Handlungsschemata und Handlungssysteme gemeint, die ausdrücklich die Tatsache in den Mittelpunkt ihrer sinnhaften Bedeutung rücken, daß »der andere« konstitutive Bedingung meines eigenen Erlebens und Handelns ist. Diese Schemata erfahren infolgedessen eine *affektive Tönung*, sie drücken ihrem gemeinten Sinn nach die (nicht notwendigerweise: liebende, sondern ebenso auch: haßvolle, kämpferische, ablehnende usw.) *»Zuwendung zum anderen«* aus. Die Basis bildet zunächst auch hier wieder das gemeinsame biologische Erbe (unserer Abstammung aus der höheren Primatengruppe), die in der Notwendigkeit zweigeschlechtlicher Fortpflanzungsprozesse, Aufzucht der Nachkommen, Verteidigung gemeinsamer Reviere usw. begründet sind, also allgemein *ethologische Anlagen*, die genetisch fixiert sind.

Verständlicherweise wurde daher in der Literatur schon immer versucht, die elementaren sozialaffektiven Schemata (des Erleben und Handelns) mit biologischen Antrieben zu verknüpfen (bzw. als »Instinkte« darzustellen): »Liebe«, »Sexualität«, »Aggression«, »Brutpflege« usw. Zweifellos sind die energetischen und motivationalen Antriebe zu einem entsprechenden Verhalten biologisch fundiert, die Verhaltens*weisen* selbst und die sozialen Formen, in denen sich dann dieses Verhalten ausdrückt, können jedoch (jedenfalls beim Menschen) nicht als »angeboren« klassifiziert werden, sondern sind reine Kulturleistungen und müssen als solche erklärt werden.

Soziabilität als anthropologisches Merkmal bedeutet, daß die Lebenswelt der Menschen durch ihr gemeinsames Handeln aufgebaut wird – die Welt ist von allen gemeinschaftlich geschaffen. Sozialaffektive oder sozialintegrative Schemata müssen folglich eine normative Zurechnungsfunktion übernehmen – nämlich das Problem lösen: Welchen Anteil der einzelne an dieser gemeinschaftlich geschaffenen Wirklichkeit sich selbst zurechnen darf, was er beanspruchen darf, was er leisten muß – wer oder was er im Verhältnis zu allen anderen (»Mitspielern«) ist. Die Schemata, die dies regeln, müssen notwendigerweise doppelt normativer Natur sein; sie spiegeln nicht, was faktisch der Fall ist, obwohl sie dies über besondere Mechanismen berücksichtigen, sondern sie schreiben vor, was der Fall sein soll, beanspruchen also eine kontrafaktische, die tatsächlichen Sachlagen überspielende, Geltung.

Handlungsschemata sind immer normativ; dies hatten wir schon früher herausgearbeitet und mit der Verwendung des »Programm«-Begriffs dokumentiert. Bei den hier zur Rede stehenden sozialaffektiven/sozialintegrativen Schemata wird jedoch diese Normierung selbst nochmals normiert, das heißt, durch besondere Normen (einer höheren Stufe) abgesichert, bis hin zur Entwicklung eines formalisierten Rechtssystems (Luhmann 1972). Diese sozialen Schemata normieren nicht etwa einen neuen oder weiteren Typus von Verhalten (einen physischen Ablauf), sondern sie normieren den gesellschaftlich zulässigen Einsatz dieses schon durch das behaviorale System festgelegten Schemas.

Versuchen wir, das am Beispiel zu erklären: Beim Tennis muß der Ball in einer bestimmten Weise und von einer bestimmten Partei ins Spiel gebracht werden – als Aufschlag *(service)*. *Wie* der Aufschlag auszusehen hat, ist sozusagen ein »behaviorales« Problem, dies muß man körperlich nach einem bestimmten Ablaufschema beherrschen. (Und psychisch muß man dazu im richtigen Augenblick die erforderlichen Motivationsenergien mobilisieren, um mit Druck zu schlagen.) *Wann* jedoch der Aufschlag *von wem* auszuführen ist, ist ein soziales Problem – es regelt sich danach, *wem die Rolle des Aufschlägers* zu einem gegebenen Zeitpunkt zukommt. Sozialaffektive/sozialintegrative Schemata normieren also, wer wann welches Schema (das wiederum selbst ein normatives Schema als Grundlage hat) in seinem eigenen Verhalten aktualisieren darf.

Man sieht daran, daß sich die sozialintegrativen Schemata des Erlebens und Handelns nicht direkt auf Menschen beziehen, sondern daß sie Zuordnungen von Positionen und der damit verbundenen Rechte und Pflichten sind, die von einzelnen Menschen (Aktoren) eingenommen werden. Aber natürlich haben solche Positionen stärkste Bedeutung für die Menschen, die die jeweiligen Positionen übernehmen, denn nichts bestimmt »das Wesen des Menschen« stärker als die Position, die er in der sozialen Gemeinschaft einnimmt und die ihm dort sein »soziales Schicksal« zuweist. Diese »Zuweisung« ist freilich nicht vollkommen schicksalhaft – jeder Gebildete wird die Ansicht vertreten, daß Menschen in einem ungewissen Umfang auf ihr Lebensschicksal und dessen einzelne Fäden, die sich insgesamt zur Kette des Lebens verknüpfen, Einfluß nehmen, es aktiv gestalten können. Je erfolgreicher jemand ist, desto mehr wird er dieser Vorstellung zuneigen ...

Die sozialen Handlungskomponenten oder sozialintegrativen Schemata sind *keine* Schemata für einen bestimmten physischen Verhaltensablauf, schreiben also nicht vor, *wie* jemand sein Verhalten einzurichten hat, sondern normieren vielmehr: wann man das Recht oder die Pflicht hat, bestimmte Verhaltensweisen (deren behaviorale und psychische Beherrschung vorausgesetzt wird) gegenüber anderen oder zusammen mit anderen einzusetzen. Mit anderen Worten: Welcher körperlich-motorisch-cerebrale und sonstiger Verhaltensablauf, was also überhaupt an konkretem Tun oder Lassen bei Einsatz aller physischen Gegebenheiten und ihrer technologischen Erweiterungen möglich ist, das regeln schon die »behavioralen Systeme«, deren »Steuerung« wiederum über die »psychischen Systeme« erfolgt. Damit ist alles abgeschlossen, was an physischer Bewegung möglich ist – alles erfaßt. Die sozialen Systeme setzen mit ihrer Normierung nunmehr erst auf einer übergeordneten Ebene ein, indem sie regeln, wer jeweils von welchen Möglichkeiten, die sich über die behavioralen und psychischen Systeme – das heißt, über die Mobilisierung menschlichen Verhaltens – erreichen lassen, in seinem Erleben und Handeln Gebrauch machen darf oder muß.

Dies ist sicherlich kein leichter Argumentzusammenhang. Man muß sich mit dieser Deutung intensiv auseinandersetzen: Noch einmal: Sozialsysteme beziehen sich nicht auf Menschen; Menschen – menschliches Erleben und Handeln, menschliches Verhalten – sind vorausgesetzt. Zu fragen ist vielmehr: »Wer darf Wann Was tun? Wem soll Was gehören? Wer darf sich seine Wünsche erfüllen? Wer muß Wem seine Wünsche erfüllen?« Dies alles sind Zurechnungsprobleme. Diese Zurechnungsprobleme lassen sich relativ leicht und einfach lösen, wenn es nur wenige Beteiligte gibt, und wenn das, was verteilt werden kann, elementarer Natur ist. Die Lösung wird zunehmend schwieriger, je mehr Menschen zu beteiligen sind und je mehr Dinge sich verteilen lassen. Wenn die gesamte Weltbevölkerung zu berücksichtigen ist und so komplizierte Dinge verteilt werden müssen, wie der Luftraum, die Meere, Frieden und Freiheit, Wohlstand für alle, dann sind eingängige Lösungen nicht mehr realisierbar.

Die Lösung erfolgt prinzipiell in der Weise, daß bestimmte Rechte und Pflichten (auf ein konkretes Verhalten, seine Voraussetzungen und Folgen, die ihrerseits auf einer niedrigeren Ebene definiert sind) bestimmten Positionen zugewiesen werden (nach dem elementaren Muster aus dem Tennisbeispiel: der Aufschläger hat das Recht/die Pflicht, den Ball – mittels einer bestimmten körperlichen Technik, die man eben »aufschlagen« nennt – in das Spiel zu bringen, das heißt die Position – oder Rolle – des Aufschlägers zu übernehmen. Daß er das – physisch – kann, wird vorausgesetzt und dem behavioralen System zugerechnet). Positionen werden im einfachsten Fall von bestimmten (formal: beliebigen) einzelnen Menschen oder Gruppen übernommen, die dann von dieser Position aus »in einer Rolle« oder als Kollektiv agieren. Die Überlegungen, daß es ein *Mensch* ist, der diese Position übernimmt und in einer Rolle agiert, hat jedoch für die formale Überlegung gar keine Bedeutung – wir können allein mit der Vorstellung der »Position« sowie mit dem Konzept der »Rolle« als der Menge der schon im behavioralen System definierten und dieser Position als »Recht/Pflicht« zugeordneten Vorschriften operieren.

An dieser Stelle könnte der Einwand erhoben werden, man hätte »den Menschen« aus der soziologischen Theorie eliminiert und dann die historische Forderung *»bringing man back in«* erheben. Aber das wäre und war ein rechter Unsinn! Die referierte Theorie berücksichtigt den Menschen sehr ausführlich – allerdings auf der entsprechenden Referenzebene, die ein *Teil* der umfassenden Theorie der *»human condition«* – der menschlichen Lebenswelt insgesamt – ist. Niemand möge also diesem scheinbar plausiblen Einwand zum Opfer fallen.

Ein Beispiel zum Verständnis sozialer Systeme

Soziale Systeme sind Systeme, die sich aus normativen Schemata zusammensetzen. Was normieren diese Schemata? Allgemein gesagt, normieren sie die Rechte und Pflichten, die mit bestimmten Positionen verbunden sind. Aber was heißt dies konkret? Konkret heißt es, daß sie regeln, welche verfügbaren Verhaltensschemata benutzt werden dürfen.

Betrachten wir ein Beispiel: Es gibt für die Berliner Gewässer eine »Motorboot-Verordnung«. Sie bestimmt, daß zu gewissen Zeiten der Wochenenden auf den Berliner Gewässern keine Motorboote betrieben (auch nicht angelassen) werden dürfen – aus einsichtigen ökologischen Gründen. Betrachten wir »Motorboote« als technologische Verlängerung menschlicher Verhaltensmöglichkeiten, so bedeutet dies konkret, daß uns ein bestimmtes Verhalten verboten ist: oder anders – verboten wird die Verwendung eines bestimmten behavioralen Schemas, nämlich das Inbetriebsetzen und Führen eines Bootes mit Motorkraft. Dieses Schema selbst ist als hinreichend definiert vorausgesetzt. Seine Details würden auf einer niedrigen Ebene wichtig sein – etwa für jemanden, der es lernen will oder einen Techniker, der daran arbeiten will.

Angenommen, es gäbe in Berlin zu irgend einer Zeit überhaupt keine Motorboote. Dennoch *könnte* die genannte Regelung bestehen bleiben. Sie wäre – als vorhandene Verordnung – ein empirisch vorhandener Sachverhalt, obwohl sie *faktisch* auf keinen Gegenstand, den sie regeln könnte, trifft. Ebenso kann es Positionen in Sozialsystemen geben, denen Rechte/Pflichten zugewiesen sind, die aber faktisch von niemandem besetzt werden, etwa eine Ausschreibung, für die ein Bewerber mit solchen Qualifikationen nicht zu finden ist, usw.

Nun ist eine »Motorboot-Verordnung« noch kein Sozialsystem. Sozialsysteme erfordern Rollen, Kollektive, Normen und Werte. Und sie erfordern – falls es sich nicht nur um »gedachte« (strukturalistische oder formale) Zusammenhänge handeln soll – Menschen, die in diesen Rollen handeln, die Kollektive bilden, die sich nach Normen richten oder nicht richten und die bestimmte Werte akzeptieren. Und zugleich muß noch wesentlich mehr an Bedingungen verwirklicht sein, damit wir ein vollständiges, »aus dem Leben gegriffenes«, System vor uns haben. Man muß das Beispiel also noch weiter ausführen.

Die »Motorboot-Verordnung« ist eine Regelung, die von einer Behörde (dem zuständigen Senator für Verkehr) erlassen wird. Diese Regelung greift in ein Sozialsystem ein – nämlich in das Sozialsystem, das sich an Wochenenden und in der Freizeit auf den Seengebieten Berlins bildet, in dem eine Vielzahl von Beteiligten in verschiedenen Rollen und Kollektiven ihr Erleben und Handeln organisiert. Dabei haben natürlich in erster Linie informelle Regeln eine Bedeutung (und ebenso haben die Freizeit-Rollen ihren besonderen Charakter), aber sie vermischen sich doch – infolge der Vielschichtigkeit, die in komplexen Systemen eine Vielzahl von Aspekten verknüpft – mit zahlreichen formellen Regelungen. Um nur einen Hinweis zu geben: Auch in der Freizeit gelten die Verkehrsregeln in derselben Strenge wie in der Berufszeit – es gibt dafür keine Unterschiede und niemand könnte sich bei einer Verkehrsverletzung darauf berufen, er habe eine Regel deswegen nicht ernst genommen, weil er gerade in seiner Freizeit sei. Dasselbe gilt, wenn wir mit einem Bus oder Bahn zu unserem Vergnügen fahren – was für uns eine »Reise« oder ein »Ausflug« ist, bleibt für das Bus- und Bahnpersonal Arbeits- und Berufsbereich, und sie haben daher in derselben Situation ganz andere Empfindungen als wir und sind anderen Regeln unterworfen, auf die wir doch zugleich Rücksicht nehmen – ja, mit denen wir unsere eigenen Rollen und Normen abstimmen müssen.

In diesem besonderen Falle ist die »Motorboot-Regelung« ebenfalls eine »ernsthafte« Regelung, obwohl sie eine nicht-ernsthafte Sache, nämlich unser Freizeit-Vergnügen, betrifft. Durch diese Regelung ist das Sozialsystem »Freizeit am Wasser« spezifisch mit Anordnungen eines übergeordneten Sozialsystems (der Behörde als Amtsautorität, die über Macht-Medien in unsere »Freiheit« eingreifen kann) verknüpft – und dies bringt zugleich Kollektive wie die Polizei mit bestimmten Eingriffsmöglichkeiten ins Spiel.

Wir sehen also, wie eine relativ einfache Regelung die Bedingungen in Sozialsystemen ändert oder spezifiziert, so daß eine Reihe von sozialen Positionen systematisch aufeinander bezogen und Rollen sowie Kollektive miteinander verknüpft werden, die zwar zuvor auch schon vorhanden, aber nicht in dieser genauen Weise aufeinander bezogen waren. Zusätzlich zu allen vorher vorhandenen Bestimmungen legt diese neue Regelung

weitere Merkmale für das Rollenverhalten der Betroffenen fest – Dinge, die sie dürfen oder unterlassen müssen, Rechte oder Pflichten.
Ein naheliegender und häufig anzutreffender Fehler ist, Sozialsysteme mit Kollektiven zu verwechseln, beispielsweise eine Gruppe von drei Studenten, die gemeinsam für eine Klausur arbeiten und hinterher noch in eine Kneipe gehen, für ein Sozialsystem zu halten. Aber wie man sich erinnert, ist ein Sozialsystem ein *normatives Schema*, das die Interaktion *steuert* – und zwar durch die Verteilung von Rechten und Pflichten, die Zuweisung von Rollen und Positionen, usw. *Sozialsysteme steuern die Interaktion;* dies ist eine einfache Formel, die dabei helfen sollte, dem erwähnten Fehler auszuweichen.
Eine große Zahl von Interaktionen findet so häufig und immer wieder auf dieselbe Problemlage bezogen statt, daß sich dafür *standardisierte Programme* entwickeln – also *Typen von Sozialsystemen.* Beispiele dafür bieten die Familie, die formalen Organisationen, Institutionen (wie die Wirtschaft, das Bildungswesen, politische Systeme) und sozietale Systeme. In diesem Sinne ist es möglich und richtig, von »der Gesellschaft als sozialem System« zu sprechen – aber noch einmal: Dies darf nicht dazu verleiten, diesen Begriff mit der kollektiven Organisation oder der Aggregation von Menschen zu verwechseln.
Zusammenfassend könnte man also sagen, der dritte Funktionskreis umfasse all diejenigen Handlungskomponenten, mit deren Hilfe (oder: in denen) das (individuelle und kollektive) Verhalten in Abstimmung mit dem Verhalten anderer organisiert werden kann. Während wir bei den zuvor eingeführten Funktionen stets daran erinnert haben, daß sie immer das konkrete Verhalten eines einzelnen Individuums voraussetzen und sich darauf beziehen, müssen wir uns nunmehr mit einem anders gefaßten Gedanken vertraut machen: Wir müssen statt des einzelnen stets eine *Vielzahl* von handelnden Menschen als Bezugseinheiten zugrunde legen. Sozialintegrative Schemata des Erlebens und Handelns beziehen sich auf eine Kollektiv-Struktur. Sie reflektieren die sozialen Konstitutionsbedingungen des kollektiven Erlebens und Handelns, sie definieren den Sinn des Verhaltens aus der Reziprozität der Interaktion. Dieser Funktionskreis setzt einen bestimmten oder unbestimmten Kreis von Personen (von Erlebenden und Handelnden, für die wir abkürzend den Ausdruck »Aktor« einführen) voraus und sagt: »Für die gemeinsame Interaktion setzen wir eine Zahl von N Aktoren voraus; Position 1 übernimmt diese Aufgaben und Leistungen ... Position 2 jene ... usw.« Man sieht also immer wieder, daß sich die sozialintegrativen Handlungskomponenten nicht direkt auf Menschen beziehen, sondern daß sie Regeln für »Positionen« (und die damit verbundenen Rechte und Pflichten) sind, die die einzelnen Aktoren einnehmen sollen. Aber das tatsächliche Handlungsgeschehen muß natürlich mehr berücksichtigen als nur diese sozialen Aspekte, nämlich die Fülle aller Merkmale der Lebenswelt.
Vielleicht ist dies eine geeignete Stelle, um den Leser auf einen Punkt aufmerksam zu machen, der bislang impliziert blieb, aber noch nicht deutlich ausgesprochen wurde. Es geht um den Gegensatz zwischen »analytischen« Formulierungen und »empirischen« Aussagen. Diese Ausdrücke kann man in vielerlei Weise verstehen, und es geht nicht darum, hier eine besonders gute Definition dafür zu liefern – vielmehr soll auf den Gegensatz zwischen Aussagen, die bestimmte *isolierte Teilaspekte* »rein für sich betrachtet« zum Ausdruck bringen, gegenüber solchen, die eine geradezu fotographisch genaue und darüber hinaus noch durch besondere Prägnanz der Formulierung möglichst bewußtseinserhellende *wirklichkeitsgetreue Beschreibung* der Realität liefern, aufmerksam gemacht werden. Es gibt ein bekanntes »Bonmot« Einsteins, das in methodologischen Abhandlungen gern zitiert wird: Man dürfe von einer *Beschreibung* der Suppe nicht den *Geschmack* der Suppe erwarten und mithin – das ist der springende Punkt – von

einer wissenschaftlichen Rekonstruktion der Wirklichkeit nicht den »Geschmack« dieser Wirklichkeit. Anders formuliert: Jede wissenschaftliche Rekonstruktion ist eine hochabstrakte Selektionsleistung, die bestimmte Problemlagen thematisiert, welche als solche nur für die Wissenschaft eigentümlich sind. Für eine physikalische Theorie, beispielsweise, erscheint uns dies – weil schon aus Schulzeiten gewohnt – selbstverständlich. »Der Mensch« kommt in der Physik nicht vor, allenfalls als Beispiel für eine organologische Konstruktion von Last- und Hebelarm. Dagegen erscheint die naive Vorstellung, in der Soziologie müsse »der Mensch« vorkommen, einer großen Zahl von Angehörigen des Faches ganz richtig – »schließlich geht es doch immer um den Menschen«. Moralisch vielleicht – analytisch gewiß nicht. Analytisch haben wir es mit einzelnen, unter bestimmten selektivem Aspekt höchst künstlich, aber fachspezifisch so selektiv eben vollkommen richtig isolierten *Konstruktionen* zu tun. Diese haben »den Geschmack der Wirklichkeit« durchaus nicht. Fügen wir nun diese Vielzahl an Konstrukten zusammen, so kombinieren wir ein zunehmend komplexeres und in ganz allmählicher Annäherung der Vielgestaltigkeit der Realität immer näherkommendes Bild, welches nichtsdestoweniger – wenn es auch empirisch immer gehaltvoller wird, weil mehr und mehr Aspekte der Realität reflektierend – stets eine hochabstrakte Selektionsleistung bleibt, die eine spezifisch wissenschaftliche Problemlage thematisiert. »Analytisch« heißt also: aus einem Zusammenhang künstlich herauspräpariert, entlang von gedachten Schnittlinien – für die uns die Realität keine Vorlage liefert – herausgeschnitten. »Empirisch« heißt demgegenüber: beobachtbare Merkmale der Realität, so wie sie in einer Audio-Visions-Aufzeichnung physikalisch festhaltbar wären, in wissenschaftliche Begriffs- und Aussagensysteme transformierend. Oder – um es extrem kurz zu fassen: »Analytisch« heißt gedanklich herausgearbeitet; »empirisch« heißt sinnlich wahrgenommen.

Was bedeutet dies in unserem Zusammenhang? All unsere Erläuterungen über die Konstruktion der (System-)Theorie sind analytisch, am Ende aber wird die Theorie zu einem bestimmten Zweck gebraucht – nämlich zur Systematisierung einer Fülle empirischer Sachverhalte. Wenn hier also vom »behavioralen« oder, wie zuletzt, von »sozialen Systemen« die Rede ist, so darf man keinesfalls an die Fülle der empirischen Sachverhalte denken, die mit unserem konkreten alltäglichen Erleben und Handeln verbunden sind – wir reden hier immer von analytischen Systemen, welche nur einen sehr engen, dafür aber sehr präzise rekonstruierten Ausschnitt unter einem sehr spezifischen Selektionsgesichtspunkt behandeln. Das Endziel der Theoriebildung Talcott Parsons' (dessen Konzept wir hier folgen) war es, eine umfassende Theorie der menschlichen Lebenswelt *(»human condition«)* zu liefern. Dies bedeutet natürlich nicht, daß Parsons gleichsam ein »Großfoto« der Realität schießen wollte – diese Vorstellung, daß Theorie ein »Abbild« der Realität liefert, auf dem wir alles wiedererkennen, was uns aus dem Alltag bekannt ist, beruht auf dem »Suppengeschmacks-Trugschluß«. Die Aufgabe der Wissenschaft ist es, eine *Rekonstruktion* zu liefern – und diese Rekonstruktion kann methodologisch von völlig anderen Prinzipien Gebrauch machen, als wir sie im Alltag kennen.

Was immer »Lebenswelt« für den einzelnen Menschen bedeuten mag: für die Systemtheorie, die wir hier explizieren, bedeutet sie eine Fülle von Handlungssituationen, eingebettet in andere konditionale Schichten (biologischer und physikalischer Natur) und überdeckt von energetisch schwächeren, kybernetisch jedoch stärkeren telischen Faktorschichten, in denen eine Vielzahl von Systemkomponenten menschlichen Erlebens und Handelns miteinander verknüpft sind.

Betrachten wir ein Beispiel: Zwei Studenten führen im Zimmer des einen eine Diskussion. Für den Gastgeber bietet die Wohnung eine Menge von Objeken, über die er verfügen kann, während der Gast dies nur in einem sehr beschränkten Maße tun könnte. Diese unmittelbare Gesprächssituation im Zimmer ist in das weitere Umfeld des Hauses eingebettet, in dem sich das Zimmer und die

Wohnung befinden. Auch hier hat der Gastgeber insgesamt mehr Verfügungs- und Zugriffsmöglichkeiten als der Gast, aber bereits auf der Straße vor dem Hause gleichen sich die Möglichkeiten schon sehr einander an, und schließlich sind die beiden Interaktionspartner nach einigen Schritten auf der Straße sozusagen »gleichberechtigt« und allen Bedingungen in derselben ununterscheidbaren Weise unterworfen, solange wir nicht besondere Eigenschaften einführen.

Wir sehen daraus also, daß sich die Struktur der Umweltgegebenheiten – oder der Situation – so darstellt, daß der allgemeine Rahmen für alle Beteiligten ziemlich einheitlich ist, die unmittelbaren Objektgegebenheiten, das heißt, die einzelnen Komponenten der Situation aber hinsichtlich ihrer Zugriffs- und Verfügungsmöglichkeiten sehr unterschiedlich belegt sein können. Dies meinen wir mit der Formulierung, daß sich die Objektwelt als eine Menge von *konditionalen Bedingungen* der Interaktion darstellen, die über Zugriffs- und Verfügungsmöglichkeiten mit dem Erleben/Handeln verbunden sind.

Gehen wir noch einen Schritt weiter an die handelnden Individuen heran. Jeder einzelne erlebt sich, wie man aus der eigenen Erfahrung weiß, als »Mittelpunkt« oder »Achspunkt«, um den herum sich die je eigene Welt aufbaut. Freilich hemmt unser soziales Bewußtsein dieses egozentrische Erleben, denn wir sind uns schamvoll bewußt, nicht wirklich der »Mittelpunkt des Lebens« zu sein, und dieser Widerspruch zwischen der sinnlichen Konstitution »je meiner Welt« und dem sozialen Aufbau der Lebenswelt schaffte eine »exzentrische Positionalität« (Plessner), in der die eigene Identität nur in einer reflektierten, das heißt, am Erleben und Handeln der anderen gebrochenen Weise aufgebaut und erhalten werden kann. Der eigene Körper mit all seinen sinnlichen Funktionen ist daher die grundlegende konditionale Bedingung dafür, daß man überhaupt erleben und handeln kann, und er ist zugleich dasjenige Objekt der Situation, über das nur wir allein »Zugriffs- und Verfügungsrechte« haben, abgesehen von Extremsituationen, wie Gefangenschaft oder Krankheit oder ähnlichem. Diese Zugriffsmöglichkeiten auf den eigenen Körper und dessen Fähigkeiten eröffnen sich über das behaviorale System und die Steuerung der Motive. Von diesen Zugriffsmöglichkeiten Gebrauch zu machen und dabei gegebenenfalls alle nur verfügbaren Kräfte zu mobilisieren oder kaum die oberste Schicht zu streifen erfolgt über das psychische System.

Hinzu kommt nun der *sozialintegrative* Aspekt. Er besteht darin, daß der einzelne Aktor sich als Teil eines Ganzen erlebt, als jemand, der in einer Gemeinschaft von Handelnden eine »bestimmte Rolle spielt«. Betrachten wir als Beispiel wieder ein Tennisspiel (Doppel), so kann in einem bestimmten Moment des Spiels die Rolle eines der Partner formal darin liegen, den Ball »zu servieren« (das heißt aufzuschlagen, also die Rolle des »Aufschlägers« zu übernehmen), zugleich informell aber auch darin bestehen, »das Spiel aus dem Feuer zu reißen«, den anderen anzuspornen, mitzureißen. Oder sie kann auch (weil so eingespielt) darin bestehen, alle Beteiligten durch Späße aufzuheitern, sei es absichtlich oder durch besondere, zwar nicht gewollte, aber dennoch verwirklichte Ungeschicklichkeit.

Vielleicht werden einige Leser einwenden wollen, daß doch hier zahlreiche Zufälligkeiten eine Rolle spielten und keineswegs die Komponenten der Systeme. Natürlich spielen im praktischen Handeln unzählige Zufälle ihre Rolle – wo träfe dies nicht zu: in der Physik ebenso wie in biologischen Zusammenhängen, auf allen Ebenen des Verhaltens, in Politik, Wirtschaft und Kultur. Aber dieser Gedanke als Einwand formuliert, verfehlt den zentralen Ansatzpunkt der Systemtheorie. *Die Systemtheorie ist ein Schema der Zurechnung* – und wenn wir Aspekte der Lebenswelt erklären (so wie das die hier explizierte Theorie unternimmt), dann geschieht dies, indem wir Zurechnungen vornehmen. Eine derartige Zurechnung besteht darin, bestimmte Abläufe menschlichen Erlebens und Handelns den sozialintegrativen Funktionen zuzurechnen, sie also dadurch zu erklären, daß wir sie als Komponenten sozialer Systeme interpretieren – als Komponenten von Rollen, von Kollektiven, von Normen und Werten. »Zufälle« dagegen halten wir für *externe* Einwirkungen, für unsystematische – das heißt nicht einem System zurechenbare – Ereignisse.

3.5 Kulturelle Systeme

Wenden wir uns dem vierten Funktionskreis zu, den Parsons bei der Bestimmung von Handlungskomponenten konzipiert hat. Bei Tieren gibt es zahlreiche Beispiele für »angeborene Verhaltensweisen«; Menschen fehlen solche *»innate organizers«*, die einen bestimmten Verhaltensablauf vorschreiben. An ihre Stelle treten kulturell entwickelte, das heißt künstliche Schemata. Ein solches künstliches Schema, also ein von Menschen für den Menschen geschaffenes Programm, läßt sich stets als normatives Konzept darstellen, als »Idee, die einem innerlich vorschwebt«. Wenn beispielsweise ein Hochzeitspaar von einem Pfarrer (oder, prosaischer, von einem Standesbeamten) getraut wird, so schwebt beiden, wenn auch in vieler Hinsicht nur in Form vager formelhafter Ideen, ein Bild einer »idealen Ehe« vor Augen, und auf diese Bilder und Ideen beziehen sie sich, wenn sie auf die Formel der Trauung mit »Ja« antworten. Und bereits die nächsten Schritte, die die beiden nach der vollzogenen Trauung noch in unmittelbarer Nähe des Pfarrers (oder des Beamten) unternehmen, stellen eine Realisierung oder eine Verfehlung dieser ideellen Bilder dar ...

Wählen wir noch einen zweiten Zusammenhang, mit dem wir das frühere Beispiel fortsetzen: Ein Ehepaar geht zum Tennisspielen in heiterer Stimmung; die ersten Schläge befördern die Bälle ins Netz, in Aus und über den Zaun; die obligaten Ratschläge des Mannes an seine Frau folgen; diese zeigt sich nicht willfährig, die ihr zugewiesene Rolle des Schülers mit dem notwendigen Humor zu ertragen, und schließlich erfolgt der zornige Abbruch der Anstrengungen. Ein Zuschauer bemerkt tadelnd, daß dies eigentlich nicht der Sinn des Spiels sei ...

Der faktische Ablauf der Ereignisse differiert also gegenüber den Vorstellungen, Ideen, Modellen oder Ähnlichem, die sowohl den Beteiligten als auch den Zuschauern dafür vorschweben. Die beiden Spieler haben die Bälle verschlagen und das Spiel »technisch« schlecht gespielt; aber nicht darin liegt ihre »Verfehlung«, denn dieses Unvermögen, das auf mangelnder Praxis, auf Ungeübtheit – also auf mangelnder Beherrschung der *»behavioral patterns«* – beruht, bewirkt noch nicht, daß sie »den Sinn des Spiels verfehlt« hätten. Der Sinn beruht ja nicht darauf, daß jedermann, der den Platz betritt, wie ein Weltmeister spielt, auch wenn er dies wünscht oder subjektiv glaubt. Der Sinn beruht vielmehr darauf, daß man einen bestimmten »Stil« in seinem *gesamten* Handeln zum Ausdruck bringt, von dem die »technischen Fähigkeiten« nur ein Teil sind. Oder anders: Jemand kann spielen »wie ein Weltmeister« und dennoch in den Augen der Betrachter den »Sinn verfehlen« – etwa durch schlechtes Benehmen bei verlorenen Punkten, spöttischen Bemerkungen gegenüber dem Partner (Gegner), schlechte Haltung gegenüber den Zuschauern, usw.

Es gibt also ein »ideelles Gesamtmuster« aller für eine bestimmte Handlungskonstellation relevanter Faktoren – und dieses Muster kann durch ein konkretes Verhalten entweder *verstärkt* oder *geschwächt*, erhalten oder variiert werden. Hieraus ergibt sich die Konzeption eines vierten Funktionsbereiches, dessen Systembildungen das Verhalten in Gestalt besonderer, *kultureller*, Schemata des Erlebens- und Handelns steuern. Diese Programme entstehen durch den Bezug auf »leitende Ideen« oder »konstitutive

Vorstellungen«. Es handelt sich um Vorstellungen, die in der Gesellschaft in bezug auf die verschiedensten Zusammenhänge bestehen – oder umgekehrt: jedem Zusammenhang, der in der Gesellschaft (sei es von der Gesellschaft insgesamt, sei es von einzelnen Teilen in der Gesellschaft, etwa den Gewerkschaften, um nur ein Beispiel zu wählen) besteht, dem liegt eine bestimmte Vorstellung, ein System von Ideen, zugrunde, das diesen Zusammenhang »seiner Idee nach« konstituiert. Diese Ideen mögen nicht vollkommen und scharf ausgearbeitet sein, sie können im Gegenteil verworren oder (in Grenzen: denn tendenziell besteht immer die Notwendigkeit einer hinreichenden Konsistenz) widersprüchlich sein, und sie mögen darüber hinaus nicht allen Mitgliedern der Gesellschaft in gleichem Maße und in gleichem Umfange vertraut sein – dies spielt prinzipiell keine so wichtige Rolle gegenüber dem entscheidenden Umstand: Daß für jedes Erleben und Handeln der »innere Bezug« auf einen solchen Ideenzusammenhang notwendig ist und er sich im Verhaltensablauf konkret manifestieren muß, um für die anderen Teilnehmer der Interaktion als Referenz dienen zu können.

Ein Beispiel dafür, was gemeint ist, bieten (moralische) Gebote: »Du sollst Deinen Nächsten lieben!« Man kann diese Maxime zusammen mit anderen zur Grundlage des Zusammenlebens machen, aber man kann sie nicht mit der Hoffnung, verstanden zu werden, einem hungrigen Tiger entgegenschleudern. Ideen sind Vorstellungen in den Köpfen von Menschen, und in diesen Vorstellungen nimmt die Welt eine bestimmte Ordnung an, gelten Regeln der Über- und Unterordnung, werden Beziehungen gestiftet und so fort. Der Tiger weiß von alledem nichts; er wird ausschließlich von biologischen Bedürfnissen und angeborenen Trieben gelenkt, die in der langen Geschichte der biologischen Evolution im Zusammenspiel von Art und Umwelt gebildet wurden. Der Mensch ist von diesen Steuerungsmechanismen der biologischen Evolution weitgehend freigesetzt, und dieser so entstandene »weiße Fleck« ist zugleich die Basis für ein Steuerungssystem höherer Allgemeinheit – die Kultur.

Nur ein naiver Mensch wird annehmen, die Ordnung der Welt wäre »an sich« schon immer vorhanden, sie würde von uns »nur allmählich entdeckt«. Die »Entdeckungen«, die uns gelingen, beispielsweise die aller möglichen »Naturgesetze«, physikalischer und chemischer »Gegebenheiten« und so weiter, sind zugleich Schöpfungen des Menschen, die es ohne ihn niemals gegeben hätte – noch genauer, sie sind Produkte einer bestimmten Kultur, die von anderen nicht hervorgebracht wurde. In ihnen spiegeln einerseits Wirkungszusammenhänge der physischen Natur, kosmische oder regionale Eigenschaften der Materie, aber andererseits ebenso kulturelle Eigenheiten der Zivilisation, die diese Art von Wissenschaft (mit ihrer besonderen Begrifflichkeit, ihrer Sprache, ihrer Methodologie, ihrem Erkenntnisinteresse, ihren technischen Fähigkeiten, ihren Verwertungsmöglichkeiten usw.) unter allen *möglichen* Formen der Zuwendung zur Natur betreiben konnte.

Wenn wir also sagen, in den sich entwickelnden Vorstellungen der Menschen nähme die Welt eine bestimmte Ordnung an, so sagen wir damit nicht, daß die Menschen diese Ordnung als vorgegebene Struktur allmählich und dabei immer hellsichtiger werdend apperzipierend zur Kenntnis nähmen. Aber ebensowenig behaupten wir, daß der Mensch promethisch seine Welt aus dem Nichts erzeugte. Die Strukturen der Welt sind, soweit es die Lebenswelt des Menschen betrifft, nicht festgelegt; sie entwickeln sich mit ihm. Wir können der Natur noch keine Regeln entnehmen, die das Leben des Menschen als Kulturwesen betreffen; all diese Regeln sind erst mit dem Menschen, aus seinem Wirken, entstanden. Die Verkehrsregeln, beispielsweise, folgen nicht in irgendeiner Weise aus der Natur; sie waren nicht zu »entdecken«, aber sie sind zugleich doch nicht völlig willkürlich, sondern im Zusammenhang einer gesellschaftlichen Lebensweise, die mit fahrenden Vehikeln räumliche Transporte zu einem zentralen Bestandteil ihrer

Wirtschaftsordnung gemacht hat, von geschichtlicher Notwendigkeit (wobei sie – wie jede im Alltag praktizierte Ordnung – zahlreiche Zufälligkeiten und Inkonsistenzen aufweist, die am Maßstab einer »reinen Logik« – oder der »inneren sachlichen Rationalität« korrigiert werden könnten).

Verkehrsregeln sind ein banales Beispiel für den Umstand, daß der Natur keinerlei Ordnungskonzepte zu entnehmen sind; wir anthropomorphisieren die physischen Verhältnisse, wo wir etwas Derartiges unterstellen. Innerhalb dieser vom Menschen erschaffenen Ordnung gibt es dann freilich die gesamte physische Wirklichkeit »zu entdecken«, weil die Natur sich dann – innerhalb der vom Menschen erdachten Kategorien – in spezifischem Rahmen zu bewegen beginnt, während sie außerhalb der menschlichen Konzepte unfaßbar und unbegreifbar bleibt. Mit anderen Worten: Die physikalischen, chemischen, biologischen und sonstigen »natürlichen« Gesetzmäßigkeiten, die wir kennen, sind eine Implikation der von uns erschaffenen Kulturordnung – wobei man freilich hinzusetzen muß, um nicht in die Aporien der idealistischen Erkenntnisposition zu geraten: die Kulturordnung ist, in bezug auf die Wirkungskräfte der Natur, nichts anderes als eine äußere Form, in deren Mustern und Strukturen sie sich kristallisieren. Unsere kulturellen Konzepte sind Netze, mit denen wir den Teil der Wirklichkeit einfangen, der in dieser Art von Netz zu fangen ist ...

Während wir also dort, wo es um die Naturerkenntnis geht, von dem Zusammenspiel *zweier* Faktoren reden müssen, die zum einen Teil (Kultur) klar bestimmt, zum anderen Teil aber *vor* der Kristallisation in diesem Prozeß des Zusammenspiels amorph und unbestimmt bleiben (nämlich jene Wirkungskräfte, die restrospektiv als »Natur« identifiziert werden), so spielt im gesellschaftlichen Bereich – also auf den höherrangigen Systemebenen – die »Natur« eine immer geringere Rolle; der Mensch trifft zunehmend mehr auf keine anderen Wirkungskräfte als seine eigenen. Alles Physische sinkt ab in die Rolle der konditionalen Faktoren, der Limitierungen und Bedingungen, der bewegbaren Hilfs-Güter, die selbst nichts bewegen, sondern nur verfügbares Material sind.

An einem Beispiel formuliert: Während die Ordnung des Bienenstaates erkennbare *Natur* ist, so ist dies die Ordnung des Inkareiches eben nicht. Der Bienenstaat, nicht anders als die Planetenbewegung, wird durch Naturkräfte gesteuert, welche von jedem inneren Willen und jeder fiktiven Vorstellung der ihrem Wirken unterworfenen Elemente unabhängig sind. Für die Ordnung des Inkastaates sowie für jede menschliche Ordnung gilt das Gegenteil: Sie ist von der Gestaltungskraft der ihr unterworfenen Individuen – und von nichts anderem – abhängig. Alle Regeln, die das Leben mit dem Anspruch auf normative Gültigkeit (von einer flüchtig beanspruchten Augenblicksgeltung bis hin zu den »ehernen Gesetzmäßigkeiten des menschlichen Schicksals«) bestimmen, entspringen keiner anderen Quelle als der Vorstellung des Menschen selbst, kraft derer sie sich bestimmen: Es soll so sein.

Die Ordnung des Inkareiches ist also nicht »erkennbare Natur«, sondern »geschichtliche Kulturwirklichkeit«, deren Sinn rekonstruierbar ist. Um dies zu tun, muß man sich auf die Vorstellungsinhalte der Menschen, ihre schöpferischen Kulturfähigkeiten, zurückbeziehen können, die diese Verhältnisse erschaffen haben – und eben diese »hermeneutische Rekonstruktion« kontrastieren wir hier mit dem Prozeß der »Naturerkenntnis«.

Dieses kollektiv erschaffene und der Lebenswelt aufgeprägte Ordnungswerk umfaßt zahllose Aspekte, die nun ihrerseits wieder in einen Ordnungszusammenhang höherer Stufe gebracht werden können (und auch daran sieht man erneut, wie sich in diesen »Kulturschöpfungen« Schichten um Schichten überlagern, wobei die höheren Schichten auf Elemente zurückgreifen, die schon ihrerseits konstruiert waren usw.). Solche Aspekte von kulturell etablierten und kollektiv »für gültig« gehaltenen, das heißt, in der Lebenswelt als »gesetzmäßige Bestimmungsgründe« angesehenen Regeln, sind beispiels-

weise die ästhetischen Normen oder die Kriterien der Bildung, alle möglichen Sitten und Moden, deren für jedermann flüchtiger Charakter sie dennoch wenigstens für den Moment ihrer Akzeptierung nicht in ihrer normativen, kultivierenden Kraft mindert; kognitiv-rationale Denk- und Wahrnehmungs-Schemata, die sich in der Lebenspraxis im allgemeinen untrennbar mit ideologisch-normativen Interpretationsformeln zu vermischen pflegen, mit deren Hilfe wir unsere interessegeleiteten Selektionsprozesse organisieren; philosophisch-religiöse Fundierungslehren mit ihren unzähligen, in den banalen Alltagsaberglauben abgleitenden magischen Beschwörungsriten, Amulettzaubern (in Form von Anhängern, Aufklebern, Glücksbringern, Zahlenmagien ...).
All diesen Elementen normativ weltauslegender Vorstellungssysteme ist gemeinsam, daß sie sich auf einen Satz von Regeln beziehen, »nach denen man sich richten muß«, wobei je nach dem Grad der Naivität oder Aufgeklärtheit der Kulturgemeinschaft offen bleibt, ob diese Regeln und daher die Notwendigkeit ihrer Befolgung mit dem angeblich »So-Sein« der Realität (»die Natur oder Gott verlangen es«) oder aber mit der Unausweichlichkeit von (an sich kontingenten, aber aus kulturanthropologischen Gründen dann eben doch notwendigen) Kulturgesetzen begründet werden. Kultur besteht aus Regeln, Regeln, Regeln ... jede für sich beliebig, in ihrer Gesamtheit jedoch ein so ungeheuerlich komplexer Zusammenhang von Verweisungen, reflexiven Verflechtungen und dependent-independenten Konzeptionssträngen, daß man dieses Netz unmöglich wieder auflösen kann: Denn wenn zwar auch gilt, daß die Regeln der Kultur »kontigent« – das heißt aus geschichtlichen Zufälligkeiten erwachsen – sind, so sind sie doch zugleich durch vielfach darüber gelegte oder auch in sie eingewobene Schichten logischer, hermeneutischer und ergänzender Interpretationen akribisch zu einer konstistenten Kaskade von Gesetzen verschmolzen, die ebenso »Natur-Ordnung« zu sein scheint wie die eigentliche (kosmische) Ordnung, deren strengere Gesetzlichkeiten immer ihr Vorbild sind.
Was eigentlich ist Kultur? Zahlreiche Erklärungen sind möglich und von gleicher Berechtigung (vgl. Gamst/Norbeck 1976); hier wird unter »Kultur« ein System von sinnstiftenden Regeln verstanden, die einem Handlungszusammenhang seine Bedeutung geben. Von allen möglichen mit dem Begriff der »Kultur« verbundenen Aspekten ist der Hinweis auf die *sinnbildende* Kraft kultureller Symbolisierungen am wichtigsten: (vgl. Parsons/Platt 1973: 8 und 16). Nur über die Kulturdimension, das heißt, kraft der Verwendung sinnstiftender Regeln, entstehen überhaupt erst als »Zusammenhänge« herausgehobene, raum-zeitlich strukturierte Objektgegebenheiten, die auf »Erleben und Handeln« hin ausgelegt und in denen soziale Verhaltensweisen entwickelbar sind. Die anthropologische Ausgangsbasis bilden, wie hier schon so oft betont, »angeborene Orientierungsschemata« *(»innate organizers«)*, die nach einem modifizierten Reiz-Reaktions-Schema über physiologische Mechanismen ein den Umweltbedingungen zugeordnetes Verhalten überwachen. Aber diese Art der Steuerung gilt nur für einen elementaren Verhaltenskern, um den herum sich nun phylogenetisch eine ständig dicker werdende Schale aus Schichten um Schichten kulturell konstituierter Orientierungsmuster legt. Die »Kernkomponente« aller Kultursysteme ist dabei das Regelwerk oder der »Code«, nach denen sich dann die konkrete Situation entwickelt, und eben diese oft nur unklare Vorstellung einer Regel (einer Code-Struktur) bestimmt dann im sozialen Verhalten die sinnhafte Auslegung der Situation, des eigenen und des fremden Erlebens und Handelns.
Die kulturelle Bedeutung der Situationen der Lebenswelt erschließt sich über Symbole – oder anders herum formuliert: die Ereignisse der Lebenswelt (die Ereignisse jeden Augenblicks) werden als Symbole gedeutet und auf einen gedachten, sozial konstituierten Sinnhorizont projiziert, auf dem das jeweilige, symbolisch aufgefaßte Ereignis seinen Ort in einem Netzwerk von Ordnungsvorstellungen erhält, aus dem heraus es seine spezifische Bedeutung gewinnt.

Betrachten wir als Beispiel einige Bilder Pieter Brueghels, des »Bauernbrueghels«. Jedes Bildelement, jeder Gegenstand, jedes Ereignis auf dem Bild, ist zunächst das, was es ist – ein Abbild eines gleichartigen Gegenstandes oder Ereignisses der Wirklichkeit, die im Bild festgehalten ist. Aber darüber hinaus enthalten die Bilder Brueghels Anspielungen, Verweisungen, Verschlüsselungen – kurz: Sinnreferenzen (oft kryptischer Art), die entschlüsselt werden müssen, um überhaupt erkannt werden zu können. Auf den ersten Blick als Verweisungen oder Anspielungen kenntlich sind die »Niederländischen Sprichwörter«, aber auch fast alle anderen Bilder enthalten Symbolisierungen, die eine wesentlich tiefere Bedeutung haben, als die bloße Abbildungsfunktion: beispielsweise die »Volkszählung zu Bethlehem«, auf dem ein verfallenes Schloß die jüdische Religion symbolisieren und die im Bau befindliche Scheune die neue christliche Religion darstellen soll. Die »Predigt Johannes des Täufers« ist eine Anspielung auf die »Geheimpredigten« der hugenottischen »Hagenprekers« während der spanischen Unterdrückung der Niederlande; die »Tolle Grete« ist Symbolisierung des Unrechts und der Unterdrückung dieser Zeit; der »Aufstieg zum Kalvarienberge« die Symbolisierung der Wirkungen der Spanischen Inquisition, der »Bethlehemitische Kindermord« die Verschlüsselung des Einzuges Herzog Albas in Brüssel, und schließlich zieht der Meister die Bilanz des spanischen Gemetzels im »Triumph des Todes«.
Die Auswahl dieser Bilder ist etwas willkürlich, wir hätten ebensogut andere wählen können – »Ein Fetter, der von zwei Mageren angegriffen wird« (Kampf zwischen Arm und Reich); »Die Schlacht zwischen den Israeliten und Philistern« (Anspielungen auf die spanische Kavallerie); »Die zwei Affen« (angekettete Affen in der Festung vor der Silhouette Amsterdams, Anspielung auf die spanische Besetzung); »Der Turmbau zu Babel«; »Die sieben Todsünden« – Allegorien bereits in ihrem Thema (vgl. Claessens/Rousseau o. J.).

In den Bildern Brueghels sind also zahlreiche Elemente enthalten, die einer anderen Art von Realität angehören als der, die das Bild auf den ersten Blick darstellt: Ein Gähnender ist zugleich ein Symbol der Faulheit; Gebäude symbolisieren religiöse Systeme; die Kavallerie der Philister symbolisiert die spanischen Besetzer; der Kopf eines Landsknecht symbolisiert Zorn ... Solche Bilder stellen eine kunstvolle Verknüpfung von verschiedenen Ebenen der Realität dar, die durch Symbole aufeinander bezogen sind. Man kann diese Bilder nur dann verstehen, wenn man die Symbole wieder im Sinne des Malers re-interpretieren kann (die manieristische Malerei hat sich ein intellektuelles Vergnügen daraus bereitet, Anspielungen und Referenzen immer kunstvoller zu verschlüsseln und schließlich nur noch Kryptogramme zu erstellen; vgl. René Hocke 1957, 1959). Das Alltagsleben ist demgegenüber weniger kunstvoll angelegt, dafür aber wesentlich komplexer, denn es enthält – in seiner Fülle von aufeinanderfolgenden und ineinander verschlungenen Lebenssituationen – weitaus mehr Referenzen als ein einzelnes, sei es noch so kompliziertes Bild. Das entscheidende gemeinsame Merkmal beider – der Bilder Brueghels wie der Alltagssituation – liegt darin, daß man jeweils die Symbolik der Gegenstände verstehen muß. Versteht man sie nicht, so sieht man in beiden Fällen zwar einen bunten Realitätsausschnitt vor sich, mit allerlei Gegenständen und Ereignissen, die man auch durchweg benennen kann, aber man versteht den eigentlichen Sinn des Ganzen nicht, der das platte Da-Sein und So-Sein der Situation kunstvoll überwölbt und mit dem Horizont der Lebenswelt verbindet.
Die Kultur liefert den Schlüssel dieses Verständnisses, liefert den »Code«, nach dessen Regeln Schwerter Symbole des Krieges, Tauben Symbole des Friedens, Türme Symbole überheblicher Macht, Kinder Symbole der Unschuld und Lämmer Symbole des Opfers sind. Nun könnte man denken, daß all diese Überlegungen erst beim Verhältnis der Wirklichkeit zur Kunst und in den Reflexionen über dieses Verhältnis eine Rolle spielten. Aber dem ist nicht so: Schon die elementarsten Objekte und Ereignisse der primitivsten Anfänge der Kultur sind immer symbolisch – Dinge gehören zur Kultur nur dann, wenn sie in einem Zusammenhang von Verweisungen stehen, wenn sie einen Sinn haben, das heißt: mehrdeutig sind.

Nicht die physische Wirklichkeit weist den einzelnen Elementen der Umwelt ihre Bedeutung zu, sondern umgekehrt: Erst über symbolische Referenzen erhält ein *»set«* von Elementen seine Bedeutung als Situation des Erlebens und Handelns. Erst damit entsteht das, was wir als »Wirklichkeit« – als Erleben und Handeln Bewirkendes – verstehen. Ohne die symbolischen Referenzen, also ohne kulturelle Kodifikation, bräche »Wirklichkeit« nur in Form dumpfer Naturgewalt über uns herein.

Kultursysteme sind Sinnsysteme. Sinn entsteht durch Verweisungen, durch Referenzen: Etwas (ein Objekt, ein Gegenstand, ein Ereignis) ist es selbst (zum Beispiel ein Stein), aber es verweist zugleich auf Situationen, in denen es in bestimmter Weise vorkam (der Stein beispielsweise als Waffe, Werkzeug oder Schmuck) oder auf Möglichkeiten, in denen es in einer besonderen Weise genutzt werden könnte (der Stein beispielsweise als einer unter vielen, die zusammen eine Mauer bilden). Diese Erinnerungen oder Projekte sind immer Gedanken einzelner Menschen – aber erst im Kollektiv, in der Gruppe, in der sozialen Kulturgemeinschaft, können sich solche Referenzen zu einem System verdichten, das allen verfügbar ist, wenn auch, bei elaborierten Kultursystemen, in einem abgestuften Maße. In dem Maße, in dem sich solche einzelnen Referenzen zu einem System verdichten, wie also aus den persönlichen Empfindungen, Anstößen, Reizen, die von einem Objekt oder einem Ereignis einem *einzelnen Individuum* gegenüber ausgehen, ein generalisiertes Orientierungsmuster wird, das *jedermann* in einem Kulturbereich (zumindest potentiell, wenn er nämlich über die entsprechende »Bildung« verfügt) zugänglich ist, in diesem Maße also entstehen komplexe Sinnsysteme, entsteht Kultur, in der hier gemeinten Auffassung.

Bei den vorangegangenen Systembildungen des Erlebens und Handelns, die das Verhalten der Menschen in der Gemeinschaft steuern, nämlich den »behavioralen«, den »psychischen« und den »sozialen Systemen«, haben wir stets betont, daß es sich um kybernetische Systeme handelt, deren Aufgabe es ist, einen konkreten Ablauf (hier: menschliches Verhalten in der Interaktion und Kommunikation) zu regeln. Wie sieht diese kybernetische Kontrollfunktion in diesem vierten Funktionsbereich, im Bereich der Kultur aus? Hier geht es um die Steuerung des Verhaltens unter dem Aspekt der »sinnhaften Bedeutung«. Welche Bedeutung, welchen Sinn haben die Ereignisse, die auf uns einwirken – wie dürfen, wie müssen wir sie erleben? Und weiter: Welche Bedeutung, welchen Sinn geben wir unserem Verhalten – welches Handlungsschema müssen wir wählen, um die von uns gewollte Bedeutung, den von uns intendierten Sinn anderen verständlich zu machen? Wie können wir Freundlichkeiten, Freude, Enttäuschung, Ablehnung, Zorn, Zustimmung oder Ablehnung, Kummer, Leid, Verzweiflung, Resignation, Entschlossenheit und Optimismus in unserem Verhalten zum Ausdruck bringen?

Betrachten wir nochmals zwei Beispiele aus der Kunst, die eine paradigmatische Bedeutung für die Gesamtheit der kulturellen Systembildungen hat – eines aus der Malerei und ein weiteres aus der Musik. Es gibt ein Bild von Diego Valázques, »Las Meninas«, das nicht nur Kunstwerk im Sinne eines perfekten Gemäldes, sondern zugleich eine Verschlüsselung einer Vielzahl kultureller Referenzen ist: »Königsdienst, Gottesdienst und Kunstübung, Kunstanschauung und Bildbegriff sind unmittelbar verschränkt. Eine Fülle von ›Glaubenstatsachen‹, sozialen Überzeugungen also, bilden die Voraussetzung für ein sicherlich auch virtuoses Kunstwerk, das nur noch intellektuell, aber nicht mehr emotional als Kunstwerk im Stil des 17. Jahrhunderts vollständig begriffen werden kann« (Straub 1982). Das Bild ist eine Konstruktion – es zeigt das Spiegelbild Philips IV und seiner Frau, der Maler selbst bleibt außerhalb des Bildraumes, spiegelt sich aber eben doch mit seinem Können in dem Bilde, in dem der König zugleich ein Spiegelbild des größeren Königs – Gottes – ist, so daß der Künstler als Schöpfer zugleich den eigentlichen Schöpfer in der vollkommenen Darstellung feiert und verehrt.

Das zweite Beispiel für eine Vielzahl von Referenzen, deren Sinn sich über die verwendeten kulturellen Muster entschlüsseln läßt, bietet die »Matthäus-Passion« Johann Sebastian Bachs, die am 15. April 1729 in der Leipziger Thomaskirche uraufgeführt wurde. Viele Kompositionen dieser und vorangegangener Epochen beruhen auf Verschlüsselungen von alphanumerischen Anagrammen, deren Kenntnis uns verloren gegangen ist (vgl. Hocke 1957, 1959 mit weiteren Hinweisen). Einen Rekonstruktionsversuch dieser Art, bezogen auf die »Matthäus-Passion« möchte ich hier zitieren:

»Eines der einfachsten und vordergründigsten Beispiele aus der ›Matthäus-Passion‹: In der Nummer 73 übernimmt der Chor – es ist das einzige Mal, daß Bach dem Chor die Rolle eines einzelnen Soliloquenten überträgt – die Worte des bekennenden Hauptmanns: ›Wahrlich, dieser ist Gottes Sohn gewesen.‹ (Einer der erstaunlichsten Interpretations-Mißgriffe läßt den Chor zur figuralen Aufwärtsbewegung auch noch ein – scheinbar ausdrucksstarkes – Crescendo singen bis zum hohen As auf ›Sohn‹, um dann zu diminulieren – mit dem Effekt, daß das ›gewesen‹ wie eine höhnische Bemerkung, ein ironisches ›Leider: vorbei‹ erscheint.) Zählt man die Anzahl der Baß-Töne, kommt man auf die Zahl 14. Sie ist das alphanumerische Anagramm des Namens ›Bach‹ (B = 2; A = 1; C = 3; H = 8; Summe 14). Daß dies ein Zufall, daß eine solche ›Interpretation‹ an den Haaren herbeigezogen sei, daß sie, völlig unwissenschaftlich, alles und jedes beweisbar mache – der Einwand bleibt nur kurze Zeit aufrechterhalten. Die Solo-Arien der ›Matthäus-Passion‹, die subjektiven Bekenntnisse also der frommen Seele, erweisen sich als außerordentlich klare Bilder, dargestellt in ›vernünftigen‹ Proportionen von nicht weiter diskutabler Eindeutigkeit. Die Reihe der Taktzahlen, numerisch geordnet, lautet: 47 – 52 – 54 – 65 – 74 – 78 – 81 – 91 – 123 – 137 – 155 – 173 – 174. Drei dieser Zahlen (47, 137, 173) sind selber sogenannte Primzahlen, durch keine andere Zahl teilbar. Vier weitere erweisen sich als Kette von Vielfachen der Primzahlen 13 (3 × 13 = 52; 52 × 13 = 65; 6 × 13 = 78, 7 × 13 = 91). Vier weitere sind kleine Vielfache hoher Primzahlen (2 × 37 = 74; 3 × 41 = 123; 5 × 31 = 155; 6 × 29 = 174). Es verbleiben die Zahlen 54 (= 2 × 27) und 81 (= 3 × 27). Was die Zahl 74 betrifft: sie kehrt wieder im Einleitungschor. Die dortige Gesamttaktzahl 90 reduziert um die instrumentale Einleitung (16) ergibt ebenfalls 74. Diese Zahl aber stellt das alphanumerische Anagramm des lateinischen Begriffs ›dilectio‹, Liebe dar. Warum ging Jesus in die Passion? Der Einleitungschor verrät es: ›Aus Lieb und Huld‹. Und die 74-Takte-Arie heißt: ›Aus Liebe will mein Heiland sterben.‹ Oder die Zahl 81: Im vorausgehenden Arioso heißt es: ›Der Friedensschluß in nun mit Gott gemacht, denn Jesus hat sein Kreuz vollbracht.‹ Das auslösende Anagramm-Wort heißt ›mediator‹, Mittler, Heiland, und ist einer der wichtigsten Heilsbegriffe der christlichen Religion. Daß Bach gerade diese Zentralbegriffe auch in der lateinischen Sprache kannte, kennen mußte, geht aus seiner Leipziger Anstellungsverpflichtung hervor. Er war am 8. Mai 1723, drei Wochen vor seiner formellen Bestallung, vom Leipziger Konsistorium auf seine religiösen Grundsätze und Kenntnisse geprüft, eine Woche darauf ›confirmirt‹ worden, hatte eine Concordienformel unterschrieben und einen Eid darauf geleistet. Jeden Sonnabend mußte er den Tertianern und Quartanern den lateinischen Katechismus erklären.

Was hier wie eine obskure und skurrile Taschenspielerei aussieht, hat einen realen Hintergrund. Johann Sebastian Bach war ein – vielleicht der letzte – Vertreter jener Geisteshaltung, die etwas (er-)schafft gemäß jenen Proportionen, die einer göttlichen Ordnung, einem göttlichen Plan eigen sind, diese abbildend, ihre Ordnung von dort beziehend. Bachs musikalische Ordnung entspricht einer Ordnung, die die Kirche in ihrer Lehre offenbart, wenn sie Gottes Wort verkündet. Bachs Verkündung ist die der Kirche mit anderen Mitteln« (Herbort 1981: 41 f.).

Solche Beispiele erklären nicht unmittelbar, was Kultur ist. Aber sie eröffnen Perspektiven, in denen man über diese Frage nachdenken kann. Entscheidend für uns ist das Verständnis von Kultur als einem in sich selbst *komplexen* Element, das in die Steuerung des menschlichen Verhaltens eingreift. Kultur, so definiert Parsons, besteht aus einem kodifizierten System von Sinnsymbolen und aus den Handlungsaspekten, die sich direkt auf Probleme der Sinnbedeutung solcher Symbole beziehen. Kultur umfaßt also Glaubenssysteme, Aussagensysteme mit kognitiver Bedeutung und expressive Symbole sowie schließlich den Code, auf dem ihre Sinnbedeutung beruht (Parsons/Platt 1973: 8). In einer sehr vereinfachten Fassung könnten wir auch sagen, Kultur sei ein System von Regeln – und zwar von Regeln darüber, welcher Sinn, welche Bedeutung, den Ereignissen der Lebenswelt zukommt, im Kleinen wie im Größten. Danach muß sich unser Erleben und Handeln richten.

Teil V

1. Von »Funktionsbereichen« zu »Funktionen«

Im letzten Abschnitt wurden vier *Funktionsbereiche* herausgearbeitet und in Systemen zusammengefaßt, nämlich das »Behaviorale System«, das »Psychische System«, das »Soziale System« und das »Kultur-System«. Bei dieser Systematisierung handelt es sich im wesentlichen um eine Systematisierung unserer Alltagserfahrungen, die hiermit in ein bestimmtes Schema gefaßt wird.

Könnte man sie auch in ein anderes Schema fassen? Sind Re-Konstruktionen beliebig? Re-Konstruktionen sind *nicht* beliebig, aber ihre Gestaltung ist variabel. Angenommen, wir ließen Menschen ein Bild oder Ereignis beschreiben – würden wir nicht verschiedenartige, variierende Darstellungen eines als identisch vorausgesetzten Zusammenhanges erhalten? Ihnen allen läge sozusagen dasselbe »Radikal« (Frege/Wittgenstein) zugrunde, aber die Rekonstruktion des gesamten Sinnzusammenhanges, die Anordnung und Betonung der Komponenten, die Tönung und Chromatik wären vermutlich unterschiedlich.

Nicht anders verhält es sich bei wissenschaftlichen Rekonstruktionen der lebensweltlichen Verhältnisse. Der Weg zur Theoriebildung ist ein Pfad selektiver Abstraktionen, der Verdichtung und Systematisierung, bei dem die zahllosen Elemente der Alltagserfahrung in andere Kategorien transformiert und in andere Sinnzusammenhänge gefaßt werden – zusätzlich zu den vielfältigen Sinnverweisungen der Alltagswelt treten nun die nach »tieferen Gründen« suchenden und zugleich in ihrer wissenschaftlichen Abstraktheit nach »überwölbenden Referenzen« strebenden kognitiv-rationalen Sinnmuster hinzu. Auch hier könnte man von einem »Radikal« sprechen, das gleichsam den »objektiv gegebenen Kern der realen Situation« bildet, auf den man sich immer rückbeziehen kann, während demgegenüber jede Wiedergabe dieser Situation eine Selektion unter vielen Möglichkeiten ist – wieviel Wissenschaftler, soviel Rekonstruktionen.

Vielfältige, aber nicht beliebige Möglichkeiten stehen also der Wissenschaft zur Verfügung, wenn sie es unternimmt, die lebensweltlichen Verhältnisse zu systematisieren. Parsons' Ansatzpunkt ist, wie dargestellt, auf vier Funktionskreise bezogen, die zu den genannten Systembildungen führen. Der nächste Schritt wird nun darin bestehen, von den Funktionskreisen zu echten Funktionen überzugehen. Diese Zuordnung von Funktionen beruht auf *analytischen* Überlegungen – im Gegensatz zu den vorangegangenen *synthetischen*, das heißt, an empirischen Gegebenheiten orientierten Systematisierungen. Was bedeutet das? Es bedeutet, daß wir uns entschließen, die genannten Funktionsbereiche (oder Systeme) jeweils einer bestimmten Funktion zuzuordnen, die sie erfüllen. Theorietechnisch erfordert die Zuordnung von Funktionen zu bestimmten System-Komponenten zunächst die Angabe eines übergeordneten Systems, in dem diese einzelnen Komponenten als Elemente oder Subsysteme vorkommen. In unserem Fall ist das übergeordnete System natürlich das allgemeine Handlungs-System (das allgemeine System des Erlebens und Handelns), und die »Funktionsbereiche« bilden ihrer Struktur nach vier Subsysteme, die sich aus den genannten Komponenten zusammensetzen.

Welche Funktionen erfüllen nun diese vier Subsysteme jeweils? Wie gesagt – diese nun vorzunehmende Zuordnung beruht auf *Definitionen*, nicht auf empirischen Einsichten.

Eine solche Zuordnung ist notwendig, weil anders das Problem der Systemkonstruktion überhaupt nicht zu lösen ist. Systeme *sind* Konstruktionen; sie kommen in der Wirklichkeit nicht vor, sondern werden von uns entworfen – und zwar aus Elementen der Wirklichkeit, die – nach unserer Auffassung, in unserer Weltsicht, in der Reflexion über unser Erleben und Handeln – zusammengehören und daher zu Recht von uns zu der Vorstellung eines Systems verbunden werden können. Wenn nun aber derartige Systembildungen *immer* auf Konstruktionen unseres Verstandes beruhen, so muß dies *auch für die Funktionen* gelten, deren Wirksamkeit wir in einem solchen System unterstellen. Die Funktionen sind *Funktionen im System* und daher nicht aus der Wirklichkeit ableitbar.
Nach diesen Vorbemerkungen können wir uns nunmehr den vier Funktionen zuwenden, die von Parsons für die Theorie der Handlungssysteme eingeführt worden sind. Die *erste Funktion*, die sich auf das Behaviorale System bezieht, wird von Parsons als *»Adaptation«* definiert. Adaptative Funktionen werden von Systemkomponenten erfüllt, die zwischen System und Umwelt vermitteln. Dabei werden einerseits der Umwelt die vom System benötigten Mittel in Form von systemspezifischen *»inputs«* entnommen, das heißt, in der Menge, Zusammensetzung, zeitlichen Abfolge usw., die das System benötigt; andererseits vom System Verhaltensleistungen produziert, die der System-Umwelt angepaßt sind. Adaptative Leistungen sind rein »technischer« Natur – und umgekehrt ist »Technik« das beste Beispiel für rein adaptative Prozesse. Sie sind instrumentelle Notwendigkeiten, Lösungen von Problemen, die bewältigt werden müssen, damit das System bestimmte Ziele erreicht.
Ziele zu setzen, ist wiederum eine *zweite Funktion*, die Parsons innerhalb der Theorie der Handlungssysteme den Psychischen Systemen zuweist. Dafür definiert er die Funktion des *»goal-attainment«*. Systeme, die derartige Funktionen besitzen, werden allgemein als »Systeme mit einer zielgerichteten Organisation« (kurz ZO-Systeme) bezeichnet. Was sind »Ziele«? Aus der Sicht der Systeme sind »Ziele« bestimmte Relationen zwischen einem System und seiner Umwelt; das System nimmt einen besonderen Zustand oder eine Klasse von Zuständen ein, und dies bedeutet zugleich (bei offenen Systemen – und alle Systeme sind hinsichtlich bestimmter Merkmale offen), daß gewisse Input/Outputrelationen zwischen dem System und seiner Umwelt in einem konstanten »Fließgleichgewicht« gehalten werden können.

Betrachten wir zur Verdeutlichung nur ein kurzes Beispiel: Eines meiner Ziele könnte es sein, jede Woche mindestens zweimal die Zeit für einen Waldlauf von 5000 m aufzubringen und dabei die 5 km unter 20 Minuten zu laufen. Dies setzt einerseits ein regelmäßiges Training und damit die (adaptative!) Anpassung meines Organismus (des behavioralen Systems insgesamt) voraus; andererseits setze ich mir damit ein Ziel, dessen Verwirklichung eben in der kontinuierlichen Laufleistung und der Einteilung meiner zeitlichen und körperlichen Möglichkeiten besteht – kurz: in der Etablierung eines konstanten Verhältnisses zwischen meiner Umwelt und mir, soweit es gerade um dieses spezielle Ziel geht.

Die *dritte Funktion*, die Parsons definiert und auf das Soziale System bezieht, ist *»Integration«*. Dies ist ein schwieriger, weil durch zahllose Mißverständnisse der soziologischen Diskussion belasteter, Begriff. Von vielen Kritikern und Referenten der Parsons'schen Theorie wurde nämlich der Begriff der »Integration« mit der Vorstellung von »Harmonie« verbunden und dem Begriff des »Konflikts« gegenübergestellt, so daß Einteilungen der Theorie entstanden, in denen man »Harmonie-Theorien« mit »Konflikt-Theorien« kontrastieren konnte. Hinzu kommt, daß Parsons an vielen Stellen den Begriff *»(social) order«* verwendet, und dies hat dazu verleitet, auf dem Hintergrund von Assoziationen wie *»law and order«*, »bürgerlicher Ordnung«, »Ordentlichkeit« usw. Parsons ein normatives Ordnungsdenken zu unterstellen. Das sind, wie Parsons Schriften zeigen, natürlich alles nur Dummheiten, entstanden aus der chronischen Unfähigkeit mancher deutscher Ordinarien, das, was sie kritisieren, vorher zu lesen, und das, was sie lesen, hinterher zu verstehen – falls sie überhaupt lesen; in der Regel substituieren sie nämlich, wie man wohl weiß, aber mit der Fiktion okkulter Informationsaufnahme über magische Kanäle überspielt, die Lektüre von Büchern durch Einstellen von Büchern in ein Regal sowie Klassifikation von Autoren durch Vorurteile, die auf Kongressen erzeugt und durch klatschhafte Gespräche in Umlauf gebracht werden.

Demgegenüber liegt die von Parsons gemeinte Funktion der »Integration« ausschließlich darin, die Einheit des Systems, das aus einer Vielzahl von differenzierten Komponenten besteht, *in einem technischen Sinne* herzustellen. Was ist hier mit dem Ausdruck »in einem technischen Sinne« gemeint? Dieser Ausdruck soll mit dem Begriff des »normativen Sinns« kontrastiert werden. »Integration«, als Funktion, ist nämlich *kein* normatives Konzept, sondern ein technisches Systemproblem, das gelöst werden muß, wenn und soweit ein System als erkennbarer Zusammenhang für sich, abgesetzt von seiner Umwelt, konstruierbar sein soll. Jedes System muß über *Integration* verfügen, das heißt über Komponenten oder Kräfte, die das System als Einheit zusammenhalten. Man kann eine Sammlung von wissenschaftlichen Aufsätzen durch ihre Vereinigung in einem Band zwischen zwei Buchrücken integrieren *(»book-cover-integrate«)*, was ein gutes Beispiel dafür ist, wie man »die Einheit des Systems in einem rein technischen Sinne« herstellt. Man kann die Aufsätze aber auch nach inneren Kriterien zusammenstellen und die Integration durch eine entsprechende Edition, samt verbindender Einleitung, gewährleisten – und in diesem Fall würde man die »integrative Komponente« nicht in den Buchdeckeln, sondern in den Beiträgen des Herausgebers erkennen.

Ein anderes Beispiel für die integrative Komponente von Systemen wären die in den atomaren und molekularen Strukturen wirksamen Kräfte, die den Zusammenhalt der Materie herstellen, nämlich die elektromagnetische Wechselwirkung, die die Elektronenhülle der Atome an den Atomkern bindet, sowie die sogenannte »Starke« und »Schwache« Wechselwirkung zwischen den Kernelementen und schließlich die Gravitationswechselwirkung (vgl. Asimov 1982: 15–35, insbesondere 24).

In bezug auf die Handlungssysteme – also die Systeme des Erlebens und Handelns von Menschen, wobei sich dieses Erleben und Handeln immer in der Gemeinschaft, in einem gesellschaftlich geschaffenen und erhaltenen Rahmen, abspielt – wird diese Funktion der Integration von nun all den Komponenten übernommen, die wir den »Sozialen Systemen« zurechnen. An dieser Stelle sollte zugleich jedermann völlig klar sein, was »Soziale Systeme« sind – nämlich: funktionale Subsysteme oder funktionale Komponenten von Handlungssystemen. Soziale Systeme sind also nichts, was gleichsam für sich, als besondere Entität, vorkäme; es sind ausschließlich gewisse Elemente innerhalb der Handlungssysteme, die – in unserer Betrachtungsweise – eine bestimmte Funktion erfüllen. Soziale Systeme sind also insbesondere nicht, wie manchmal in völliger Verkennung der Theoriekonstruktion von einigen soziologischen Handwerksburschen behauptet wird, welche das feine Gespinst der Theorie wieder zu handlichen Knütteln verdichten möchten, um dem näher zu kommen, was sie für »Realität« halten, nämlich das, was man ihnen um die Ohren hauen kann ... Soziale Systeme sind also insbesondere nicht Aggregationen von Menschen, etwa drei anläßlich einer Tagung vergnügt in einer stillen Ecke biertrinkende Schwätzer, welche dort alle Probleme der Welt in großen Zügen lösen, oder auch zwei auf einem Abort unten pinkelnde, oben kunkelnde Politiker. Wer dies für Sozialsysteme hält, verwechselt noch immer Saufen und Pinkeln mit Integration, allgemeiner formuliert, körperliche Aktionen von Menschen mit funktionalen Abläufen in Systemen.

Wie funktioniert diese Systemintegration durch die sozialen Komponenten des Erlebens und Handelns? Nun, stellen wir uns zunächst beliebige Verhaltensschemen vor, die (natürlich ist das eine Fiktion!) eine soziale Komponente *noch nicht* enthalten. Das Erleben und Handeln der Menschen bliebe in diesem Fall völlig frei von einer Orientierung an den Mitmenschen, und es würden keine Systeme *gemeinsamen* Handelns entstehen, sondern nur die fortlaufende Kette des individuellen Verhaltens. All diese Ketten liefen nebeneinander her, jede Berührung oder gar Verknüpfung wäre rein zufällig, nicht gewollt, sondern nur physisch erzeugt. Die Verknüpfung dieser Abläufe entsteht, indem eine zusätzliche Komponente in die Organisation des Verhaltenskomponenten aufgenommen wird, die jedes Erleben und Handeln *eines* Individuums mit dem Erleben und Handeln *anderer* verbindet. Der soziologische Begriff für derartige Elemente lautet »Rollen-Komponente«, und diese Rollenkomponenten müssen in einer ähnlichen Weise aufgefaßt werden wie Partikel in Atomen.

Die Parallele liegt in folgendem: Ein Atom ist aus Elektronen sowie einem Kern aufgebaut. In derselben Weise stellen wir uns (dies ist natürlich ein Bild!) die »Atomstruktur« des Erlebens und Handelns vor – als ein komplexes System elementarer Komponenten«, zu denen unter anderem die Rollenkomponenten gehören – die anderen Komponenten sind behavioraler, psychischer und kultureller Natur. Die integrative Wirkung der Rollenkomponenten beruht darauf, daß jedes Erleben und Handeln, gleichgültig, welche Absichten und Wirkungen es sonst hat, eben durch die soziale Komponente auf das Erleben und Handeln *anderer* bezogen ist – jedes Erleben und Handeln ist damit unausweichlich Handeln in der Gemeinschaft (und sei es selbst eine fiktive – der Fall Robinsons). Die *sozialen*, oder noch präziser: die sozialsystemischen Komponenten von Handlungssystemen sind also die *integrativen* Komponenten – und umgekehrt; dies sind Identitäten, die auf einer Zuordnungsdefinition beruhen. Wir können von »Sozialsystemen« sprechen, dann argumentieren wir auf der Ebene der Systematisierung von Alltagserfahrungen – wir »verwissenschaftlichen« gleichsam das, was wir aus der Beobachtung der Lebenswelt entnehmen; oder wir können von »integrativen Komponenten« sprechen, dann argumentieren wir auf der Ebene von analytischen Funktionen, die wir über Definitionen eingeführt und bestimmten Phänomenen zugeordnet haben. Was man lernen muß, ist, beide Ebenen (für die Theoriebildung: fruchtbar) miteinander zu verknüpfen.

Sozialsysteme haben eine integrative Funktion in Handlungssystemen – genauer: sie sind die integrativen Komponenten dieser übergeordneten Systeme des Erlebens und Handelns. Die elementaren Komponenten der Sozialsysteme wiederum sind die »Rollenkomponenten«, und durch die Verknüpfung solcher Komponenten entstehen komplexere Zusammenhänge. Die Grundkenntnisse der Rollentheorie sind heute ein unproblematisches Allgemeinwissen. Hier kommt es von all den vielen Aspekten der Rollentheorie nur auf einen Punkt an – den Umstand, daß Rollenkomponenten stets als Relationen zu interpretieren sind: Die Rolle, in der ich handele, ist auf eine Vielzahl anderer Rollen bezogen, sie verknüpft mich mit dem gesamten System.

Die konditionale Basis solcher Verknüpfungen reicht bis in das organische System, also bis auf die biologische Ebene. Vermutlich gilt das für alle strukturbildenden Komponenten der Handlungssysteme. Es gibt also nicht nur soziale Zwänge, denen der Mensch nicht entkommen kann, weil er überall schon immer andere Menschen vorfindet, mit denen er gemeinsam erleben und handeln muß; es gibt nicht nur ein psychisches Bedürfnis, einen anderen Menschen zum Partner des Erlebens und Handelns zu machen, sondern es gibt auch und vor allem von vornherein (das heißt: noch vor die anthropologischen Kategorien gelagert) biologische Gesetzmäßigkeiten, die den Menschen zu einem notwendigerweise sozialen Lebewesen machen. Die zweigeschlechtliche Fortpflanzung ist nur ein besonders ins Auge springender Aspekt des Sachverhaltes. Aber diese konditionalen Faktoren werden in der evolutionären Entfaltung der Handlungssysteme überarbeitet, überformt, in besondere kulturelle Muster gebracht und sind dann erst in dieser evolutionären Spätform und kulturspezifischen Gestalt unserer Reflexion zugänglich. Ihre »natürlichen Ursprünge« können wir nur in fiktiven Modellen rekonstruieren. Wir können nur behaupten, daß es eine biologisch angelegte Affekt-Dynamik gibt, die die Energiekomponente des Rollenhandelns darstellt. Die integrative Wirkung, die Rollenkomponenten entfalten, beruht also letztlich auf der Mobilisierung der Affekt-Dynamik, die über die Sozialsysteme erreicht wird. Wir werden auf diesen Punkt im Zusammenhang der Medien noch ausführlicher eingehen.

Die *vierte Funktion,* die Parsons, mit Blick auf das Kultur-System, einführt, lautet *»latent pattern-maintenance«.* Die Schwierigkeit, diesen Term zu übersetzen, ist Teil der Theoriediskussion geworden. Der Begriffsteil *»latent«* bezieht sich auf entwicklungspsychische Aspekte, nämlich die sogenannte »Latenzphase« – die direkten (sexuellen) Komponenten sinken ab in tiefere Schichten und werden, ohne ihre Kraft zu verlieren, von anderen Mustern bändigend überlagert. Der Begriff *»latent«* soll also kennzeichnen, daß einerseits im System keine offen erkennbaren Prozesse ablaufen *(»no overt action«),* andererseits in den tieferen Schichten eine Dynamik wirkt, die in Hinblick auf die langfristigen Entwicklungsprozesse eine bestimmte prägende Kraft ausstrahlt. Der Begriffsteil *»pattern-maintenance«* bedeutet, daß die im System angelegten und seine Struktur (seinen Aufbau, seine Identität) formenden Bildungsprozesse (»Bildung« nicht im Sinne von *»education«,* sondern von *»formation«) erhalten* werden – aber der Begriff der »Erhaltung« darf wiederum nicht im Sinne von »Bewahren/Konservieren« verstanden werden, sondern im Sinne einer funktionalen Instandhaltung *(»maintenance«* als fortlaufende Wartung eines dynamischen Systems). Dies schließt auch Veränderungsprozesse, den Umbau von Komponenten, Funktionsveränderungen, Wandel mit ein.

Das gedankliche Modell, das der Konzeption dieser Funktion ursprünglich zugrundelag, dürfte die Entwicklung der Persönlichkeit gewesen sein. Man muß sich dabei auf Probleme der Integration der vielen Aspekte der Identität beziehen – wie ist es möglich, eine autonome, beständige Ich-Identität zu gewinnen? Dies ist eine Frage nach der strukturellen Identität – und in einer verallgemeinerten Form wird diese Frage zu einem Systemproblem, auf das sich *»latent pattern-maintenance«* bezieht.

2. Ein quasi-axiomatisches System

2.1 Die Grundbegriffe

Die Bemerkungen des vorangegangenen Abschnitts bildeten die erste Stufe auf dem Weg zum analytischen Teil von Parsons' Systemtheorie. Darin wurden die vier Systemfunktionen ihrem Namen nach eingeführt und den vier Subsystemen zugeordnet, die zuvor entwickelt worden waren. Man muß nun daran gehen, die Systemfunktionen genauer zu definieren. Die Überlegung Parsons' zielte darauf, die zunächst auf einer mehr oder minder voraussetzungsvollen ad-hoc Basis herangezogenen Funktionen und die daran hängenden Folgekonzepte analytisch zu vertiefen und ihnen ein logisches Fundament zu geben. Man darf das nicht so mißverstehen, als wäre es Parsons darum gegangen, einer ursprünglich willkürlichen Behauptung den Anschein der Beliebigkeit durch eine nachträgliche Rationalisierung zu nehmen. Viele Entdeckungen und Konzepte der Wissenschaft sind zunächst als halbfertige und dennoch im Moment ihrer ersten Formulierung geniale Ideen geboren und erst im Laufe ihrer Ausarbeitung logisch geordnet, geformt und abgerundet worden – dieses Problem der Konsistierung entsteht immer. So auch hier: Die sogenannten »Systemprobleme« oder »Systemfunktionen« entstanden als ein Vor-Entwurf auf eine spätere konsistente Systemtheorie, die für Parsons ein lebenslängliches Ziel blieb, und eine der Hauptarbeiten für Parsons über sein ganzes Leben hinweg bestand in der logischen Konsistierung des grundlegenden Funktionsschemas.

Dabei orientierte sich Parsons stets an dem Ideal einer axiomatisch-deduktiven Theorie, wie sie etwa in der klassischen Mechanik vorliegt (als Darstellung einer solchen Theorie vgl. Woodger 1939). Eine axiomatisierte Theorie ist natürlich immer ein Spätprodukt in einem Wissenschaftsgebiet, auf dem bereits eine gewaltige Zahl von Kenntnissen vorliegen muß, die sich nun in eine Reihe von Grundannahmen fassen lassen, aus denen im Wege der deduktiven Ableitung dann alle weiteren Theoreme folgen. Auch wenn die Sozialwissenschaften noch ein gutes Stück von einem solchen Idealbild entfernt sind, so schien es Parsons doch möglich, seinen Ansatz zumindest der Idee nach so zu formulieren, daß er diesem Schema entsprach – also zu gewissen Grundannahmen vorzustoßen, die quasi als »Axiome« interpretiert und aus denen die weiteren Begriffe dann, wenn auch nicht streng deduktiv, durch immer weitere Spezifizierung abgeleitet werden konnten. Unter diesem Gesichtspunkt muß man also den Versuch Parsons' verstehen, mit zwei Begriffspaaren als Ausgangspunkt der Theoriebildung zu beginnen und die funktionalistische Systemtheorie von dieser para-axiomatischen Basis aus zu entwickeln. Wir werden diese Schritte Parsons' nachverfolgen und dabei zeigen, in welcher Weise sich das Funktionen-Schema daraus ableiten läßt.

(1) Das erste Begriffspaar, von dem Parsons ausgeht, differenziert alle Ereignisse des wissenschaftlichen Universums unter dem Aspekt »interner« versus »externer« Bezüge oder Zurechnungen. Jedes System in einem solchen Universum ist – als offenes System, und alle Systeme, von denen wir wissen, sind offene Systeme (mit Ausnahme der sogenannten »Schwarzen Löcher«, die nur einseitig offen, auf der Outputseite jedoch geschlossen sind, vgl. Asimov 1977) – mit allen anderen Systemen (oder allgemein: mit der Umwelt) in vielfacher Weise interdependent. Bei der Konstitution und Analyse von Systemen erhebt sich also stets die Frage, ob wir bestimmte Prozeßabläufe und ihre Ergebnisse *internen* Mechanismen des Systems zurechnen oder ob wir sie als *externe* Beziehungen zwischen System und Umwelt mit entsprechenden Zurechnungen der Kausalitäten einstufen wollen.

Einige extrem einfache Beispiele: Ein Schüler gibt auf eine Frage eine gute Antwort, aber sie wurde ihm vorgesagt – in diesem Fall könnte man die Antwort nicht ihm zurechnen, sondern »externen Faktoren«. Ein besonders schlanker Mensch kann diese Verfassung seinem eigenen Willen oder äußeren Umständen (Mangel) verdanken – internen oder externen Faktoren. Ebenso kann die hohe Sparquote in einer Volkswirtschaft interne Gründe (Sparwillen) oder externe Gründe (Mangel an Bedarfsgütern: »Zwangssparen«) haben. Der Reichtum einer Nation kann auf dem Fleiß seines Volkes (interner Faktor) oder auf dem bloßen Vorhandensein bestimmter Rohstoffe (Öl – externer Faktor) begründet sein. Die Veränderung der gesellschaftlichen Verhältnisse kann auf evolutionären Prozessen oder äußeren Einwirkungen (beispielsweise klimatischer Art oder Eroberungszügen anderer Stämme) beruhen ...

(2) Das zweite Begriffspaar ist schwieriger – schon die Terminologie schwankt. Sie schwankt zwischen dem Gegensatzpaar »instrumentell – expressiv« und »instrumentell – konsumatorisch«. Beginnen wir mit dem konstanten Begriffselement – »instrumentell«. – Ein Ereignis, eine Relation, ein beliebiger Gegenstand heißt »instrumentell«, wenn das so klassifizierte Objekt nur ein »Mittel zum Zweck« ist. Das Klingeln des Weckers ertönt nicht um seiner selbst willen – als schöne Melodie, die eine Darstellung verdient –, sondern ist ein Hinweis auf Ereignisse, die nun ihren Platz beanspruchen. Das schließt

nicht aus, daß das Läutwerk melodiös, mit Liebe, mit künstlerischem Selbstwertanspruch gestaltet sein könnte.

– Daraus ergibt sich sogleich, wie der Begriff »expressiv« interpretiert werden muß – als Kennzeichnung einer Relation oder eines Gegenstandes mit einer eigenen, in sich selbst ruhenden Bedeutung. Ein Bild oder selbst nur ein Foto eines Menschen sind in der Regel expressiv; sie bilden nicht nur ab, sondern »bringen etwas zum Ausdruck«. Demgegenüber hätte ein Fahndungsfoto einen überwiegend instrumentellen Charakter. Eine hastig eingenommene Mahlzeit, die nur den Hunger stillen soll, wäre »instrumentell« zu interpretieren; ein mit Genuß und Stil arrangiertes Essen dagegen »expressiv«. Im allgemeinen sind Dinge nicht per se »instrumentell« oder »expressiv«, sondern werden aus dem Sinnzusammenhang heraus so oder so zu interpretieren sein; dennoch können zahlreiche Phänomene innerhalb einer Kultur relativ festgelegt sein – Gebete, beispielsweise, dürften eigentlich keinen instrumentellen Charakter und umgekehrt wird Arbeit wohl immer instrumentellen Charakter tragen.

– Als Gegenbegriff zu der »instrumentellen« Kategorie hat Parsons auch den Ausdruck »konsumatorisch« verwendet. Aus dem Kontext ist abzulesen, daß sich Parsons dabei auf Vorstellungen aus der ökonomischen Theorie bezieht: »Konsum« als Güterverzehr. Konsum ist das eigentliche Ziel aller wirtschaftlichen Tätigkeit; wir arbeiten, um etwas hervorzubringen, von dem wir leben können – Leben als Konsum. Man darf also den Begriff »Konsum« nicht in einem engen Sinne verstehen, sondern als symbolische Umschreibung für alle Aspekte des Lebens, die wir bewußt ausschöpfen, die wir in ihrem eigenen Sinn erleben. Feste, beispielsweise, sind typische Ereignisse, die man »um ihrer selbst willen« erlebt. Demgegenüber scheint die tägliche Arbeitszeit selten als Prozeß, der aus sich selbst heraus einen erlebenswerten Sinn hat, sondern nur als instrumenteller Ablauf, der notwendig ist, um andere Ereignisse zu ermöglichen.

Aus diesen Andeutungen erkennt man, daß die Verwendung der Termini »expressiv« und »konsumatorisch« gleichwertig ist; sie bedeuten dasselbe: Ereignisse oder Beziehungen, die ihren Sinn in sich selber tragen, die Sinn stiften und ihren Sinn nicht durch Bezüge zu anderen Zusammenhängen erst herstellen müssen. Diese (zweite) Begriffskomponente des Gegensatzpaares »instrumentell/konsumatorisch« ist – aufgrund ihrer vielfältigen Auslegungsmöglichkeiten – sehr inhaltsreich. Es wird sich lohnen, vor der Weiterentwicklung der Funktionslogik, noch einige Überlegungen darauf zu verwenden.

(3) Zur Bedeutung des Begriffs »konsumatorisch« (und dem Gegensatz »instrumentell«): Zunächst bedeutet der Begriff lediglich, daß etwas »jetzt verbraucht wird«; weder wird es für spätere Verwendungen aufgespart noch für die Produktion anderer Dinge eingesetzt. Bezogen auf menschliches Erleben und Handeln kennzeichnet der Begriff daher zugleich eine bestimmte Einstellung und Lebensweise: die Verhaftung an der Gegenwart, die mangelnde Fähigkeit zu weiterreichenden Überlegungen, zu fernreichendem, vorsorgendem Denken. Menschen leben zunächst an einem diffusen Gegenwartspunkt, einem *»eternal now«*, an dem sich alles Erleben und Handeln abspielt.

Erleben und Handeln sind immer »jetzt und hier« stattfindende Ereignisse, die jetzt und hier Kräfte erfordern, Kapazitäten binden und folglich Energien jetzt und hier aufbrauchen und erschöpfen (konsumieren). Zugleich muß dieses Erleben und Handeln aber »anschlußfähig« sein (wie Luhmann stets formuliert hat) – es muß fortsetzbar sein, Kontinuität haben. Erleben und Handeln erzeugt aus sich heraus fortwirkende Effekte und Sinnstrukturen und ist damit zugleich »instrumentell bewirkendes Handeln«. Auf diese Differenzierung kommen wir zurück.

Der Aufbau von Sinnzusammenhängen im Erleben und Handeln muß notwendigerweise immer »jetzt und hier«, im Gegenwartspunkt, erfolgen, weil das menschliche Bewußt-

sein an die Gegenwart gebunden ist, auch wenn es reflexiv zurück in die Vergangenheit oder antizipativ voraus in die Zukunft greifen kann; dies ist jedoch immer nur auf einer sinnhaften Basis möglich, die ihr Fundament »jetzt und hier« hat. »Konsumierendes«, »sich verzehrendes« Erleben und Handeln findet immer jetzt und hier statt; es weist nicht über sich hinaus, sondern konzentriert alle Kräfte des Körpers und der Seele in diesem Punkt. Konsumatorische Akte ruhen in sich selbst; sie binden alle Sinne, alles Bewußtsein. Den stärksten Ausdruck findet diese Vorstellung vermutlich in Ekstasen, in abgeschwächtem Maße wiederholen viele Ereignisse unseres Lebens solche Momente.
Die volle Bedeutung des Begriffskomplexes erschließt sich allerdings erst dann, wenn man ihn, wie von Parsons konzipiert, auf den Gegenbegriff »instrumentell« bezieht und beide wechselseitig interpretiert. »Erleben und Handeln« dienen zur Kennzeichnung menschlichen Lebens – und Leben ist ein dynamischer, pulsierender Prozeß, dessen Rhythmus sich allen Ereignissen aufprägt. Der Wechsel von instrumentellen und konsumatorischen Aspekten im Erleben und Handeln überträgt das tieferliegende, ursprüngliche Pulsieren der biologischen Rhythmen auf das Verhalten. Instrumentelle, fernwirkende, über den Gegenwartspunkt hinausgreifende Sinnzusammenhänge überlagern konsumatorische, verzehrende Akten, in denen wir vollkommen der Gegenwart verhaftet sind. Die Gegenwart, diese diffuse Zone des *»here and now«*, wird durch instrumentelle, teleologische Handlungsentwürfe aufgebrochen und als eine enge, den Gegenwartspunkt umspannende, zeitliche Hülle für Dinge, die Jetzt sind, auf einem unendlichen Hintergrund von Ereignissen, die nicht-jetzt sind, ausdifferenziert. Ereignisse, die jetzt stattfinden, werden getrennt von jenen, die früher (kausal verursachend) stattfanden und solchen, die später (teleologisch) noch bewirkt werden sollen. Entlang der instrumentell-konsumatorischen Achse vollzieht sich also der sinnhafte Aufbau der Lebenswelt – aber ehe wir diesen Gedanken weiter verfolgen, bleiben wir zunächst noch beim Problem der Zeit.

3. Zeit

Die »intern/externe« Dimension ist eine relativ einfache Abstraktion der Grundüberlegungen aller Systembildungen: Ereignisse lassen sich mit Hilfe dieses binären Schematismus aufteilen, so daß sie entweder einem Bezugssystem oder dessen Umwelt zugehören. Die zweite Dimension ist jedoch wesentlich komplexer, und sie führt letztlich zu einem der größten philosophischen Rätsel – der Zeit.
Zeit ist nicht wirklich ein Rätsel. Wenn mich jemand fragt, so weiß ich wohl, was Zeit ist. Will ich es aber erklären, so weiß ich es nicht, stellte schon voller Erstaunen der Heilige Augustinus fest. Das Rätselhafte der Zeit entsteht durch unser Bewußtsein der Zeit – und dieses Problem wirkt sich auf der »instrumentell-konsumatorischen« Achse aus. Um zu verstehen, wie es zu diesen Zusammenhängen kommt, muß man sich zunächst an unsere Einteilung von Systemklassen erinnern – physikalische Systeme, biologische Systeme, Handlungssysteme und telische Systeme. Die fundamentalen Bedingungen des Kosmos werden durch die physikalischen Systeme geschaffen. Dies sind atomare Verbindungen, die materiell-energetische Transformationsprozesse durchlaufen. Auf ihrer Basis kann sich gelegentlich »Leben« entwickeln, das heißt, es kann zur Entstehung von biologischen Systemen kommen. Physikalische Systeme liefern biologischen Systemen die konditionalen Bestimmungsgrößen – Materie und Energie in ihrer raum-zeitlichen Verteilung. Diese physikalischen Aspekte können durch biologische Systeme nicht verändert, sondern nur überformt werden.

Alle Systeme befinden sich insgesamt in einem physikalisch definierten Gesamtsystem – dem »Universum«, das alle Vorgänge in Zeit und Raum umfaßt. Vor rund 440 Jahren (1543) erschien das berühmte Werk *De Revolutionibus Orbium Coelestum,* mit dem Copernicus das alte aristotelisch-ptolemäische Weltbild umstieß (wofür Luther ihn einen Narren schalt »Der Narr will die gantze Kunst astronomiae umbkeren ... aber wie die Heilige Schrift anzeiget, so hieß Josua die Sonne stillstehen und nicht das Erdreich«). Trotz dieser kopernikanischen Revolution hielt man noch immer weitere 400 Jahre an dem Gedanken fest, daß – wenn schon nicht die Erde, so doch zumindest – die Sonne und das Sonnensystem den Mittelpunkt des Weltalls bilden müßten. Aber tatsächlich kreisen wir nur um eine mittelgroße Sonne (eine von rund 100 Milliarden) am Rande (rund 32000 Lichtjahre vom Zentrum entfernt) einer »Milchstraße« genannten Galaxie, die eine unter vielen innerhalb der Lokalen Gruppe ist.
Diese Erkenntnisse sind relativ jung und werden fortlaufend durch weitere Entdeckungen ergänzt. Es ist daher nicht erstaunlich, daß sich bislang sehr wenig davon in unseren Alltagsvorstellungen über »Raum und Zeit« wiederfindet. Die meisten unserer Vorstellungen über den »Aufgang der Sonne« und ihren abendlichen »Untergang« sowie alle anderen Konzepte, die daran anknüpfen, befinden sich eigentlich noch immer in einer vorkopernikanischen Verfassung.
Der Begriff des »Raums« für sich genommen, ist eine Abstraktion, die selektiv die Eigenschaften einer mathematisch (oder geometrisch) bestimmbaren Lage von Objekten relativ zu einem willkürlich gewählten Koordinationssystem festlegt. Der Begriff der »Zeit« verändert diese einfache Vorstellung erheblich, so daß sich eine gewaltige Fülle von Vorstellungen über das »Wesen der Zeit« daran geknüpft hat. Die Einführung der Zeit-Vorstellung erlaubt es, Veränderungen in den räumlichen Verhältnissen als eine weitere Eigenschaft der Vorgänge in einem gewählten Gegenstandsbereich zu thematisieren. Faßt man beide Aspekte zu einem Konzept des »Raum-Zeit-Universums« zusammen, so ergibt sich die Notwendigkeit, eine willkürliche Festsetzung eines Koordinatensystems zusammen mit einem willkürlich bestimmten pulsierenden Rhythmus vorzunehmen. Darin lassen sich dann sowohl Lage-Eigenschaften (räumliche Relationen) wie Bewegungs-Eigenschaften (zeitliche Relationen) darstellen (vgl. Hund 1970; Weil 1923).
Räumliche und zeitliche Konzepte haben sich anhand von konkreten Objektkonstellationen und Naturvorgängen gebildet – beispielsweise den Mondumläufen, Wegstrecken usw. Dennoch sind Raum-Zeit-Konzepte nicht an unsere Natur gebunden; es lassen sich Konzepte entwickeln, die auf keine physikalische Tatsache unserer Welt Bezug nehmen und dennoch »in sich« schlüssig sind. Jede Festsetzung dieser Art, ob physikalisch (durch Verankerung in unserem Erfahrungshorizont) begründet oder rein spekulativ gewonnen, ist willkürlich. Jedoch sind gewisse Wahlen oder Konventionen, weil sie unter dem Aspekt der »Instrumentalität« von Wissenschaft pragmatisch mit bestimmten Erfahrungsparametern verknüpft sind, nicht nur plausibler, sondern auch brauchbarer in Hinblick auf die Bedürfnisse der Lebenswelt (vgl. Teil IV in Fraser 1968).
Dies hat historisch dazu geführt, die Raum-Koordinaten in einem euklidischen (oder cartesischen) Bezugssystem zu wählen, so daß die Raumvorstellungen mit unserer physikalischen Natur übereinstimmen, und als zeitlichen Rhythmus die Schwingungen des Caesiums-Atoms zu wählen, um eine bestimmte Pulsfrequenz als Basis der Zeitrelationen festzulegen. Die Nullpunkte sind dabei willkürlich und immer wieder neu festlegbar; beispielsweise läßt sich ein zeitlicher Nullpunkt auf das Jahr Christi Geburt legen (das seinerseits willkürlich verschoben wurde) oder auf den Neujahrstag, auf den Wochenbeginn an jedem Montag usw. Ebenso läßt sich der räumliche Nullpunkt, je nach den konkreten Erfordernissen, auf den Sonnenmittelpunkt, den Mittelpunkt unserer

Galaxie, den Mittelpunkt der Erde, einen beliebigen Meridianpunkt oder höchst subjektiv mitten in unseren eigenen Körper legen. Alle Relationen bleiben durch diese Transformation unverändert.

Diese Raum-Zeit-Vorstellung, die das gesamte Universum umfaßt, hat sich mit dem Siegeszug und der weltweiten Ausbreitung der modernen Wissenschaften als beherrschendes Paradigma durchgesetzt und wird für alle Bereiche des Lebens akzeptiert. Es ist ein interessantes Problem, die Entwicklungslinien und die zahlreichen Nebenlinien mit anderen Raum-Zeit-Konzeptionen zu verfolgen, die von den ältesten Anfängen der menschlichen Geschichte bis zu dieser Konzeption geführt haben. Dabei zeigt sich vor allem eine höchst komplexe Fülle von Zeit-Vorstellungen, während sich in den Raum-Vorstellungen die einfache Geometrie unserer Lebenswelt verhältnismäßig einfach allen Konzepten aufprägte (vgl. Fraser 1966).

Es gehört heute vermutlich zum Allgemeinwissen, daß das Problem der Zeitmessung erst im 17. Jahrhundert im Zusammenhang mit Navigationsproblemen gelöst wurde. Damit wurde die Vielfalt der möglichen Zeitvorstellungen auf ein physikalisches Problem reduziert, nämlich die Erzeugung einer gleichförmigen pulsierenden Frequenz, die unabhängig von räumlichen Veränderungen an allen Punkten der Welt denselben Rhythmus aufweist und deren Einheiten sich auf einem linearen Kontinuum gleichförmig anordnen lassen.

Dies ist eine Zeitvorstellung von vielen möglichen; man darf sich nicht etwa einbilden, damit zur Messung der »eigentlichen Zeit« gelangt zu sein. Weder ein »eigentlicher Raum« noch eine »eigentliche Zeit« existieren; vielmehr handelt es sich um die Schöpfung von Koordinatensystemen, mit deren Hilfe bestimmte Eigenschaften zwischen den Gegenständen eines Bereichs analysiert werden können. Aber während dieser Punkt durch die euklidische Geometrie für alle räumlichen Beziehungen ziemlich einfach gelöst zu sein scheint, ergeben sich bei zeitlichen Beziehungen überaus viele Probleme. Diese Vielzahl an Problemen scheint dadurch zustande zu kommen, daß die Zeitvorstellungen überlastet werden. Der Begriff der »Überlastung« soll hier bedeuten, daß außerordentlich viele Eigenschaften der Dinge als Teilaspekte von Zeit gesehen werden. Um ein simples Beispiel zu wählen: niemand wird die Tatsache, daß sich in einem bestimmten Raum lauter kurzsichtige Personen befinden, irgendwelchen räumlichen Eigenschaften dieses Zimmers zuschreiben, sondern eine Erklärung beispielsweise darin suchen, daß es sich um das Wartezimmer eines Augenarztes handeln könne. Dagegen kann die Tatsache, daß bei vielen alten Menschen Weitsichtigkeit eintritt, als eine zeitliche Eigenschaft interpretiert werden, die mit dem Prozeß des Alterns zusammenhängt. Je mehr Tatsachen nun als Aspekt von Zeit interpretiert werden, desto schwieriger und geheimnisvoller wird das Zeitproblem werden; am Ende muß es scheinen, daß alle Fragen der Welt mit dem Problem der Zeit, vor allem mit dem erbarmungslosen Verrinnen der Zeit, zusammenhängen. Aber dies ist nur ein poetisches Bild (vgl. Park 1971).

Die Frage, die hier erörtert werden soll, hängt mit der Komplexität der Zeitvorstellungen und ihrer Genese zusammen. Es ist die Frage, welche Zeitvorstellung in der Theorie der Handlungssysteme impliziert ist. Beginnen wir zunächst noch einmal mit physikalischen Überlegungen im Raum-Zeit-Universum.

Es ist stets schwierig, sich das »Raum-Zeit-Universum« vorzustellen, weil wir zwar ein sinnliches Empfinden für den Raum, nicht aber für die Zeit haben. Stellen wir uns zunächst »den Raum« vor – das heißt ein leeres Universum, in dem noch keinerlei Objekte (das heißt Materie) verteilt sind, der aber gefüllt ist mit einer Menge unzähliger (fiktiver) Punkte, die wir als Koordinaten verwenden. Natürlich bestehen diese Punkte oder Koordinaten nur in unserer Vorstellung. Der nächste Schritt besteht darin, in diesem Universum die gesamte Materie in der uns bekannten Verteilung zuzulassen:

angefangen von dem interstellaren Staub, Gasen, Kometen, Meteoren und Meteoriten, Planeten und Planetoiden, Sternen, galaktischen Nebeln, Pulsaren, Schwarzen Löchern, Doppelsternen, Sternhaufen, Radiogalaxien, Quasaren ... – bis zu den Schöpfungen des Menschen auf dem dritten Sonnenplaneten. All diese Materieverteilungen sind bestimmten Veränderungsprozessen unterworfen. Diese Prozesse der einzelnen Objekte (oder Systeme) und ihrer Komponenten sind dabei sehr unterschiedlich, so daß sich ihre Relationen und Verhältnisse unaufhörlich verändern – und eben diese Veränderungen, diese relativen Bewegungen der Materie, erleben wir als Phänomene der Zeit.
Die Grundlage für diese unaufhörlichen Abläufe, Interaktionen, Prozesse, Wechselereignisse und so fort bildet die Tatsache, daß zwischen den Komponenten der Materie, in der Materieverteilung, bestimmte Kräfte oder Wechselwirkungen auftreten, nämlich die starke Kernkraft, die elektromagnetische Kraft, die schwache Kernkraft und die Gravitationskraft. Die beiden Kernkräfte haben eine Reichweite von weniger als 10^{-13} Zentimeter, also eine sehr geringe Reichweite, dafür besitzen sie jedoch eine erhebliche Stärke innerhalb ihres Bereichs. Demgegenüber reicht die, allerdings nur sehr schwacher, Schwerkraft durch das gesamte Universum und bestimmt die Bewegung aller in ihm enthaltenen Objekte in Abhängigkeit von der jeweiligen Masse. Die elektromagnetische Kraft reicht ebenfalls durch das gesamte Universum, spielt jedoch zwischen großen Objekten praktisch keine Rolle, da ihre Wirkungen auf die Elektronen und Protonen der Atomhülle beschränkt ist. Das Zusammenwirken dieser Kräfte löst die gesamten im Universum beobachtbaren Prozesse aus und strukturiert den gesamten »Raum« – und zwar so, daß es in Abhängigkeit von der unterschiedlichen Intensität dieser Wechselwirkungen zur Bildung des »Raum/Zeit Universums« kommt. Es sind also die materiell-energetischen Prozesse selber, die die für unser Universum eigenartigen Strukturen, Raumkrümmungen, Kraftlinien und sonstigen Verteilungen erzeugen, und das, was wir als »Zeit« erleben (oder uns vorstellen), ist ein Teilaspekt dieser Gesamtprozesse, nämlich ihre jeweilige relative Ablaufsrate.
Das physikalische Konzept der Zeit, das daraus resultiert, ist relativ einfach zu gewinnen. Es muß ein beliebiger Prozeß als Standardablauf zugrundegelegt und als Bezugsgröße für die Bestimmung aller anderen Abläufe gewählt werden. Der Aufbau der Zeitrechnung ist historisch auch genauso vor sich gegangen, indem in den einzelnen Kulturkreisen, die sich mit dem Problem der Zeit beschäftigen, in der Regel die Beobachtung von Himmels- oder Naturprozessen zugrundegelegt wurden, um eine Zeitmetrik aufzubauen. In vielen philosophischen Untersuchungen ist darauf hingewiesen worden, daß jeder Zeitmetrik bestimmte *Entscheidungen* zugrundeliegen, also keine Beobachtungen, sondern Festsetzungen (so am deutlichsten zu lesen bei Reichenbach 1924 und 1928; vgl. auch Stegmüller 1970 Bd. II, Teil A: 69ff. insbes. 72f.). Entscheidend ist stets die Auswahl eines *periodischen*, das heißt, regelmäßig sich wiederholenden, immer wiederkehrenden Vorgangs (schwach periodischer Vorgang wie Sonnenauf- und Sonnenuntergang, der Ablauf des Wetters über das Jahr im Rhythmus »Frühling, Sommer, Herbst und Winter«, der Pulsschlag des Menschen usw.). Dabei stellt sich offenbar das Problem, ob die Intervalle zwischen zwei aufeinanderfolgenden Ereignispunkten eines solchen Vorganges gleich lang sind. Ist beispielsweise das Intervall zwischen dem Aufgang der Sonne und ihrem Untergang oder zwischen den jeweiligen Sonnenaufgängen immer gleichlang oder nicht? Aber dies ist nicht einfach festzustellen, denn um dieses Intervall zu messen, brauchen wir eben jene Zeitmetrik, die erst eingeführt werden soll – oder anders formuliert: wir müßten die Länge des einen Intervalls mit Hilfe eines anderen periodischen Vorgangs messen, dessen Intervallänge natürlich ebenfalls unbekannt ist.
Eine Lösung für dieses Problem, das um eine willkürliche Entscheidung – eine Festsetzung – herumkäme, gibt es nicht. Man muß einen periodischen Vorgang, sozusagen nach

seinem Gefühl und auf Bewährung, auswählen, für den man als Einheit eine beliebige Periode bestimmt. Und für diese Periode muß festgesetzt werden, daß sie stets dieselbe Länge hat. Hinzu kommt das Additivitätsprinzip, nach dem die Länge eines Gesamtintervalls gleich der Summe der Längen der Teilintervalle ist. Ein solcher Vorgang, dessen Intervalle gleich lang sind, wird als *stark periodisch* bezeichnet. Derartige Prozesse bilden die Grundlage der Zeitmessung – heute wählt man dazu die Schwingungen des Cäsiums-Atoms.

Man darf nun jedoch nicht in den Fehler verfallen, das allgemeine Problem der Zeit mit dem Problem Zeitmetrik (oder Zeitmessung) zusammenzuwerfen. Das viel fundamentalere Problem der Zeit für den Menschen liegt darin, daß die Biosysteme gezwungen sind, sich den Eigenschaften des Universums, den physikalischen Transformationsprozessen, die im kosmischen Maßstab ablaufen, zu unterwerfen und anzupassen. Biosysteme übernehmen diese Eigenschaften in Form von Rhythmen, nach denen ihre Lebensabläufe geordnet und gegliedert sind. Fundamentale Bestimmungsgrößen sind die Einwirkung von Licht und Wärme, die durch die Sonnenenergie, die Tages-/Nachtzeitrhythmen und die Jahreszeitrhythmen (letztlich die Himmelsbewegungen) bestimmt werden. Hinzu kommen die Anpassungen an die kurz- und langfristigen klimatischen Bedingungen, die geologischen Gegebenheiten, die globale Tektonik, die Schwerkraft, Temperaturen und verfügbare Wärmeenergien in Abhängigkeit von der Konvektion und Wärmeleitung in der Erdkruste, an die magnetischen Feldkräfte, die Zusammensetzung der Atmosphäre, die vulkanischen Kräfte, den Wasserhaushalt der Erde und vieles andere mehr. Diese Bedingungen werden in einen Rhythmus der biologischen Reproduktion und des Metabolismus transformiert und erzeugen für jedes Biosystem eine artspezifische Zeitsystematik, die eine Sonderbildung innerhalb des isotrophen, linearen Zeitkontinuums des RZU darstellt. Es handelt sich um Biorhythmen. Die entscheidenden Punkte dieses Rhythmus sind Geburt und Tod des einzelnen Organismus (vgl. Teil III in Fraser 1966).

Die lineare, homogene und kontinuierliche Achse der Zeit, wie sie im RZU definiert ist, stellt eine für alles Leben unüberwindliche Beschränkung dar. Alle Abläufe physischer Art – das heißt alle physikalischen und biologischen Ereignisse, Geburt, Altern und Tod – spielen sich auf dieser Achse ab, die sich lediglich durch Rhythmen gliedern, aber nicht verändern läßt. In physikalischer Hinsicht ist sie bislang nach dem Stande unseres Wissens und unserer Fähigkeiten unüberwindbar. Hinzu kommt als zweite Beschränkung, daß Transformationen in Biosystemen nur in einer Richtung möglich sind: sie werden geboren, altern und sterben. Der Begriff des »Alterns« legt eine Richtung fest, obwohl das physikalische Universum selbst in der Zeit keine Richtung *(»time's arrow«)* zu besitzen scheint (vgl. Denbigh 1970; De Beauregard 1971; Bunge 1970). Biosysteme können jedoch auf der Zeitdimension nur eine Richtung nehmen – ein einmal erreichter Zustand ist unumkehrbar. Für übersehbare Zeiträume gilt dies für die gesamte Erde und das Sonnensystem, da abgeschlossene physikalische Systeme, wie sie das Sonnensystem im Universum bildet, aufgrund der Transformationsprozesse ständig in energetisch »schwächere Zustände« mit einem niederen Ordnungsgrad (Zustand größerer Gleichverteilung) übergehen (vgl. Schlegel in Fraser 1966: 500–523).

Dies sind zunächst die Ausgangsbedingungen; und sie sind nicht manipulierbar. Eine erste Kulturleistung von Menschen besteht darin, auf dieser Zeitdimension zu einem Bewußtsein des Gegenwartspunktes zu gelangen (Konzept des »Jetzt«), das sich von allen anderen Punkten durch sein Lebensgefühl unterscheidet. Der folgende Schritt ist die Konzeption der Vergangenheit als »Nicht-Mehr« und die der Zukunft als heranrükkendes »Noch-Nicht«.

Schon diese – scheinbar einfache – Differenzierung führt, im Verein mit den je möglichen

Rhythmisierungen der Lebensabläufe entlang der Lebensachse auf der Zeit, zu einer geschichtlich enormen Vielzahl von Zeitformen. In der Regel scheint der Vorgriff auf die Zukunft problematischer und seltener als die Bearbeitung von Vergangenheit. Aber auch hier sind die Differenzierungen sehr reich. Fixierung des Gegenwartspunktes und Differenzierung von Vergangenheit und Zukunft bilden die ersten Folgen von Schritten zur Entfaltung von Konzepten der sozialen Zeit. Diese erste Folge bewegt sich noch auf der Achse der physikalischen Zeit und überformt die biologischen Rhythmen. Dies ist eine Leistung der ersten Stufe.

Eine Leistung zweiter Stufe erfolgt, sobald sich die sozialen Zeit-Konzepte von der physikalischen Grundachse lösen. Erste Ansätze in dieser Richtung bilden die Vorstellungen von Zyklen, in denen sich die Zeit – und die Dinge in ihr – wiederholen. Darin liegt die Transzendierung der Erfahrung, daß sich nichts wiederholt; denn nichts, was einmal in seiner konkreten Gestalt in einem Gegenwartspunkt geschehen ist, wiederholt sich exakt; nur die abstrakte Fassung erlaubt es, »Dasselbe« wieder zu erleben. Die Tage und Jahreszeiten wiederholen sich, aber jeder Augenblick ist unwiederbringlich vergangen, und man muß alle Kategorien auf eine abstraktere Stufe heben, um diese Vorstellung der Wiederholung aller Ereignisse in der Zeit zu gewinnen. Letztendlich erweist sich jedoch, daß es hier zu Paradoxien kommt, die sich nicht auflösen lassen, so daß auf einer gewissen Stufe das Konzept von Zyklen preisgegeben wird. Es läßt sich nur auf ganz allgemeinen Spekulationsebenen durchhalten, wo überhaupt keine empirischen Gründe mehr angeführt werden können – also bei religiösen Systemen, die über unendliche Zeiträume reichen, und bei naturwissenschaftlichen Systemen, die mit kosmischen Maßstäben rechnen.

Das Komplement zyklischer Vorstellungen sind Zeitkonzeptionen, die auch sozialen Abläufen eine eindeutige Richtung auf ein Ziel in der Zukunft zuweisen: Eschatologien, Prophezeihungen von Endzuständen usw. Zyklische Vorstellungen fixieren den Gegenwartspunkt sehr stark aus der Deutung von Vergangenheit; Eschatologien dagegen fixieren die Gegenwart von einem gedachten Endzustand her. Beide Vorstellungen dürften sehr stark eine Überformung der biologischen Tatsache des Sterbens darstellen, eine der am schwersten zu bewältigenden Vorstellungen vom Verlöschen der Identität. Beiden Konzepten ist gemeinsam, daß sie die lineare Vorstellung der Zeit verlassen oder verlassen wollen. Der nächste Schritt besteht darin, sich von der »Achse der Zeit« tatsächlich zu lösen: Es gibt nicht nur *eine* Linie der Vergangenheit und Zukunft. Sobald zyklische und eschatologische Vorstellungen preisgegeben werden, bietet die Gegenwart eine vielfältige Variation schon erlebter Elemente mit nie zuvor erlebten Erfahrungen und ebenso die Zukunft eine Fülle von Möglichkeiten, die alle einmal sein *könnten.* Der zweite Gedanke ist der einfachere: die Zukunft wird zu einem Fächer von Möglichkeiten (*»futuribles«* – Betrand de Jouvenelle). Diese Vorstellung des »Fächers« läßt sich in der Form reflexiver, temporaler Modalisierungen über die Vorstellung der Zukunft hinaus generalisieren, und so entstehen Konzepte von »gegenwärtigen Zukünften«, »zukünftigen Vergangenheiten«, »gegenwärtigen Vergangenheiten«, »vergangenen Gegenwarten«, »vergangenen Zukünften« ... usw. (vgl. Luhmann 2: 103–133 sowie Bergmann 1981: 79f.).

Solange Zeit nicht gesellschaftlich als Medium des Erlebens und Handelns organisiert wird, das heißt, solange jeder einzelne individuell seine Lebenszeit in seiner eigenen Lebenssphäre verbraucht (vgl. dazu die Reden des Südseehäuptlings Tuiavii aus Tiavea 1971: 61–67), ist der Erlebnishorizont eingeengt auf die unmittelbaren Anforderungen der Umwelt, so wie dies bei Tieren der Fall ist. Die Umwelt und ihre Reize erfordern die gesamte Aufmerksamkeit. Durch die gesellschaftliche Organisationsform des Lebens wird jedoch der einzelne von der ständigen Anforderung durch die Umwelt freigesetzt,

wie dies schon bei Tierrudeln zu beobachten ist: während einige Tiere Wachfunktionen übernehmen, können andere ruhig weiden.
Die Gemeinschaft bringt also eine Ordnung in den Rhythmus des Lebens, die sozial etabliert wird: Wann steht man auf, wann ißt man, wann arbeitet man, wann feiert man. Dabei hat Zeit nicht nur eine Extension – wie lange muß ein bestimmtes Intervall dauern –, sondern auch eine Intension: Feste, beispielsweise, werden tiefer und erfüllter erlebt als eine ebenso lange Zeit »flacher« Tätigkeiten (vgl. Cohen in Fraser 1966: 257–275).
Wenn ich eine gemeinsame Interaktion mit anderen will, so bedeutet dies, daß die anderen ihre Aufmerksamkeit auf mich richten müssen und ich die meine auf sie. Die allgemeine Formel im Schema von »Ego« und »Alter« dafür ist: Ego verlangt von Alter, er möge ihm einen Teil seiner Zeit schenken. Es scheint also, als habe jeder »etwas«, das er einteilen und – in derselben Weise wie Geld – für bestimmte Dinge »aufwenden« könne. Zeit ist in diesem Sinne teilweise mit Geld vergleichbar: beide Medien messen Dingen einen bestimmten Wert zu. Geld mißt den Dingen monetären Nutzen zu; Zeit mißt den Ereignissen eine Spanne zu. Die Ausgangslage für den Menschen scheint zu sein, daß er mit seinen Lebenskräften nur an einem einzigen Punkt des Universums in ungeteilter Aufmerksamkeit leben kann, daß alles Dasein an diesem Punkt seine Kräfte vollkommen bindet und verzehrt. Wer liest, der liest; wer schläft, schläft; wer hört, hört – nur dies und nichts anderes; man kann seine Aufmerksamkeit und seine Kräfte nicht zerteilen, allenfalls zerstreuen. Zahlreiche esoterische Lehren weisen ihre Adepten mit größtem Nachdruck auf diesen einzigen Punkt: *Aufmerksamkeit.* Für den Menschen besteht das Leben aus Ereignissen, die seine Aufmerksamkeit, seine Energie und den Einsatz seiner Vitalität – der Lebenskräfte – beanspruchen. Nennen wir dies seine »vitalen Dispositionskapazitäten«, mit denen er sein Leben lang haushalten muß – zwischen Wachen und Schlaf, Anspannung und Entspannung, Anstrengung und Ruhe. Über seinen physikalischen Organismus ist der Mensch am Gegenwartspunkt in Zeit und Raum verankert. Zeit ist die Symbolisierung dieser vitalen Dispositionskapazitäten. »Zeit einteilen« bedeutet, seine Aufmerksamkeit, seine Vitalkräfte, für bestimmte Aspekte des Daseins und der Ansprüche der Welt verfügbar zu machen – angefangen von den Bedürfnissen des Organismus bis hin zu den Anforderungen der »transzendenten Welt« (dem Ruf der Religion).
Damit wird Zeit zu einem Medium. Medien, wie wir uns erinnern, sind symbolische Ströme, die einem realen Strom von physischen Dingen entgegenlaufen und zugleich dank ihrer kybernetisch höheren Eigenschaften diesen realen Strom steuern. Ein Beispiel dafür ist Geld. Ursprünglich kann man nur Ware gegen Ware, ein Gut gegen ein anderes, tauschen. Allmählich bildet sich jedoch die Vorstellung heraus, daß allen Dingen etwas gemeinsam ist, das freilich auf einer abstrakten Ebene liegt, nämlich ihr (relativer) Nutzen. Das Problem liegt darin, diesen Begriff des »Nutzens« zu einer meßbaren Größe zu machen, ihn zu quantifizieren. Geld ist ein solcher Maßstab.
Ebenso verhält es sich mit der Zeit. Jedes Ereignis, jeder Ablauf von Geschehnissen, hat einen bestimmten Zeitbedarf oder Zeitwert. Diesem Phänomen hat man in der Wirtschaft und Technik besondere Aufmerksamkeit gewidmet, am deutlichsten ist dies im technisch-ökonomischen Bereich im Begriff der »Taktzeit« an Fließbändern formuliert worden (vgl. Niehans in Meyer 1964: 268–295). Dies ist im Grunde jedoch nur die Präzisierung einer uralten Erfahrung: »Jedes Ding hat seine Zeit«, in dem doppelten Sinne, daß man jedem Ding zu einem bestimmten Augenblick seine ganze Aufmerksamkeit zuwenden muß, und in dem anderen, daß alle Dinge Zeit konsumieren. Zeit ist ein Maß wie Geld. Geld mißt den Nutzen, Zeit mißt die Dauer. Beide Messungen für sich allein genommen wären bedeutungslos, würde nicht zugleich ein gesellschaftlicher Hin-

tergrund geschaffen, auf dem diese Normierung eine umfassende kulturelle Bedeutung gewinnt.
Hinsichtlich des Geldes weiß man darüber genug, um aufgrund weniger Andeutungen im Bilde zu sein, was gemeint ist: Die Entfaltung von Tauschmärkten, von Handelsbeziehungen, der Differenzierung von Produktion und Konsum (Unternehmungen und Haushalten) – allgemein: das System der Wirtschaft. Aber wie verhält es sich bei der Zeit? Um der Antwort auf diese Frage näher zu kommen, muß man zunächst den Begriff der »Zeit« als soziale Konstruktion verstehen und ihn aus seiner nur scheinbar vorgegebenen physikalisch-naturwissenschaftlichen Fassung lösen.
Zeit, so könnte es scheinen, gehört untrennbar zu den physikalischen Grunddimensionen des Universums, das durch »Zeit und Raum« bestimmt ist. Aber auf die Fassung müssen wir uns nicht einlassen. Solche Vorstellungen sind wesentlich jünger als die soziale Konstruktion der Zeit selbst. Unsere Absicht ist es, Zeit als Medium zu interpretieren, das heißt, als symbolische Struktur, in der der temporale Aufbau von Handlungssystemen kodiert ist. Der gegenläufige reale Strom ist der Strom der physischen Ereignisse, das Verhalten der Menschen und die von diesem Verhalten bewirkten Prozesse in der Lebenswelt.
Diese beiden Ströme, der symbolische Strom der verfließenden Zeit und der reale Strom der laufenden Ereignisse, bilden zusammen zwei gegensinnige Kreisläufe, wobei der symbolische Strom, als der kybernetisch stärkere und energetisch schwächere, den realen Strom, der die materiell-energetischen Konditionen trägt, kontrolliert. Bei dem Versuch, zu einem medientheoretischen Verständnis der Zeit zu gelangen, darf man nicht in den Fehler verfallen, sich zu fragen, wie denn die Zeit *alle* Ereignisse in der Gesellschaft steuern könne: Jedes Medium steuert immer nur spezifische, hochselektive Aspekte gesellschaftlicher Zusammenhänge. Zeit steuert den Aufbau temporaler Strukturen: Wann darf, wann muß etwas getan werden, wieviel Zeit steht unterschiedlichen Vorhaben zur Verfügung, wie ist der Koordinationsbedarf der einzelnen Ereignisse ...
Wir haben Zeit und Raum zunächst als Aspekte eines instrumentellen Koordinierungsschemas interpretiert, das als »Raum-Zeit-Universum« bezeichnet wurde und rein physikalisch bestimmt ist, nämlich durch die euklidische Geometrie (beziehungsweise ein cartesisches Koordinatensystem) und die Schwingungen des Caesium-Atoms (beziehungsweise eine lineare, kontinuierliche Zeitmessung). Dieses Schema dient dazu, Zustand- und Veränderungsbeziehungen innerhalb eines gegebenen Objektbereiches zu analysieren.
Bei der Analyse sozialer Phänomene dürften rein physikalische Gegebenheiten von vornherein nur eine beschränkte Rolle spielen, genauer: sie kommen nur als materiell-energetische Bedingungen der Handlungssituation und des Handlungsgeschehens in Betracht. In unklarer Weise drängen sich Formeln auf, wie beispielsweise die: »Alles Handeln spielt sich in Raum und Zeit ab.« Dies ist in einer simplen Weise wahr, aber als Ausgangspunkt einer genaueren Analyse unbrauchbar, denn nicht in »Raum und Zeit«, sondern einem konkreten Bezugsbereich von Objekten spielt sich das Handeln ab. Betrachten wir diesen Ausgangspunkt zunächst genauer.
Mit der Formel »Erleben und Handeln« fassen wir die Verwendung symbolischer Interaktionsmuster zusammen, derer sich Menschen im Umgang mit der Lebenswelt bedienen, sowohl in der Interpretation dessen, was ihnen die Lebenswelt zur Bearbeitung anbietet, als auch in der Gestaltung dessen, was Menschen ihrerseits der Lebenswelt durch ihr Verhalten zumuten. In diesen Handlungsmustern, aus denen sich dann die Sozialsysteme aufbauen, sind bereits die Vorstellungen über Raum und Zeit impliziert, die natürlich von System zu System und vor allem gegenüber der Konzeption dieser Analyse hier völlig verschieden sein können. Diese impliziten Konzeptionen, die aus der

Interaktion der einzelnen Menschengruppen mit ihrer Lebenswelt entstehen, können wissenssoziologisch untersucht und dargestellt werden; das wäre das übliche Thema von »Zeit und Gesellschaft« oder ähnlichem. Geht man einen Schritt weiter, dann muß man erkennen, daß die impliziten Raum-Zeit-Konzeptionen dem jeweiligen Sozialsystem selbst einen bestimmten Rhythmus aufprägen, dessen Pulsieren das Handeln durchdringt.

Die Beziehung ist nicht einsinnig, kann nicht einsinnig sein, sondern muß eine Wechselbeziehung zwischen dem Wissenskonzept der Zeit, das in dem betrachteten Sozialsystem verwendet wird, und dem Rhythmus des Handelns der Mitglieder sein. Sie wird darüber hinaus von der Welt bestimmt, in der das Sozialsystem angelegt ist. Wir drehen hier das Problem so, daß der Rhythmus des Sozialsystems, sein »Pulsschlag«, zur abhängigen Variablen wird, und wir fragen, durch welche Faktoren dieser Rhythmus bestimmt und mit welchen Folgen er durchgehalten oder verändert wird. Anders: Was sind Voraussetzungen, Funktion und Folgen bestimmter Zeitrhythmen in Sozialsystemen?

Die wichtigsten Voraussetzungen wurden bereits genannt: Umwelt von Sozialsystemen und die sich entfaltenden »inneren« Konzepte von Zeit. Zur Umwelt gehört sowohl der physische Lebensraum der Handelnden samt seiner kulturellen und zivilisatorischen Überformung, insbesondere in der Form der »technologischen« Prägung der Lebenswelt, als auch die Physis des Menschen selbst; anthropologisch ist die Körperzone des Menschen selbst sowohl Teil seiner Außenwelt wie Teil eines Selbst; es ist unentscheidbar, ob unsere Sinne »die Welt« erzeugen oder selbst ein erzeugter Teil der Welt sind. Die Theorie der Sozialsysteme ist in der Lage, dieses Problem der Körperzone als Teil von Außenwelt und Innenwelt zugleich adäquat zu erfassen (vgl. das Konzept des Verhaltensorganismus bei Parsons). Die Vorgänge in der Umwelt prägen über die Körperzone (Verhaltensorganismus) allem menschlichen Handeln einen fundamentalen Rhythmus auf, der innerhalb gewisser Bandbreiten schwankt (Höhlen- beziehungsweise Weltraumforschung, Dunkelzeiteneffekte) und überformbar ist. Die Überformung und Prägung dieses basalen Rhythmus, also seine soziale Ausformung, erfolgt durch die Durcharbeitung und Einarbeitung dieses »biologischen Pulsschlages« in Interaktionszusammenhänge sowie die Formalisierung der sich herausbildenden sozialen Rhythmen durch Zeitkonzepte. Diese letzte Stufe ist schon ein sehr weit abstrahierender Schritt, der darauf abzielt, bestimmte Rhythmen zu institutionalisieren und zu tragenden Elementen sozialen Handelns in Form abstrakter Schematisierungen zu machen; dazu später Beispiele.

Die Beschäftigung mit dem Konzept der Zeit in Sozialsystemen zeigt historisch eine Fülle von Vorstellungen, die sich in Abhängigkeit von der Differenzierung und den Organisationsebenen der Sozialsysteme jedoch in gewisse Grundformen ordnen läßt.

Als »primäre Zeitkonzepte« sollen alle Vorstellungen von Zeit zusammengefaßt werden, die auf folgenden Beobachtungsmerkmalen aufgebaut sind: dem Zyklus von Geburt/Tod (der Lebenskette), der Systematisierung von Abläufen auf der Grundlage von Naturbeobachtung, der Systematisierung von Abläufen auf der Grundlage von Himmelsbeobachtungen. Das Ergebnis sind meist zyklische Vorstellungen, bei denen Anfang und Ende unbestimmt bleiben. Die resultierenden Zeitvorstellungen dienen zur Ordnung des Lebens in der Weise der Wiederholung von Ereignissen. Identitäten entstehen als Vorstellungen eines gleichbleibenden Wesens hinter den wechselnden Erscheinungen.

Eine zweite Klasse von Zeitvorstellungen soll mit dem Ausdruck »logistischer Zeitkonzepte« bezeichnet werden. Hier erfüllen Konzepte der Zeit vor allem die Funktion, den steigenden Koordinierungsbedarf von Sozialsystemen zu erfüllen. Dabei werden die Zeitvorstellungen von geschichtlichen Zusammenhängen gelöst; der Code, mit dem

zeitliche Schematisierungen operieren, ist rein rechnerischer (»logistischer«) Natur und dient vor allem zur formalen Verknüpfung von Zeitintervallen. Die Tatsache, daß sich auch Natur- und Geschichtsvorgänge auf dieses Zeitschema projizieren lassen, bleibt den Konzepten selbst äußerlich und wird eher als eine wunderliche Laune der Wirklichkeit denn als innerlich begründbare Verbundenheit betrachtet.
Eine dritte Klasse von Zeitvorstellungen, die zwischen beiden Typen liegt, soll mit dem Ausdruck der »rationalen Zeitkonzepte« bezeichnet werden. Dabei liegt stets der Versuch zugrunde, die Zeitvorstellungen von zahlreichen irrationalen Aspekten der »primären« Konzepte zu reinigen und vor allem eine kalendarische Anpassung zwischen den Himmelsbeobachtungen und der Lebensordnung zu erreichen.
Alle drei Konzepte können in einer Gesellschaft nebeneinander und durcheinander bestehen. Dies ist in unseren westlichen Gesellschaften – wahrscheinlich mit gewissen Einschränkungen in allen gegenwärtigen Gesellschaften – der Fall. Dies hängt mit der unterschiedlichen funktionalen Ausrichtung der drei Konzepte zusammen.
Primäre Konzepte sind sehr ursprünglicher Art und haben weit zurückliegende, atavistische Ursprünge und Inhalte. Funktional entspringen sie den biologischen Rhythmen, die den Menschen als Lebenwesen mit dem Kosmos verbinden. Im Laufe der evolutionären Durchformung nehmen diese primären Konzepte eine große Vielzahl inhaltlicher Gestaltungen an und verbinden sich mit zahlreichen, meist mystischen, Elementen. In ihnen werden religiöse, magische, geschichtsbezogene und soziale Komponenten verknüpft. Oft sind Kosmogonien, Abstammungslehren und Geschichtskonzeptionen mit ihnen verbunden, die dem Menschen einen bestimmten Platz im Weltgeschehen – so wie es sich in der besonderen Sicht einer Gruppe, eines Stammes oder einer Volksgemeinschaft darstellt – zuweisen. Primäre Konzepte haben vor allem die Eigenschaft, das individuelle Erleben des Menschen, das in seinem Organismus fundiert ist, unmittelbar mit dem Weltgeschehen zu verknüpfen, also eine geringe Differenzierungsskala in der Gesellschaft selbst zu berücksichtigen. Der Tatbestand der Organisiertheit von Sozialsystemen über viele Stufen hinweg wird kaum berücksichtigt. Welt und Mensch in der Welt sind eine Einheit, die von mystischen, magischen, religiösen oder sonstwie »transzendent« orientierten Schemata erzeugt wird.
Beim Übergang zu rationalen Zeitkonzepten bleiben die primären Zeitvorstellungen weitgehend erhalten, auch wenn eine Reihe von konkreten Details möglicherweise aufgegeben wird. Die Einführung von rationalen Zeitkonzepten beruht auf der Rationalisierung kalendarischer Vorstellungen. Während alle primären Zeitkonzepte auf der Tatsache einer lebenswichtigen Verknüpfung bestimmter Handlungsvorgänge mit bestimmten Naturereignissen beruhen (vgl. die Kalenderbildungen aller früheren Kulturvölker, die stets im Zusammenhang mit Versorgungsproblemen – Ernte, Aussaat, Jagdterminen usw. – stehen), gilt für die rationalen Zeitkonzepte ein anderer Beweggrund: Hier geht es um die Durchdringung und vernunftmäßige Adaptierung einer kosmischen mit der menschlichen Ordnung. Freilich bleibt dann diese Kalenderbildung – vor allem beim Julianischen, Gregorianischen Kalender und seinen Modifikationen – allgemein weiterhin von »primären« Konzepten und Vorstellungen durchsetzt. Aber nicht darauf kommt es hier an, sondern auf den Umstand: daß diese Form der rationalen Zeit- und Kalenderbildung auf dem Willen der gesellschaftlichen Ordnungsmächte – Staat und Kirche – beruht, das politische und religiöse Gesellschaftswesen zu ordnen. Die Zeitbildung hat hier eine gesellschaftlich-politische Dimension.
Schließlich ist die Entstehung und Funktion moderner logistischer Zeitkonzepte zunächst untrennbar mit den Navigationsproblemen verbunden, also mit der Aufgabe, eine genaugehende Uhr zu erfinden. Damit wird die Vorstellung der Zeit in eine bestimmte Richtung gelenkt. Zeit wird ein Begriff, der operational definiert ist, also ein

Begriff, dessen Wesen und Inhalt allein durch die Vorschrift über ein Meßverfahren (durch Regeln seiner Messung) gegeben wird. Zeit bedeutet allein, wieviel standardisierte Pulsschläge, abgelesen an Uhren, zwischen zwei Ereignispunkten liegen. Auch die moderne Kalenderbestimmung ist daran angepaßt; dies geschah im Jahre 1957/58 (Internat. Geophysikal. Jahr) mit dem Nullpunkt 0 Uhr 0 Min. 0 Sek. am 17. Nov. 1858 (modifiziertes Julianisches Datum, Anzahl der verflossenen mittleren Sonnentage).
Die Einführung eines neuen Zeitkonzeptes – wie beispielsweise der Akt der Festsetzung des Nullpunktes – ist einerseits ein revolutionärer Akt, andererseits aber nur eine Ergänzung lang bestehender Konzepte, zugleich die endliche Einführung und Sanktionierung eines allgemein nicht mehr fremd empfundenen Konzeptes. Die schon bestehenden älteren Konzepte bleiben daneben erhalten, wandeln sich allmählich und gehen mit den neuen Konzepten eine Synthese ein. Dies gilt auch in bezug auf die logistischen Konzepte, die die älteren Zeitvorstellungen ergänzen, aber nicht ersetzen oder gar verdrängen.
Ihren Ursprung haben die logistischen Zeitkonzepte in dem sprunghaft steigenden Koordinationsbedarf hochdifferenzierter Sozialsysteme, die ihren Koordinationsbedarf vor allem über den technischen Bereich erhalten. Die alten Versorgungszusammenhänge der Jagd und der Viehzucht, des Ackerbaus und der Landwirtschaft stellen zwar auch Anforderungen an Zeitsinn, an Planung, an koordinierte Sozialleistungen, aber dies in einem langsamen, stetigen Rhythmus, der zwar Augenblicke hektischer Leistungszwänge (Jagd ebenso wie Ernteeinsätze) kennt, aber dabei einen basalen biologischen Zyklus bildet. Dies gilt offensichtlich für Technik in keiner Weise. Dies beginnt mit der Tatsache, daß Geschwindigkeiten völlig unnatürlicher Art auftreten, andere Ermüdungs- und Belastungsgrenzen usw.
Soziologisch dienen logische Zeitkonzepte dazu, Tätigkeiten und Prozessen einen bestimmten Zeitbedarf zuzumessen – Zeitquanten. Dadurch ist es möglich, Abläufe miteinander zeitlich zu verknüpfen und zu vergleichen. Je genauer die Zeitlimits eingehalten werden müssen, desto stärker unterliegt der jeweilige Prozeß einem externen Anpassungsdruck, der letztlich »technischer« Natur ist, also von nicht-humanen Konditionen fixiert wird. Je flexibler dagegen die Limitierungen gehandhabt werden können, desto stärker greifen hier willkürliche (autonome) Regeln der Handlungspartner selbst ein, die entsprechend einen höheren Status haben.
Durch diese Verknüpfung von Zeit und Handeln wird Zeit zu einem Medium sozialer Systeme. Medien sind generalisierte Kapazitäten; man stellt sich am besten darunter das institutionalisierte Verfügungspotential der Kommandierung von Ressourcen vor. Typischerweise hat, wer Geld besitzt, damit ein Potential an Kaufkraft, das heißt, er kann über Waren oder Dienstleistungen, soweit diese über Märkte gehandelt werden, verfügen. Dasselbe gilt für Macht: Es kann, wer Macht hat, im Kontext dieser Macht (dem »Markt« der Macht) ein Potential an möglichen Anordnungen ausschöpfen, die jeweils verbindliche Bedeutung für die Gruppe der Machtunterworfenen *(»constituency)* erlangt.
Man muß also bei den Medien zunächst ein Reservoir an gesellschaftlichen Gütern oder Fähigkeiten voraussetzen, über das die Gesellschaftsmitglieder, in zumindest unterschiedlicher Weise, verfügen können. Der Zugriff auf diese Ressourcen wird durch die Medien gesteuert. Die Medien symbolisieren also den Umfang, in dem der einzelne, aber auch die Gruppen oder Institutionen oder auch der Staat insgesamt, Zugriff zu den gesellschaftlichen Ressourcen hat.
Auch Zeit kann als eine im System mobilisierbare Kapazität behandelt und verteilt werden. Betrachten wir, um dieser Idee näherzukommen, zunächst einen ganz anderen Fall, der doch so oft mit der Zeit in einem Zusammenhang genannt wurde – den Raum.

Es ist für jedermann offensichtlich, in welcher Weise der Raum (zunächst in Form des Grund und Bodens) historisch zu einer gesellschaftlichen (und zugleich auch zu einer privaten) Ressource gemacht worden ist: durch Aneignung, Aufteilung, Abgrenzung usw. Damit stehen bestimmten gesellschaftlichen Gruppen oder Individuen bestimmte Rechte und Nutzungen auf diesem Land zu (Weide- und Ackerrechte, Baurechte, Fruchtgenuß, Jagd- und Waldrechte, Fischereirechte und sonstige Nutzungen aller Art), während alle übrigen davon ausgeschlossen sind. Nicht das Land selbst wird dabei zur fungiblen Größe, sondern die auf dem Grund und Boden bestehenden Rechte. Der für uns entscheidende Gesichtspunkt liegt darin, daß bei dieser Verwandlung des zunächst jedermann gleicherweise »offenen« Raumes in rechtlich geschützten Grundbesitz gesellschaftlich verteilbare Ressourcen geschaffen wurden, auf die ungleiche Zugriffsrechte und Ausschlußbestimmungen bestehen. Betrachten wir nun in Parallele dazu die Situation hinsichtlich der Zeit.

Landzuweisungen, die Verteilung von Grund und Boden, setzt zugleich Kooperation und gemeinschaftliche Nutzung der Gegebenheiten voraus. Diesen Ausgangsgedanken müssen wir auch auf die Zeit anwenden. Die Zuweisung von Zeit ist nur sinnvoll auf dem Hintergrund bestimmter Handlungsmöglichkeiten. Bei genauerem Hinsehen wird also nicht »Zeit als solche« verteilt (was sollte das auch bedeuten?), sondern es werden gesellschaftlich mögliche Handlungszusammenhänge parzelliert, abgeteilt, umgrenzt und dann Einzelnen oder Gruppen zugewiesen. Diese Abgrenzung von Handlungszusammenhängen ist aber nur möglich auf der Grundlage von Zeitbestimmungen und mit Hilfe von Zeiteinteilungen, weil hier ein Abstimmungs- oder Koordinationsbedarf besteht, der anders als zeitlich nicht zu fassen ist.

Zeit als solche ist abundant, genau wie Luft, Wasser oder Grund und Boden. Diese Dinge sind ubiguitär, es gibt sie überall, sie sind jedem verfügbar – zumindest ursprünglich, bevor sich die Gesellschaft dieser Güter bemächtigte. In dem Maße, in dem die Gesellschaft diese Güter an sich und damit der freien Verfügung der einzelnen ent-zieht, werden diese Güter knapp. Dies läßt sich auch mit der Zeit machen. Sie wird der freien Verfügung entzogen, indem den Handlungsabläufen ein vorbestimmter Rhythmus auferlegt wird, dem man zu folgen hat. Bereits die natürlichen (biologischen und sonstigen physischen) Lebensbedingungen prägen dem Verhalten einen grundlegenden Rhythmus auf – den Rhythmus zwischen Wachen und Schlafen, den notwendigen Pausen des Essens und Trinkens, der Anspannung und Entspannung ... sowie längerfristige Rhythmen der Jahreszeiten und schließlich auch der Lebensphase, der Kindheit, der Reife und des Alters. Aber diese grundlegenden Rhythmen sind durch die Natur bestimmt, und in ihnen spielt das Problem der Zeit noch keine Rolle. Wir reden hier von den gesellschaftlich erzeugten Rhythmen, die die Handlungszusammenhänge der gesellschaftlichen Interaktion bestimmen.

Die Vergesellschaftung der Zeit, ihre Umwandlung in eine gesellschaftliche Ressource und schließlich die Kodifizierung der temporalen Strukturen, beruhen nicht etwa ausschließlich darauf, daß die freie Verfügbarkeit der Zeit durch gesellschaftliche Regelungen, von kalendarischen Abläufen bis hin zur Festlegung der täglichen Arbeits- und Pausenzeiten, eingeschränkt wird, sondern auf einer viel umfassenderen *Dynamisierung* – durch die Bestimmung der möglichen Bewegungsgeschwindigkeit (also das, was wir oft, wenn auch in einer etwas vagen Formel, »das Tempo des Lebens« nennen, das in der Moderne, in diese Formel gefaßt, immer schneller geworden zu sein scheint). Damit ist Folgendes gemeint: Wer um sechs Uhr morgens mit seiner Arbeit beginnen und dazu noch eine bestimmte Strecke zurücklegen muß, ist zugleich auf Verkehrsmittel und deren Frequenzen angewiesen sowie von der Fließgeschwindigkeit des Frühverkehrs abhängig. Dies ist ein simples Beispiel, das lediglich die Richtung des Argumentes andeuten soll. Es

geht allgemein um die zeitliche Verknüpfung von Abläufen, die durchgängige Temporalisierung aller Zusammenhänge. Andere Beispiele dafür wären die Abhängigkeiten von Lieferanten und Zulieferern bei der ökonomischen Produktion, die Abhängigkeit von den Taktzeiten an Fließbänden bei technischen Prozessen, die Abhängigkeit der Entscheidungsstrukturen von der Geschwindigkeit von Nachrichtenübermittlungen (im Briefverkehr, im Telefonverkehr, in der Telekommunikation) usw.
Auf diesem Hintergrund dynamisierter Lebensverhältnisse wird Zeit nun zu einem Medium. In Abhängigkeit von seiner Position hat der einzelne ein Zeitbudget, das er für den Tages-, Monats- und Jahresablauf verplanen und einsetzen kann, um seine Handlungsmöglichkeiten, den Einsatz seiner vitalen Dispositionskapazitäten (letztlich: sein Leben) zu steuern. In formaler Weise, ohne Bezug auf vitalistische Größen, gilt dies auch für Organisationen, Institutionen und den Staat insgesamt. Damit wird Zeit eine im System mobilisierbare Kapazität, die eingeteilt und eingesetzt werden kann, um gesellschaftliche Abläufe temporal zu standardisieren und zu koordinieren. Zeit zirkuliert gegenläufig zu den realen sozialen Prozessen, die durch Zeit budgetiert und gesteuert werden. Die entscheidende Voraussetzung dafür war natürlich die Erfindung der Uhr – welchen unendlichen Gewinn hat sie gebracht! Dazu ruft der Südseehäuptling Tuiavii aus: »Oh ihr lieben Brüder ... Wir müssen den armen, verirrten Papalagi (das heißt: den weißen Mann) vom Wahn befreien, müssen ihm seine Zeit wiedergeben. Wir müssen ihm seine kleine runde Zeitmaschine zerschlagen und ihm verkünden, daß von Sonnenaufgang bis -untergang viel mehr Zeit da ist, als ein Mensch gebrauchen kann (Tuiavii 1971: 67)

4. Eine quasi-axiomatische Systembildung

4.1 Die Dimensionen des Handlungsraumes

Nach diesem Exkurs über die Zeit können wir nun das Schema wieder aufnehmen, das von Parsons entwickelt wurde, um den Prozeß der Systembildung auf einen Satz fundamentaler Annahmen zurückzuführen. Es wurden zwei Begriffspaare eingeführt: Die Differenzierung von »intern/externen Bezügen« und der Gegensatz von »instrumentellen« versus »konsumatorischen« (oder »expressiven«) Aspekten des Erlebens und Handelns. Diese beiden Paare bilden jeweils eine »Begriffsachse«, die sich zu einem rechtwinkligen Koordinatensystem verbinden lassen, so daß vier Felder oder »Quadranten« entstehen.
Wir gehen nun zum nächsten, entscheidenden Schritt über. In der Vorstellung Parsons' nämlich vollzieht sich die Systembildung aus einer Kombination dieser Aspekte des Erlebens und Handelns über diesen zwei Achsen. Das Erleben und Handeln der Menschen ist systembildend, es erzeugt Systeme – Systeme des Erlebens und Handelns – aus diesen Komponenten. Die Funktion der Systembildung beruht auf anthropologischen und soziologischen Prämissen. Anthropologisch sind sie insofern, als darin bestimmte, von der Anthropologie aufgespürte Züge des Menschen als Ausgangspunkt genommen werden – vor allem die mangelnde Ausstattung mit Instinkten (»Instinktentlastetheit«), die nicht hinreichende Determination des Erlebens/Handelns durch organische Anlage (Fehlen von *»innate organizers«)*. Dies muß kompensiert werden durch eine funktionale Alternative zur Natur – nämlich Kultur: Kultur kann nur durch oder im Aufbau der Handlungssysteme erschaffen werden, und dies ist zugleich die zweite, soziologische Voraussetzung, die in die Prämissen eingeht.

Systembildung ist ein operativer Prozeß, eine schöpferische Arbeitsweise des Menschen, durch die er sich erfolgreich in der Welt behaupten kann – in einer Welt, die er selbst erschafft, indem er eine differenzierte Kulturordnung in seinen Handlungssystemen entwickelt. Dabei dürfen Handlungssysteme, wie schon so oft betont, nicht als physische Zusammenhänge interpretiert werden, sondern als *Funktionskomplexe*. Nicht Strukturen stehen im Vordergrund (wie beim Strukturfunktionalismus), sondern Funktionsbereiche – ein System *ist* eine hierarchische Verknüpfung von Funktionen.
Interpretieren wir also reale Zusammenhänge (beispielsweise ein Verkehrssystem oder eine bürokratische Verwaltung) als System, so interpretieren wir sie als einen Funktionenkomplex – als einem Komplex, in dem die einzelnen Elemente, Strukturen und sonstigen identifizierbaren Komponenten bestimmte *Aufgaben* (Funktionen) erfüllen ... Systeme sind Netze, die Menschen über die Welt werfen. Was in den Netzen hängenbleibt, wird zugleich durch das Netz zu einer Einheit verknüpft. Man muß also klar erkennen, daß zunächst im Sinne einer anthropologischen Prämisse vorausgesetzt ist, daß Menschen schon immer systembildend verfahren: Zusammenhänge bilden, Abstraktionen vornehmen, Zurechnungen aufstellen ... In einem Erleben und Handeln, das kollektiv auf eine solche Weise verfährt, lassen sich funktionale Bezugspunkte identifizieren, die Parsons in dem cartesischen Raum der beiden Achsen als Dimensionen des Erlebens und Handelns lokalisiert, und die Folge eines sich solchermaßen entfaltenden Handlungszusammenhangs ist, daß um diese Bezugspunkte herum autokatalytisch Systeme entstehen.
Der entscheidende Schritt Parsons' liegt also darin, die vier Felder seines Erlebens- und Handlungsraumes als funktionale Bezugskategorien zu wählen, die jeweils eine Fülle von Ansatz- oder Kristallisationspunkten für Systembildungen umfassen. Diese einzelnen Systembildungen müssen dann ihrerseits als funktionale Komponente des sich fortentwickelnden Handlungssystems interpretiert werden. Um dies zu erreichen, müssen zunächst die vier Felder (oder vier Quadranten) des definierten Handlungsraumes in Funktionen umgedeutet, das heißt, durch Funktionen beschrieben werden.
(1) Beginnen wir mit dem ersten Feld, dem alle Komponenten des Erlebens/Handelns mit »instrumentell/internen« Aspekten zugerechnet werden. Damit sind all die Komponenten erfaßt, die dem System selbst, also nicht seiner Umwelt, zuzurechnen und die konstitutiv für langfristige, über den Moment hinauswirkende Sinnzusammenhänge sind. Solche Handlungsstrukturen dienen der symbolischen Manipulation der Realität, mit ihrer Hilfe vollzieht sich die sinnhafte Interpretation der Welt des Menschen. Daher liegen diese Komponenten latent allen vom Menschen aufgebauten Strukturen der Lebenswelt zugrunde, und bei jedem Versuch, diese Strukturen bewußt zu thematisieren, muß auf diese Komponenten zurückgegriffen werden. Mit anderen Worten: Dieses Feld läßt sich durch die Funktion von *»latent pattern-maintenance«* definieren. Aus diesem Feldbereich heraus folgt die Steuerung der Musterbildungen, nach denen sich der Aufbau eines Systems immer wiederholt oder verändert. Die Analogie dazu bildet der *»Gen-Pool«* bei den Biosystemen, bei denen in den genetischen Anlagen die Muster fixiert sind, nach denen sich die einzelnen Strukturen immer wieder reproduzieren. Übertragen auf Handlungssysteme führt die Analogie natürlich in den Bereich der Kultur (vgl. Parsons und Platt 1973: 16 *»Cultural Systems: Analogues of Genes.)*.
(2) Das zweite Feld umfaßt die »intern/konsumatorischen« Komponenten, solche also, die einerseits dem System zugerechnet werden und andererseits nicht über die Gegenwart hinausweisen, sondern sich im Erleben und Handeln verzehren. Es geht um den Aufbau eines relativ stabilen »inneren Milieus« durch eine Vielzahl integrativer Prozesse, die insgesamt eine Plattform schaffen, auf der menschliches Erleben und Handeln möglich ist. Integration ist ein fundamentaler systematischer Mechanismus, der immer

auf Kapazitäten des Systems beruht (interner Aspekt) und der zugleich immer an die Gegenwart gebunden ist – Integration muß immer »jetzt« stattfinden, um eine Auflösung des Systems zu verhindern. Psychologisch ist »Desintegration unter Streß« ein bekanntes Phänomen, insbesondere in den frühkindlichen Entwicklungsphasen (vgl. Anna Freud: Das Ich und die Abwehrmechanismen, o. J.). Es trifft in gleichem Maße aber auch auf andere Handlungssysteme zu. Wie aus diesen Bemerkungen schon klar zu ersehen ist, wird dieses Feld daher in termini der *integrativen Funktion* definiert.

(3) Das dritte Feld umfaßt die »expressiv-externen« Komponenten. Dies sind Elemente des Erlebens und Handelns, die einerseits ihrem Sinn nach nicht auf das System, sondern auf Umwelt bezogen sind, also das System relational mit seiner Umwelt (mit anderen Systemen) verknüpfen, und die zum anderen in ihrem Sinngehalt »expressiv« oder »konsumatorisch« sind, also in sich selbst ruhen. Derartige Relationen zwischen einem System und Umwelt bezeichnen wir als »Ziele« – sie erschöpfen sich in sich selbst, sind – einmal erreicht – in sich selbst aufgehoben. Die Systemfunktion, auf die sich derartige Komponenten beziehen, ist die der *»Ziel-Organisation« (»goal-attainment«)*. Umgekehrt formuliert, hängt die Fähigkeit des Gesamtsystems, die Struktur eines ZO-Systems zu erreichen (das heißt, besondere Relationen zur Umwelt herzustellen), von den Komponenten (den Beiträgen der Elemente) dieses Feldes ab.

(4) Das vierte Feld schließlich umfaßt die »extern/instrumentellen« Komponenten, deren Funktion im Gesamtsystem *adaptativer* Natur ist. Es handelt sich um Handlungselemente, die Beziehungen zu Elementen der Umwelt aufbauen und dadurch eine wechselseitige Interaktion ermöglichen. »Instrumentell« bedeutet dabei, daß diese Beziehungen – vom System aus interpretiert – keinen Selbstwert, keine Bedeutung für sich, haben, sondern notwendige Bedingungen für das Funktionieren des Ganzen sind. Mit anderen Worten: Diese Aspekte müssen sein, in ihnen liegt jedoch nicht der entscheidende Gesichtspunkt, der für das Ganze bestimmend ist. Dies klingt vage – wir werden anhand folgender Beispiele sehen, wie man diese Formeln verwenden kann.

Zwei Beispiele:

Betrachten wir zuerst ein Beispiel eines physikalischen, daher handfesten und leichter zu begreifenden Systems. Angenommen, wir wollten aus Elementen eines Baukastens, wie man sie in den teuren Abteilungen von Spielwarenabteilungen für größere Kinder bewundern kann, einen beweglichen kleinen Wagen mit einem eigenen Antrieb bauen. Das erste Problem, das entsteht, liegt darin, sich eine innere Vorstellung davon zu bilden, was eigentlich aus den Teilen, die vor uns im Baukasten liegen, konstruiert werden soll. In der Regel bieten alle Baukästen eine Reihe von Vorlagen oder Bauplänen für bestimmte Konstruktionen an, und man kann diese Vorlagen zunächst einmal nachbauen. Die Identität, das »Wesen« des später verwirklichten »Systems« ist also in diesem Plan, in diesen Konstruktionsanweisungen, niedergelegt, und was immer später entsteht, gewinnt seine Identität aus der Übereinstimmung mit dieser Vorlage. All die konstruktiven, »wesensbezogenen«, gegenstandsbestimmenden Merkmale und Aspekte rechnen wir dem »intern/expressiven« Funktionsbereich zu.

Die zweite Frage ist: Wie bekommen wir die vielen Elemente des Baukastens vor uns zu einem Ganzen? Wenn wir zwei beliebige Teile zur Hand nehmen und aneinanderhalten, so bleiben sie bedauerlicherweise keineswegs zusammen, sobald wir sie wieder loslassen. Man kann, wie Eulenspiegel, noch so oft »die Ärmel an den Rock werfen« – sie bleiben nicht daran hängen. Es bedarf also besonderer Mühe, um die verschiedenen Teile, die ein System bilden sollen, miteinander zu verbinden – man kann oder muß sie magnetisieren, leimen, klammern, nageln, schrauben, heften, nähen; man muß sie in besonderer Weise zueinander passend machen, mit Feder und Nut, mit Zapfen und Lagern, Gelenken und Pfannen usw., mit hunderten handwerklicher Variationen. Daran sieht man, wie schwierig das Problem der »Integration«, die Herstellung eines einheitlichen Ganzen aus zahllosen Komponenten, zu lösen ist – von allein geht nichts: Alle Aspekte, alle Eigenschaften und Vorrichtungen, alle Anstrengungen und Überlegungen, die dahin führen, daß sich Elemente miteinander verbinden, miteinander arbeiten, rechnen wir dem »instrumentell/internen« Funktionsbereich zu.

Als nächsten Punkt müssen wir das Problem lösen, das kleine von uns konstruierte Fahrzeug mit einem Antrieb auszurüsten, beispielsweise mit einer wieder aufladbaren Batterie. Wir bauen ihm eine passende Garage mit einem Steckkontakt, an dem es sich aufladen kann. Das Fahrzeug soll auf Rädern beweglich sein; außerdem bekommt es einen Berührungskontakt, der bewirkt, daß es beim Anstoß an Hindernisse Ausweichbewegungen macht. Weiterhin soll es eine Fotozelle bekommen, über die es auf Lichtsignale reagieren kann. Mit diesen Einrichtungen haben wir eine Reihe von Mechanismen geschaffen, die Beziehungen zwischen dem Fahrzeug (System) und Gegebenheiten der Umwelt ermöglichen. All diese Komponenten rechnen wir folglich dem »instrumentell/externen« Funktionsbereich zu, weil das System sich über diese Mechanismen mit seiner Umwelt auseinandersetzen kann.

Damit bleibt schließlich die Frage, ob ein solches System auch Merkmale aufweist, die wir dem »extern/expressiven« Funktionsbereich, das heißt, der Funktion der Ziel-Organisation, zurechnen können. Dies ist auch nur eine Frage der Konstruktion. Wir bauen das Fahrzeug so, daß es sich mit voll aufgeladener Batterie in Bewegung setzt und zunächst ziellos auf seinen Rädern durch einen Raum rollt. Trifft es auf eine Lichtquelle, die über die Fotozelle wahrgenommen wird, so wirkt sich dieses Signal auf die Steuerung in der Weise aus, daß das Fahrzeug zur Lichtquelle gelenkt wird. Sobald die Intensität des Lichtsignals einen bestimmten Schwellenwert überschreitet, dreht jedoch das Fahrzeug wieder ab. Der Sinn dieser Konstruktion liegt darin, das Fahrzeug zu Punkten zu bewegen, zu denen man es haben möchte. Man kann also auf diese Weise eine Serie von Zielen vorprogrammieren. Darüber hinaus garantiert diese Lichtempfindlichkeit, daß sich das Fahrzeug schließlich wieder auf den Weg in seine kleine Garage macht, wo es von einer Lampe mit einem bestimmten Helligkeitswert angelockt wird, auf den die allmählich nachlassende Batterie bei einem fixierten Wert reagiert. In der Garage erfolgt die Aufladung und dann erneut die Rundfahrt des kleinen Wagens. Damit ist das Problem gelöst, ein ZO-System auf dieser Basis zu konstruieren.

Sollten dem Leser diese Merkmale bekannt vorkommen, so ist er zu Recht an etwas erinnert worden, was seit langem durch die Entwürfe W. Grey Walter realisiert ist, nämlich die kybernetischen Schildkröten »Elmer«, »Elsi«, und »Cora« (vgl. Walter 1961: 138–144). Der (innerliche) Ausruf des Lesers: »Das ist doch eigentlich die ›Schildkröte‹ ...« ist übrigens zugleich ein Beitrag zu dem Problem des »intern/expressiven« Funktionskomplexes! Die Identifizierung irgendeines Zusammenhanges, Gegenstandes, Ereignisses usw. als »etwas«, nämlich »etwas Bestimmtes«, das man kennt, erkennt oder wiedererkennt, bedeutet nämlich, daß einem plötzlich aus einer Fülle zunächst disparater Elemente das Muster *(pattern)* klar wird, das alle Elemente zu einem Bild, zu einem System, verbindet. Dieser Effekt ist vielleicht am stärksten bei gewissen optischen Trickbildern, bei denen das Auge zunächst eine Weile vergeblich über Punkte und Striche irrt, bis plötzlich die Linien zusammenfallen und das gesuchte Bild sich vom Hintergrund löst und abzeichnet. Ein anderer Fall, bei dem man oft dieses selbe Erlebnis hat, zunächst nur einzelne Effekte wahrzunehmen, bis plötzlich die Gesamtgestalt »wie mit einem Schlage« präsent ist, bietet sich in der Musik – wie oft hören wir eine Folge von Tönen, die Bruchstücke von Melodien sind, welche wir fast, fast! zu fassen glauben; wir sind ganz dicht daran, die Finger machen schon eigenartige quirlige Bewegungen – und dann plötzlich strömt uns erlösend die Melodie entgegen. Aber alles, was zu hören, was mit den Sinnen zu erfassen war, war auch schon vor dem durchbrechenden Moment der Erkenntnis da; was uns fehlte, war nicht ein neuer Ton oder ein zusätzlicher Blick, sondern ein innerlicher Funke, der das Gesamtmuster der »intern/expressiven« Komponenten zu einem Erkenntnisblitz zündete.

Auf ein solches »Muster« bezieht sich also der Begriff *»pattern-maintenance«*. Zugleich erhellen diese Verweise auf Musik oder allgemeiner: auf Kunst, was es bedeutet oder bedeuten kann, »das Muster einzuhalten« – etwa in der Komposition von Musikstücken oder in der Malerei oder bei einem Roman; selbst bei einer so simplen Sache wie dem Stricken eines Schals. Darin liegt die Identität einer Sache, »ihr Wesen«, und bei allen dynamischen Systemen entsteht folglich das Problem, wie ihr Wesen im Wandel erhalten bleibt – was bleibt im Wandel der Erscheinungen identisch? Man kann nicht zweimal in denselben Fluß steigen, und doch bleibt der Fluß derselbe. Wir werden im folgenden Beispiel noch einmal auf dieses zentrale Problem zurückkommen, das auch in der soziologischen Diskussion (etwa zwischen Habermas und Luhmann 1971) viel Platz eingenommen hat, ohne das man eine Lösung erkennt, die jene Parsons' auch nur eingeholt, geschweige überholt, hätte.

Wenden wir uns einem zweiten Beispiel zu: Es geht um eine Gruppe von Jungen, die ein Fußballspiel organisieren wollen. Dabei ist zunächst ein »extern/instrumentelles Problem« zu lösen – es müssen genug Spieler für zwei Mannschaften zu bekommen sein, es muß ein Platz verfügbar sein, ein Ball muß her, und die Zeitbudgets müssen aufeinander abgestimmt werden (was bei Jüngeren oft gar nicht leicht ist, da sie nicht vollständig darüber verfügen). Aber wie jedermann weiß, werden solche Probleme von jeder Generation gelöst ...

Betrachten wir als zweites das »intern/instrumentelle Problem – Integration«. Einfach gesagt, besteht es darin, die Arbeit (oft auch das Vergnügen) aufzuteilen. Es hat keinen Sinn, daß alle hinter dem Ball herlaufen. Ebensowenig ist es sinnvoll, alle gleichzeitig ins Tor zu stellen. Man muß die Aufgaben verteilen, Positionen und Rollen schaffen, »sich organisieren«. Das eigentlich magische Schlüsselwort, das das Problem der »Integration« erschließt, lautet »Arbeitsteilung«. An fast allen Stellen, an denen es um »intern/instrumentelle Probleme« (oder in termini von Funktionen ausgedrückt: um »Integration«) geht, kann man auf die Vorstellung von Arbeitsteilung zurückgreifen, um sich klarzumachen, um welches konkrete Problem es geht und worin seine Lösung besteht.

Es sind vor allem die Marxisten, die uns immer wieder auf den Doppelcharakter der Arbeit aufmerksam machen: Sie ist einerseits tätiges Handeln gegenüber der Natur, andererseits zugleich immer auch gesellschaftliche Tätigkeit – in der Art und Weise, wie Menschen mit der Welt umgehen, legen sie zugleich ihre eigenen gesellschaftlichen Lebensverhältnisse fest und umgekehrt. Die funktionalistische Theorie, jedenfalls das hier verwendete Schema Parsons', differenziert diese beiden Aspekte und thematisiert sie einerseits als externes, andererseits als internes Problem instrumenteller Relationen. Aber es liegt klar auf der Hand, daß sich die gesellschaftliche Arbeitsteilung, also die Lösung des integrativen Funktionsproblems, in unmittelbarem Zusammenhang mit den Problemen der Bewältigung der Umwelt vollzieht.

Generell liegt also die Lösung des »intern/konsumativen Problems« in der Arbeitsteilung, in der Aufteilung des Handelns auf einzelne Rollen und Positionen. Zurückkehrend zu unserem einfachen Beispiel, können wir feststellen, daß es für die kleine Schar fußballspielender Jungen darum geht, den Torwart zu bestimmen, die Verteidiger, Mittelfeldspieler und Stürmer, möglicherweise noch einen Libero einzuführen und sonstige passende Schemata zu übernehmen.

Das dritte Problem ist das Problem der Zielorientierung. Es stellt vor keinerlei Schwierigkeiten – oder doch? Zunächst ist das Ziel äußerst einfach: Fußball-Spielen. Das zweite Ziel, das vermutlich in jedem Spiel schon implizit enthalten ist, wäre, nicht nur gut und mit Freude zu spielen, sondern vor allem zu gewinnen. Aber darum lagern sich weitere Werte, die sowohl den bloßen Drang zum Spielen an sich und ebenso den unbedingten Siegeswillen modifizieren; mit wem man in der Mannschaft spielt (Aspekt der Kameradschaft); mit welchen Mitteln und Methoden man spielt (Aspekt der Fairneß); welche Bedeutung es für das Leben sonst hat, in welcher Mannschaft und an welcher Stelle man spielt (Status-Aspekt). Diese und weitere Aspekte der Zielorganisation lassen sich teilweise der Gruppe insgesamt, teilweise den einzelnen Spielern zurechnen; sie wirken aber zusammen und bestimmen insgesamt die Zielorientierung des Systems. Bei einem so einfachen System wie einer Jungen-Gruppe, die auf einer ad-hoc Basis und aus dem Moment heraus ein Fußballspiel organisieren will, kann das Ziel nicht sehr komplex sein – es geht einfach nur um Spielen und Tore. Es ist leicht zu sehen, daß dieses Spiel ein »expressiver« oder »konsumierender« Erlebens- und Handlungszusammenhang ist. Die Spieler stellen sich in diesem Spiel (»expressiv«) mit ihrem ganzen Können dar. Alles, was sie können, müssen sie in diesem Moment des Spiels können, und zugleich verbraucht sich auch alles Können darin; es trägt nicht über das Spiel hinaus.
Weniger leicht ist vermutlich auf den ersten Blick zu erkennen, warum derartige Handlungskomponenten als »extern« eingestuft werden. »Ziele« sind in der Handlungstheorie Relationen zur Umwelt. Das, was man will, kann man nur erreichen, wenn man Elemente der Umwelt in einer bestimmten Weise manipuliert. Es muß physisch etwas geschehen, Prozesse müssen in Gang gesetzt, Beziehungen verändert werden. Hier ist der Punkt sich zu erinnern, daß der eigene Körper nicht Teil der Handlungssysteme ist: Was ich mit, was ich durch meinen Körper, den Einsatz meiner Organe, Hände, Sinne erreiche, erreiche ich also schon über die Umwelt. Die Umwelt reicht bis in den Körper hinein; dies muß notwendigerweise so sein bei einer Theorie, die mit verschiedenen Systemebenen der konditionell/kybernetischen Hierarchie arbeitet.
Bleibt als letztes Problem, das an dem kleinen Beispiel verdeutlicht werden soll, die Frage der »intern/instrumentellen« Aspekte: die Funktion des *»latent pattern-maintenance«*. Jedes Handlungssystem, das den Moment und den bloßen Zufall seines Entstehens überleben will, muß als besonderes Handlungs- und Ereignisschema so animierend einprägsam, vorbildlich oder sonstwie »wertvoll« wirken, daß es »immer wieder« in Gang gesetzt wird. Da ist nur teilweise eine Frage der Motivation: Natürlich müssen die Teilnehmer, wie hier die fußballspielenden Jungen, dazu motiviert sein, sich überhaupt zu engagieren. Aber nicht auf diesen psychischen Aspekt kommt es an, sondern auf das Problem, daß das System genügend Identität haben muß, genügend vorbildliche Ausstrahlung, genügend wertgesättigt sein muß, um sich mit seiner normativen Schematik durchsetzen zu können. Sonst könnte man beim Fußball plötzlich zum Handspiel übergehen, weil es sich gerade anbietet; man könnte den Torwart boxen, der Schiedsrichter könnte Tore schießen, die Zuschauer sich einmischen; der Verteidiger zusammen mit dem Torwart in einer Ecke des Tores Karten spielen – kurzum, das als »Fußballspiel« angesetzte Ereignis könnte völlig seine Linie, seine Identität, verlieren und etwas ganz anderes werden, was niemand mehr erkennt, was kein System mehr ist. Ein System, das seine Identität erhalten will, muß also auf irgendeine Weise gewährleisten, daß seine konstitutiven Regeln, seine zentralen Bildungsmuster, befolgt werden. Bei einem Handlungssystem (wie hier dem Fußballspiel) bedeutet das, daß sich die Teilnehmer »an die Regeln halten«, wobei diese Regeln nicht nur aus dem formellen Teil, der in den entsprechenden Regelbüchern notiert ist, bestehen, sondern aus einem weit darüber

hinausreichenden Kreis an Normen und Erwartungen, die zumeist erst dann bewußt werden, wenn man sie verletzt sieht.

Aber Regeln als solche sind nicht genug. Eine Regel ist eine Regel ... und nichts weiter; warum sollte man sie nicht nach Belieben ändern können, *»making up the rules as we go along«?* Die Antwort: »Weil dann alles durcheinanderkäme!« enthält zu wenig – Regeln sind nicht nur deswegen da, weil man eben ohne Regeln nicht auskommt. Ein Handlungssystem »regelt« nicht nur etwas, es enthält zugleich eine Wertvorstellung, daß diese Regelung allen anderen Möglichkeiten vorzuziehen sei. Jedes Handlungssystem ist in seiner Art der bislang gelungenste Entwurf einer bestimmten kollektiven Interaktionsform. Das schließt nicht aus, daß man Verbesserungen einführen könnte – falls jemandem welche einfallen und falls genügend andere darauf eingehen. Aber im gegenwärtigen Augenblick ist das jeweilige System stets das beste, das wir haben. Und erst aus dieser normativen Verbindlichkeit, aus seiner Werthaltigkeit heraus, zieht das System seine Fähigkeit, die Identität seiner Musterbildungen zu erhalten *(»pattern-maintenance«).*

Man darf das nicht so verstehen, als wäre jedes konkrete Interaktionssystem stets der beste aller möglichen Entwürfe – keineswegs. Jede einzelne Interaktion zwischen Menschen kann gerade die entscheidenden Muster, Regeln und Werte des (seinem Sinn nach gemeinten) Systems vollkommen verfehlen – etwa dort, wo ein Fußballspiel zu einer blutigen Schlacht mit Flaschenhagel, Steinwürfen, Prügeleien und einer ihre Opfer zertrampelnden Menge entartet. Wenn dies allzu häufig passiert und es keine »normalen« Fußballspiele mehr gibt, dann muß man einsehen, daß hier das System seine Identität verloren hat. Allgemein gilt, daß jede konkrete Interaktion immer nur eine (mehr oder minder gelungene) Realisation des allgemeinen Musters darstellt, so etwa, wie in einer Gruppe von Tanzenden jedes Paar »das Muster des Tanzes an sich« immer nur in annähernder Vollkommenheit erreicht.

Wo besteht denn aber immer dieses »System an sich«? Natürlich ist es eine Fiktion – es besteht nirgends, außer in den Köpfen der Menschen, die sich mit den Vorstellungen des »perfekten Spiels«, einer »vollkommenen Demokratie«, einer »gerechten Justiz«, dem »wahren Menschen« und unzähligen anderen Wertvorstellungen beschäftigen. Parsons hat diese Gruppe treffend als die »kulturellen Treuhänder« bezeichnet; es sind die Menschen, die sich (professionell) um das System der Kultur kümmern und immer die Strukturen der konstitutiven Musterbildungen herausarbeiten, die sie für gültig halten. Natürlich ist das keine homogene, geschlossene und identifizierbare Gruppe – Kultur ist ein ungeheuer komplexer, vielfältig differenzierter Zusammenhang, in dem eine Vielzahl von Institutionen, Organisationen und Menschen tätig ist – die Priester, die *arbiter* der Kunst, die Gelehrten, die Philosophen, die schöpferischen Künstler, die Ethiker ... und in unserem kleinen Fußballspiel ist es der Schiedsrichter, der als »kultureller Treuhänder« fungiert, auch wenn das ein bißchen anspruchsvoll klingt – funktional ist es berechtigt, und wenn – bei einer Schar halbwüchsiger Jungen am wahrscheinlichsten – gar kein Schiedsrichter da ist, so steckt ein »kultureller Treuhänder« tatsächlich in jedem einzelnen, soweit und sobald er sich auch nur für einen Moment auf die Regeln besinnt und sie gegebenenfalls mit Bewußtsein »wieder ins Spiel bringt«.

5. Funktion der Systembildung

Bisher haben wir uns mit dem System der Funktionsbildung beschäftigt, als letztem und vielleicht schwierigstem Punkt wollen wir uns jetzt mit der Funktion der Systembildung

beschäftigen. Niklas Luhmann war der erste, der einen besonderen Effekt darin sah, den, wie er behauptet: ursprünglich »struktur-funktionalen Ansatz« semantisch umzukehren in einen »funktional-strukturellen Ansatz« (Luhmann 1: 113). (»Man setzt) soziale Systeme mit bestimmten Strukturen voraus und fragt dann nach den funktionalen Leistungen, die erbracht werden müssen, damit die Systeme erhalten bleiben«.
Ob dieser Einwand Parsons trifft, wie Luhmann meint, muß – jedenfalls im Hinblick auf das Hauptwerk Parsons' (seit 1951) – bezweifelt werden. Das allgemeine Problem, wenn man als Grundlage der Systembildung von Funktionen ausgeht, liegt darin (und wird so von Luhmann auch diskutiert; vgl. die ersten beiden Aufsätze in Luhmann 1), wie der Begriff der Funktion definiert werden soll – oder anders: welche Funktionen man voraussetzen soll: Bestände, Bedürfnisse, Spannungen, Konflikte, Gleichgewicht, Stabilität oder was immer: »Wenn jeder Bezugspunkt selbst funktionalistisch analysiert werden kann, wo findet die Forschung dann eine Grenze, einen endgültigen Haltepunkt?« (Luhmann 1: 11).
Luhmanns Antwort ist, daß man alle ontologischen Voraussetzungen preisgeben, ein solches an festen Inhalten bezogenes Denken verlassen muß. Der Funktionsbegriff wird umgedeutet zu einem »regulativen Prinzip für die Feststellung von Äquivalenzen im Rahmen funktionaler Variablen ...« (»Ersetzung des Kausalfunktionalismus durch einen Äquivalenzfunktionalismus«, 15, und »Die Kausalbeziehung ist ein Anwendungsfall funktionaler Ordnung«, 16).
Von diesem Ausgangspunkt her gelangt Luhmann allmählich zu einer Systemtheorie, die sich von den üblichen methodologischen Prämissen weitgehend befreit und auf einer anderen Semantik aufbaut (vgl. Luhmann 1980) als die vorherrschende rationalistische Soziologie (zur Kritik vgl. Esser, Klenovits und Zehnpfennig 1977: 53–64).
Parsons' Leistung liegt demgegenüber darin, daß er auf die Frage nach den Funktionen mit dem AGIL-System antwortet, also mit einem *operativen Schema* auf der Ebene der Methodologie, das seinerseits auf der Grundlage des vierdimensionalen Handlungsraums entwickelt wird. Parsons gewinnt die Funktionen, indem er sie konstruktiv aus seinen basalen Grunddimensionen aufbaut. Die Definition der Funktionen vollzieht sich methodologisch zusammen mit der Konstruktion des Systems – oder anders: Es kann keine »extern vorgegebenen«, ontologischen Funktionen geben, sondern nur funktionale Prinzipien, die im Aufbau des Systems selbst liegen. Der Prozeß der Systembildung selbst wird damit zum eigentlichen Fundament der Theorie. Die Funktion von Systembildung ist es, eine differenzierte Ordnung herzustellen – und genau diesen Prozeß der »differenzierenden Ordnungserzeugung« reflektiert als *operatives Schema*, das heißt, in der reflexiven Rekonstruktion, das AGIL-Schema, nämlich das Schema der vier funktionalen Quadranten des Handlungsraumes, definiert also durch die Funktionen *Adaptation, Goal-Attainment, Integration, Latent Pattern-Maintenance.*
Das AGIL-Schema ist ein operatives Arbeitsschema von Wissenschaftlern, das sie als semantisches Werkzeug verwenden, um den Prozeß der differenzierenden Ordnungserzeugung zu rekonstruieren; es ist ein Schema, mit dem man die Systembildungen der Erlebens- und Handlungswelt *nachträglich* deuten, interpretieren, rekonstruieren kann.
Systembildungen selbst, als Prozesse in der Wirklichkeit, im Erleben und Handeln der Menschen, beruhen – das haben wir hier immer wieder betont – auf anthropologischen und soziologischen Prämissen. Systembildung ist ein operativer Prozeß, eine Arbeitsweise des Menschen, kraft derer er sich in der Welt durchsetzen kann. Systembildung schafft eine differenzierte Ordnung zwischen den Dingen der Welt – der Welt schlechthin – und dem Menschen als erlebendem/handelndem Wesen.
Auf dieser Ausgangsbasis geht es für Parsons um die Frage, wie wir (als Wissenschaftler)

diese differenzierte Ordnung, die historisch entstanden ist, die wir – sowohl in unserem eigenen täglichen Leben als auch in unserer Rolle als Forscher – schon immer vor uns finden, *rekonstruieren* können? Und eine zweite Frage, auf die sich die Medien beziehen, ist: wie dieser ganze kulturelle Schirm in Gestalt von Systembildungen über die Zeit hinweg erhalten, transferiert, werden kann?

Diese Rekonstruktion geht so vor sich, daß wir den Prozeß der Systembildung als differenzierten, das heißt, zerlegbaren Prozeß betrachten und dementsprechend eine Arbeits- oder Vorgehensweise, ein operatives Schema, einführen müssen, mit dem wir den Prozeß der Systembildung wiederholen können – auf einer anderen Ebene freilich, nämlich innerhalb des Reflexionsprozesses der Wissenschaft. Wissenschaftlich interpretieren wir dann System als differenzierte Zusammenhänge, die sich über zwei Achsen (oder Dimensionen) konstruieren lassen, nämlich über der intern/externen Achse und der der instrumentell/konsumatorischen Achse. Diese Achsen bilden die Grundlage eines vierdimensionalen Handlungsraumes (Parsons 1953, *Working Papers*, Kap. V). Dementsprechend ergeben sich vier funktionale Systembereiche (oder funktionale Subsysteme), nämlich der extern/instrumentelle Bereich (A), der extern/konsumatorische Bereich (G), der intern/instrumentelle Bereich (I) und der intern/expressive Bereich (L).

In Parsons' Theorie verschränken sich also zwei Aspekte in einer untrennbaren Weise miteinander: Einerseits die Interpretation des menschlichen Erlebens und Handelns als eines Prozesses der Systembildung (Systembildung als anthropologische Kategorie); andererseits die Rekonstruktion der Lebenswelt *(»human condition«)* durch die Systemtheorie (Systembildung als methodologischer Prozeß). Parsons hat damit dem *Prozeß der Systembildung eine einzige grundlegende Funktion* zugewiesen: nämlich die: *eine differenzierte Ordnung zu erzeugen.*

Parsons hat die gesamte Lebenswelt als System interpretiert *(Human Condition)*, das heißt, er interpretiert die Lebenswelt des Menschen so, als sei sie durch den Prozeß der Systembildung zustandegekommen, als seien in ihr Prozesse der Systembildung wirksam. Dies bedeutet, daß das gesamte Universum als System aufgefaßt, das heißt, als funktional differenzierte Ordnung gesehen wird. Dabei faßt Parsons die unbelebten, materiell-energetischen Körper (im physikalischen Sinne) von der Ebene kleinster Partikel bis zum Raum-/Zeit-Universum insgesamt als adaptativen Systembereich auf. Als zweiten Funktionsbereich definiert Parsons die Bio-Sphäre (die organischen Systeme), in der sich das Leben entfaltet. Dieser Bereich beginnt bei den einfachsten Lebensformen (Eiweißsphäroiden; Einzellern) und reicht bis zum Menschen als biologischem Organismus. Als dritter Funktionsbereich schließt sich daran die »Handlungswelt« des Menschen an – dieser Bereich ist das eigentliche Zentralthema Parsons'. In der Vorstellung Parsons' entsteht mit der Schöpfung der Handlungswelt durch den Menschen zugleich eine neue Schicht in der Wirklichkeit. Zuvor besteht die Wirklichkeit nur in den physikalischen Gegebenheiten, der Materialverteilung im Raum-/Zeit-Universum sowie dort, wo Leben entsteht, aus den organischen (biologischen) Formen – einschließlich des Menschen. Mit der Entfaltung des Handelns, seiner Evolution über die Stufe des bloßen Verhaltens, das auch schon bei Pflanzen und Tieren zu beobachten ist, kommt es zur Bildung von Erlebens- und Handlungssystemen, also Sinn-Systemen, die eine Referenzschicht für sich bilden und nicht reduzierbar sind. Dieser Systembereich ist der eigentliche Zentralbereich der menschlichen Lebenswelt, aus dem alle gesellschaftlichen Strukturen und Prozesse erwachsen und aus dem heraus sich die Systembildung entfaltet (Parsons, »Paradigma«: 361 ff.).

Zugleich bildet sich, sozusagen in einem durchgehenden evolutionären Zug mit der Entstehung dieser dritten Ebene, noch eine weitere, höher anzusetzende Schicht: Der Bereich des »Telischen« – eine transzendente Meta-Realität, die von der Kultur als Reich der Gottheiten, der metaphysischen Mächte usw. konzipiert und als schicksalsbestimmende Kraft unterschiedlicher Mächtigkeit in die Lebenswelt eingeführt wird (Parsons, »Paradigma«: 363ff.).

An diesem letztgenannten Systembereich zeigt sich für den Leser vermutlich am deutlichsten, daß die Funktionsbereiche Parsons' *nicht* als reale Kategorie einer objektiv vorausgesetzten Wirklichkeit, die einfach vorhanden wäre und von uns sukzessive erkannt werden könnte, verstanden werden dürfen. Parsons rekonstruiert lediglich Systembildungen, die in unseren historischen Kulturschöpfungen schon immer thematisiert wurden, die in unseren Kulturen angelegt und insofern als intellektuelle Schöpfungen des Menschen, »vorhanden« sind. Realität in diesem Sinne »existiert« nicht, sondern wird vom Menschen konstruiert; »dahinter« kann man, bei entsprechender spekulativer Neigung, gern »etwas« (eine »amorphe Hyle« oder sonstiges) vermuten; dies haben viele Philosophen auch ausgiebig unternommen, aber dies macht weder die vorausgesetzte Wirklichkeit »wirklicher« als sie ist noch für uns greifbarer, sie bleibt lediglich ein Reflex der Reflexion. Aber dies darf man wiederum nicht so mißverstehen, als wären diese philosophischen Gedanken irrelevant und ohne weitere Bedeutung: Die Reflexionslage und Reflexionsleistung einer Epoche (Kultur) ist im Gegenteil von großer Bedeutung für das Erleben und Handeln der Menschen dieser Kultur; sie ist ein konstitutiver Teil der gesellschaftlichen Kultur- und Sozialsysteme, der Persönlichkeitsstrukturen, der Institutionen usw. – aber, und dies ist der Punkt, auf den es hier ankam, über die Realität »als solche« erfahren wir durch diese Überlegungen nichts, wir verändern nur unsere soziale Wirklichkeit – und eine andere, wirklichere, kennen wir nicht.

Parsons interpretiert, nachdem er einmal das Prinzip der Systembildung eingeführt hat, die gesamte Wirklichkeit im kosmischen Maßstab als System. Alles, was, in welcher Form auch immer, dem menschlichen Bewußtsein als erfahrbare Außenwelt, als Wirklichkeit, zugänglich oder vorstellbar geworden ist, wird von Parsons in die »menschliche Lebenswelt« *(»human condition«)* miteinbezogen und in Gestalt von Systembildungen rekonstruiert. Diese Rekonstruktion behauptet nicht etwa, daß die Welt »einfach gegeben«, einfach da wäre, sondern, daß ihr Da-Sein und So-Sein ein Produkt unserer geschichtlichen Gestaltungskräfte ist. Es ist also sozusagen die Handlungswelt, die erst die Gesamtwelt um sich herum »produziert« – nicht in dem Sinne, daß diese sonst »nicht da wäre«, sondern in dem Sinne: daß sie ihre für uns eigentümliche Struktur erst durch das Erlebens- und Handlungsfeld des Menschen erhält. Ändert sich die *»action world«* des Menschen, so ändert sich seine gesamte Welt, der ganze Kosmos.

Man darf daher die Art der Systembildung, die Parsons vornimmt, nicht als realistische Beschreibung auffassen, so, als sage Parsons: »In der Realität gibt es ...« oder: »Die Realität besteht aus ...«. Eine solche Beschreibung ist mit Hilfe des AGIL-Schemas nicht vorzunehmen. Das Funktionen-Schema ist vielmehr eine *methodologische Regel*, eine *Verfahrensanweisung*, die uns erklärt, wie wir bei der Rekonstruktion der Systembildungen des Erlebens und Handelns vorzugehen haben.

Zahlreiche Kritiker haben Parsons vorgeworfen, und damit sein Schema entwerten wollen, daß er »die ganze Welt in vier Kästchen presse«. Nichts könnte verkehrter sein als diese Annahme! Man darf dieses Schema überhaupt nicht auf »die Welt« anwenden, sondern allein auf das Erleben und Handeln der Menschen, das in seiner systembildenden Kraft zunächst die *»action world«* und aus ihr heraus dann die Vorstellung der gesamten Lebenswelt erzeugt. Im *Erleben und Handeln* liegen die vier genannten Bezugspunkte – und nur dort; aber indem im Handeln der Menschen diese funktionalen Prinzipien als generative Regeln wirksam sind, ist jede einzelne Systembildung immer wieder durch den Bezug auf sie zu rekonstruieren.

Das Funktionen-Schema ist ein methodologisches Konzept, um die Systembildung, die

sich in unserem Erleben und Handeln vollzieht, zu rekonstruieren. Die Funktion der Systembildung selbst ist ein umgreifendes und fundamentales Prinzip, das schon vorausgesetzt wird. Um die Rekonstruktion der Ergebnisse dieser Systembildung geht es. Dazu entwirft Parsons im ersten Schritt den vierdimensionalen Handlungsraum, über dessen beiden Achsen sich die Systembildung vollzieht. Daraus ergibt sich das AGIL-Schema. Aus dem AGIL-Schema wiederum ergeben sich vier zentrale Funktionsbereiche, in die die einzelnen differenzierten Systembildungen hineinragen.
Systembildung ist ein Prozeß, der sowohl die gesamte Lebenswelt (das Universum) umfassen als auch auf allen Ebenen unterhalb dieser obersten Welt-Ebene erfolgen kann. Systemtheoretisch bedeutet ein solcher *Wechsel der Referenz-Ebene*, daß man von der Betrachtung des Gesamtsystems auf die Ebene eines Sub-Systems übergeht. Anders ausgedrückt: Die Welt besteht in der Vorstellung eines Systemtheoretikers aus einer virtuell unendlichen Folge von Systemen in Systemen, die Systeme in Systemen sind ... Da Systeme aber nichts anderes als Funktionskomplexe sind, so müssen und können Sub-Systeme stets nur funktional ausdifferenzierte Teilfunktionen sein. Ein Sub-System des Gesamtsystems ist folglich, aus logischen Gründen der Systemkonstruktion, entweder das adaptative oder das zielorientierte oder das integrative oder das strukturbestimmende Funktionssystem. Der Begriff »Wechsel der Referenz« oder Wechsel der Referenz-Ebene bezeichnet also das operative Schema des Übergangs von einem vorausgesetzten Systemzusammenhang auf eine der vier Sub-Funktionsebenen, wobei – und nun kommt ein entscheidender Punkt! – diese Sub-Funktionsebene fortan als neue Bezugsebene, das heißt: als *komplettes System mit allen vier Funktionen!*, behandelt wird.
Von diesem Prinzip machen wir nunmehr Gebrauch, wenn wir von *universellen* Systemen »des Erlebens und Handelns« zu *speziellen* Systemen übergehen. Dabei wird das Prinzip der »Referenz-Ebene« noch durch ein zweites Prinzip ergänzt werden, das als das Prinzip der »kumulativen Organisation« bezeichnet werden soll. Dieses zweite Prinzip ergibt sich daraus, daß sich in der sozialen Wirklichkeit unzählige Handlungssysteme, die millionenfache Interaktionsketten jedes Augenblicks der Gegenwart, in vielfacher Weise überlagern – Menschen sind immer Agierende (Erlebende, Handelnde) in Systemen, die Systeme in Systemen sind ... So entsteht eine ungeheuere Fülle von Systemen, die aber eine bestimmte Hierarchie aufweist – eben die einer »kumulativen Organisation«. Beginnen wir jedoch zunächst mit dem Prinzip der Referenz!

6. Ebenen der Referenz

Systembildung wurde beschrieben als ein operativer Mechanismus oder ein operatives Prinzip der Problemlösung im Erleben und Handeln von Menschen, basierend auf anthropologischen Prämissen, jedoch erst umgesetzt in der kulturell überformten Interaktion durch die Verwendung von Symbolen und die Konstitution von Sinnverweisen auf einem kulturellen Horizont von mitgedachten Möglichkeiten (Anschlußfähigkeit von Sinnbildungen im Erleben und Handeln).
Grundlage ist einerseits die Zusammenfassung von Elementen zu einer interdependenten Einheit gegenüber der Umwelt oder anders: Die Auflösung der Wirklichkeit in einer Serie geschichteter, sich überlagernder, interpenetrierender Systeme, und andererseits die Erwartung, daß die so gebildeten Komplexe bestimmte regelmäßige Merkmale kraft bestimmter innerer Gesetzmäßigkeiten aufweisen. Auf dieser Basis entstehen die historischen Systembildungen des Erlebens und Handelns, die von entferntester Vergangenheit

bis in die Gegenwart reichen und sich von hier aus wie eine Welle in die Zukunft wälzen. Systeme sind Netze, die Menschen über die Welt werfen ... und in den Maschen und Knoten des Netzes verfangen sich die Dinge und verknüpfen sich zu allen möglichen Zusammenhängen. Welche Ordnung, welche Zusammenhänge, die Elemente der Welt ohne unsere Netze aufweisen würden, werden wir niemals wissen – wir erleben sie immer nur in der Verknüpfung, die wir selbst geschaffen haben. Aber anders wäre die Welt für den Menschen überhaupt nicht zu bewältigen.

In der Ordnung, in der Parsons diese historisch gewachsenen Zusammenhänge rekonstruiert, weisen die Systeme eine Folge von Referenz-Ebenen auf. Das Prinzip der Referenz-Ebene beruht auf der Methode der disaggregierenden Differenzierung und ermöglicht den Zugriff auf immer spezifischere Einheiten des Systems. Beginnen wir mit der allgemeinen Ebene – der Ebene, die Luhmann in seiner Auseinandersetzung mit der Systemtheorie stets »als Welt schlechthin« bezeichnet hat, für die es keine Umwelt und keine Grenzen mehr gäbe. Obwohl dieser Ansatz bei Luhmann immer verführerisch und überzeugend erscheint, so ist er doch gemäß der Systemlogik falsch: Systeme sind immer nur als System gegenüber anderen Systemen, als Systeme in einer Umwelt, konzipierbar. Diese »Umwelt« läßt sich in einer genaueren Analyse stets wieder in eine Menge von Systemen aufschlüsseln; es ist lediglich eine aggregierende Sprechweise, die, statt von einzelnen Umwelt-Systemen, von »der Umwelt« schlechthin spricht. Die Vorstellung, daß sich nun Referenz-Systeme und Umwelt-Systeme zu einem allgemeinsten System, »der Welt« zusammenfassen ließen, ist irreführend – sie erzeugt nur semantische Paradoxien.

Wie löst Parsons dieses Problem? In früheren Abschnitten haben wir mehrfach dargestellt, daß Parsons sein Zentralthema, die *»action world«*, als ein System inmitten einer Umwelt von drei anderen Systemkomplexen ansiedelt, nämlich dem *»physico-chemical system«*, dem *»organic systems«* und dem *»telic system«* (Parsons, »Paradigma«: 361). Diese Systeme bilden insgesamt die *»human condition«*, die »menschliche Lebenswelt«, aber zugleich sind diese Systeme wechselseitige Umwelt füreinander. Es hätte keinen Sinn, sie zu einem Gesamtsystem zu aggregieren und sie dann gleichsam dem »Nichts« gegenüberzustellen. Luhmanns Überlegungen helfen an diesem Punkt nicht und sind auch hier vielfach zu Recht angegriffen worden.

Terminologisch soll diese allgemeinste Ebene von vier Systemen als »Null-Ebene« bezeichnet werden. Die erste Referenz-Ebene, auf der die Theorie der Handlungssysteme im eigentlichen Sinne einsetzt, ist folglich die nächste Ebene, auf der das *»action system«* oder die *»action world«* den Hauptbezugsgegenstand bildet und die anderen drei Systeme nur noch als Umwelten betrachtet werden.

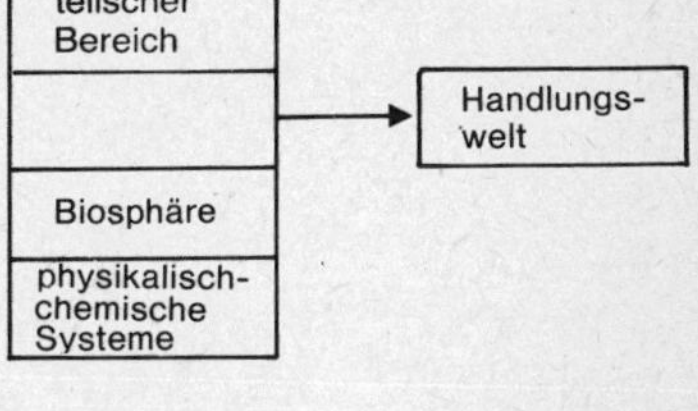

Abb. 1: Die Referenz-Ebenen – Ebene 0 und Ebene 1

Betrachtet man »das Handlungssystem« allgemein, so lassen sich darüber nur relativ abstrakte Aussagen formulieren. Um zu konkreteren Phänomenen vorzustoßen, muß man das System erneut auflösen. Diese Auflösung erfolgt durch die Zerlegung gemäß den methodologischen Prinzipien des AGIL-Schemas in die adaptativen, zielorientierten, integrativen und strukturerhaltenden Subsysteme. Jedes dieser Systeme bildet mithin einen zentralen Bezugspunkt auf der *zweiten Referenz-Ebene*. Terminologisch hat Parsons für diese Systeme die Begriffe »Kultur-System« (L-Funktion), »Sozial-System« (I-Funktion), »psychisches System« (G-Funktion) und »Behaviorales System« (A-Funktion) gewählt. An dieser Stelle sei nochmals daran erinnert, daß demzufolge ein »Sozialsystem« nichts anderes ist als der integrative Funktionskomplex, und entsprechend ein psychisches System nichts anderes als der zielorientierte Funktionskomplex im Handlungssystem ... usw.

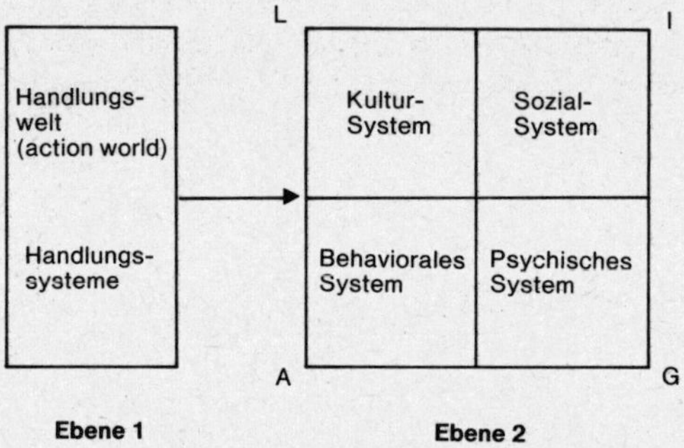

Abb. 2: Die Referenz-Ebenen – Ebene 2 mit vier Funktionskomplexen

Die vier Systeme bilden füreinander jeweils Umwelten, und darüber hinaus gibt es einen übergeordneten Gesamtzusammenhang (das Handlungssystem), in bezug auf den die einzelnen Systeme der zweiten Ebene jeweils nur ausdifferenzierte Sub-Systeme darstellen. Geht man nun zur *dritten Referenz-Ebene* über, so setzt dies zunächst voraus, daß man sich darüber im klaren ist, von welchem Bezugssystem der zweiten Ebene aus man diesen Schritt unternimmt. Parsons hat diese dritte Ebene im wesentlichen nur als Anschluß zum Kultur-System und zum Sozialsystem ausgearbeitet; theorietechnisch sind aber ebenso die Anschlüsse an das Psychische System und das Behaviorale System möglich.

Auf der dritten Referenz-Ebene haben wir also bereits 16 gleichberechtigte Systeme vor uns, von denen jeweils vier einem Funktionskomplex höherer Ordnung zugeordnet sind. Die simultane Behandlung überfordert die »normale Theoriedarstellung« offenbar bereits bei weitem; die Bearbeitung ist nur noch in der Form möglich, einzelne Systembereiche jeweils in besonderen Monographien zu analysieren.

Ungeachtet dieser Schwierigkeit, die in der Überlastung der Kapazitäten des einzelnen Wissenschaftlers bei der gegenwärtigen Arbeitsorganisation begründet ist, bleibt das Prinzip von einer bestechenden Logik. Das Prinzip der Referenz-Ebenen ermöglicht auf der dritten Ebene den Zugriff zu 16 Systemeinheiten, die für einander jeweils Umwelten und miteinander interdependent verbunden sind. Zusammen mit den Ebenen 1 und 2 ist damit insgesamt ein Zugriff auf 21 Systemeinheiten möglich, die eine kybernetische und funktionale Hierarchie bilden und die Analyse zahlreicher Wechselwirkungen gestatten.

Der nächste Schritt zur vierten Referenz-Ebene führt notwendigerweise zu 64 Systemen. Davon ist bislang nur ein geringer Teil ausgearbeitet: etwa Untersuchungen von Parsons/Smelser über die Wirtschaft, Untersuchungen Parsons' über die *»Polity«* und das *»Socie-*

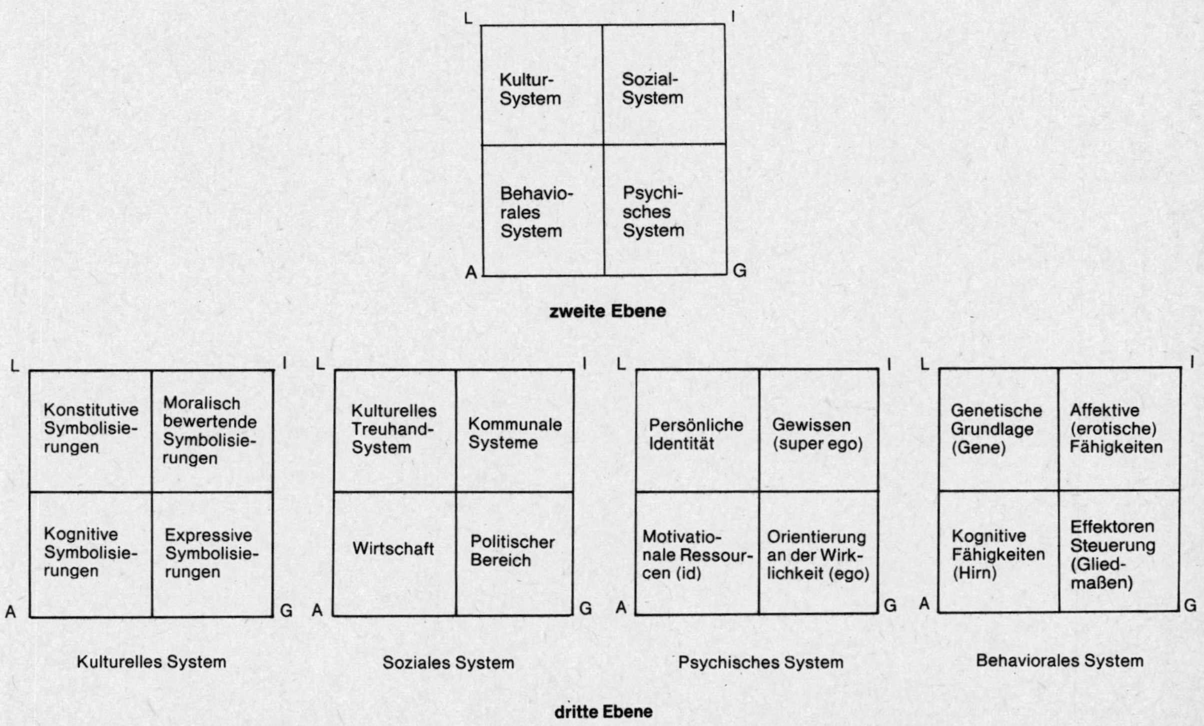

Abb. 3: Die Referenz-Ebenen – Ebene 3 *(vgl. Parsons/Platt 1973: 436)*

tal System« sowie eine Reihe von Beiträgen zum »kulturellen Treuhandsystem« (alle Beiträge beziehen sich auf das *»Social System«* als nächsthöherem Bezugssystem). Insgesamt hat man damit Zugriff zu 85 System/Sub-System-Einheiten – weit mehr, als die Theoriearbeit der Gegenwart und auch die Aufmerksamkeit der Leser bewältigen kann. Man wird abwarten müssen, ob und wann es möglich ist, solche Modelle auf Rechenanlagen zu simulieren (»Parsons-Maschine«). Die Ausarbeitung dieser Systeme stellt jedoch nur einen Teilaspekt der Theorie dar. Ein anderer Aspekt derselben Arbeit liegt darin, konkrete Untersuchungen sozialer Verhältnisse in diesem Schema zu verschlüsseln (Problem der Kodifikation), um auf diese Weise aus zahllosen Einzelforschungen zu einer kohärenten Theorie zu gelangen. Dieser Aufgabe galt Parsons' besondere Zuneigung, wie die Bibliographie seiner Arbeiten zeigt.
Eine solche differenzierende Betrachtungsweise führt zu immer spezifischeren Einheiten; etwa vom Handlungssystem zum Sozialsystem, zum ökonomischen System, zum Banksystem, zum Aufsichtsrat in Banken ... Jedes dieser Sub-Systeme erfüllt in dem nächsthöheren, übergeordneten System eine bestimmte Funktion und dieses System seinerseits eine weitere Funktion gegenüber dem nächsthöheren ..., aber zugleich ist jedes System eine vollkommene Systemeinheit in sich und als solche auch für sich zu analysieren. Differenziert man auf diese Weise Systemzusammenhänge, so daß man zu immer spezifischeren Einheiten gelangt, so erreicht man damit nicht schon automatisch die Ebene der konkreten, alltäglichen Phänomene: Man erhält Typen oder Klassen von Systemen (»die Wirtschaft«, »das Bankensystem«), aber nicht das theoretische Gegenstück einer bestimmten Wirtschaft oder eines bestimmten Bankensystems. Und doch gehen selbstverständlich unübersehbar die Merkmale konkreter Verhältnisse in die Bildung dieser *historischen Typen* ein – je spezifischer sie sind, desto stärker prägen sich die empirischen Merkmale in der Theoriebildung aus. Aber dies setzt natürlich die Verfügbarkeit empirischen Materials und die Fähigkeit, auf dieses Material zurückgreifen zu können, voraus – anderenfalls bliebe der Prozeß der Differenzierung sehr steril und nur eine quasi-logische Zerlegung. Man muß an dieser Stelle vielleicht nochmals daran erinnern, daß die Systembildung als solche nichts anderes als ein operatives Schema ist, um empirische Erfahrungen oder konkretes Material in einer bestimmten Weise zu verarbeiten – ein Verfahren zur Kodifikation ...

7. Das Prinzip der kumulativen Organisation

Wie schon angedeutet, ist das Prinzip der Referenz-Ebenen, das den Zugriff auf die einzelnen differenzierten oder mit diesem Verfahren ausdifferenzierbaren System/Sub-Systeme gestattet, noch um ein weiteres Prinzip zu ergänzen. Es wurde mit dem Ausdruck der »kumulativen Aggregation« bezeichnet. Veranschaulichen wir es zunächst an einem Bild:
Ein Wohngebäude enthält eine Reihe von Etagen; jede Etage umfaßt mehrere Wohnungen; jede Wohnung besteht aus einer Menge von Zimmern ... und umgekehrt: einzelne Räume lassen sich zu Wohnungen oder Büros zusammenfassen; die Wohn- oder Büroeinheiten einer Ebene bilden eine Etage; die vertikale Flucht der einzelnen Etagen über dem Keller bis zum Dachboden addiert sich zum Gebäude. In dieser Art der Zusammenfassung, die stets mehr ist als nur die »Summierung der Teile« (vgl. die lange Diskussion über dieses Problem: Ist das Ganze wirklich mehr als die »Summe seiner Teile?«), wird das Prinzip der »kumulativen Aggregation« erkennbar. Es besteht in der Zusammenfas-

sung von Teilen unter bestimmten *organisatorischen Prämissen* – Organisation ist das magische Schlüsselwort.

In einem seiner bemerkenswertesten Aufsätze hat sich Parsons ausführlich mit dem Problem des Begriffs »Organisation« auseinandergesetzt (man muß anmerken, daß die analytische Theorie der Organisation – trotz zahlreicher anderer berühmter Namen wie Etzoni, Simon, Blau, Mayo, oder, um deutsche Namen zu nennen, Mayntz, Luhmann – ihre wesentlichen Elemente Talcott Parsons verdankt) und darin zu Beginn hervorgehoben, daß in der soziologischen Theorie sehr oft die empirischen Beispiele für Phänomene wie »Gruppen«, »Kollektive« und »Institutionen« quasi nur auf einer einzigen Ebene, also flach, anstatt mehrdimensional betrachtet würden, nämlich nur nach dem Grade ihrer formalen Organisation. Statt dessen schlägt Parsons vor, vier Ebenen der strukturellen Organisation zu betrachten (Parsons in Jensen 1976: 85–120). Und dies führt zu dem Prinzip der »kumulativen Aggregation«.

Grundlage dieses Prinzips ist die Einsicht, daß eine Struktur nicht notwendigerweise nur eine eindimensionale, »flache« Verknüpfung sein muß, sondern sich dabei mehrere Formen der Verknüpfung überlagern können.

Betrachten wir ein Beispiel: ein Einkaufsnetz besteht zunächst aus einem mehrfach verflochtenen Garn, das mit Knoten verknüpft wird. Damit jedoch daraus mehr als nur eine »Hängematte«, das heißt, ein Gebilde in einer Ebene wird, muß die Verknüpfung – über das bloße Verknoten hinaus – eine bestimmte Form annehmen. Dies ist ein zweites Strukturmoment, das das erste überlagert (»Verknüpfung und räumliche Anordnung«).

Dies war ein extrem einfaches Beispiel. Es kommt dabei allein darauf an zu verstehen, daß eine Struktur eine äußerst komplexe Konfiguration von Elementen sein kann, die nicht durch eine einzige Anordnung beschrieben werden kann, sondern eine Vielzahl von Dimensionen oder Ebenen berücksichtigen muß. Diesen Ebenen überlagern sich oft, das heißt, man muß zunächst die Anordnungen einer Ebene voraussetzen, um dann auf einer nächsthöheren Ebene die Konfiguration dieser aggregierten Komponenten zeigen zu können.

Betrachten wir noch ein Beispiel: In ein Brett soll eine Menge von dekorativen großen Nägeln eingeschlagen werden (wie es manche Künstler tun, um einen bestimmten strukturellen Effekt zu erreichen). Die erste Strukturebene besteht lediglich aus der Menge der eingeschlagenen Nägel. Die Nägel erhalten jedoch gruppenweise eine unterschiedliche Neigung, so daß sich differenzierte Flächen verschiedener Neigungswinkel und Helligkeitswerte ergeben. Dies ist die zweite Ebene. Eine dritte Ebene entsteht, sobald wir erkennen, daß sich aus diesen unterschiedlichen Flächen oder Strukturen Gestalten ergeben, etwa Ziffern, Buchstaben oder Figuren. So überlagern sich auf einem Nagelbrett verschiedene Strukturebenen. Diesen Gedanken müssen wir nun auf die Strukturen menschlichen Verhaltens übertragen.

Ausgangspunkt ist zunächst die konkrete Interaktion zwischen Menschen – also die Ebene der direkten *»face-to-face interaction«*. Parsons bezeichnet diese Ebene als die »primäre« oder »technische« Organisationsebene der Interaktion. Solche Interaktionen finden in jedem Augenblick millionenfach über den Erdball hinweg statt: Zwischen den Slumbewohnern in den *»favellas«* von Rio de Janeiro oder den Wellblechbaracken am Rande von Brasilia; den Wermutbrüdern von New York Central oder den Münchner Auen; den Vorstandsmitgliedern der Volkswagen AG; der Schickeria in Düsseldorfs Diskotheken; dem Autostrich von Mailand; dem ovalen Büro des Weißen Hauses; den Fluten des Ganges; den Geschäften der Ginza; den Bordellen Thailands ... überall verhandeln Menschen mit Menschen, *face-to-face*, ganz eng zusammen oder über Telekommunikation; in Klassenräumen, in Bars, vor Fernsehkameras und vor Fernsehgeräten, in Autos und Flugzeugen, in U-Bahnen oder Pissoirs; auf Rollschuhen mit *walkman*

über den Ohren (nicht-verbale Kommunikation/Interaktion!), im Weltenraum, unter dem Meer ... wo auch immer.
Eine ganze Reihe von Sozialtheoretikern vertritt den merkwürdigen Standpunkt, daß diese direkte Interaktion das einzige und alles sei, was Sozialwissenschaftler je konkret untersuchen könnten. Solchen »Mikro-Theoretikern« fehlt die Fähigkeit, in Bäumen den Wald zu sehen. Diese millionenfachen Interaktionen bilden Zusammenhänge einer höheren Organisationsstufe – so wie aus Bäumen ein Wald wird. Freilich – nicht jeder Baum gehört zu einem Wald, nicht jede Interaktion zu einer Organisation. Viele Interaktionen sind Aktionen des Augenblicks; sie entstehen und vergehen. Aber viele sind Teile eines übergreifenden Zusammenhanges, beispielsweise dort, wo jemand in einer Rolle als Teil eines Kollektivs auf einer geregelten Basis an Interaktionen teilnimmt. Damit beginnt die Ebene der »formalen Organisation«, der »Verwaltung«, des *»managerial-level«:* Dies ist die Ebene der *organisierten* Interaktion, und das Strukturmerkmal, um das es uns auf dieser Ebene geht, ist die *formale Organisation.*
Beispiele dafür sind abundant: Die lokale Gemeindeverwaltung, das Management der Pop-Gruppe ABBA, die Verwaltung von Friedhöfen, Krankenhäusern und Gefängnissen, das Management von Banken, von Supermärkten, von Spielsälen, die Verwaltung der öffentlichen Leihbibliotheken, des »Bay Area Rapid Transit (BART) Systems«, das Management der PAN AM oder Lufthansa oder Swissair, die Polizeiverwaltung, das Parteienmanagement ... usw. Was man begreifen muß, ist, daß nicht etwa die Zahl der Menschen mit dieser zweiten Ebene vermehrt wird oder andere Menschen eingeführt werden als zuvor auf der ersten, technischen oder primären Ebene, sondern daß wir es mit einer anderen *Systemebene* zu tun haben, mit anderen Strukturen des Erlebens und Handelns: nämlich der Organisation. Ja, es können dieselben Menschen sein, die auf *beiden Ebenen* agieren – etwa ein Buchhändler, der sowohl mit den Kunden verhandelt, sie berät und ihnen, wenn er Glück hat, ein Buch verkauft, als auch seinen Betrieb verwaltet – nämlich die Bücher führt, den »Betrieb organisiert«, mit Lieferanten und den Behörden verhandelt, usw. Es geht also um Trennung von Funktionen, von Aufgaben, von strukturellen Merkmalen der Handlungssysteme ...
Diese erste und zweite Ebene der Strukturorganisation verweisen, so wie die Beispiele angelegt sind, notwendigerweise auf noch höher gelagerte Ebenen. Kehren wir nochmals kurz zum Vergleich von »Bäumen« und »Wald« zurück – Bäume und Wälder sind Teile des umfassenderen ökologischen Lebensraumes und von ihm abhängig. Dasselbe gilt von den technischen und organisatorischen Strukturkomponenten – sie setzen einen umfassenden gesellschaftlichen Handlungsraum voraus; beispielsweise das Vorhandensein von Märkten, von politischen Machtsystemen, von Rechtsstrukturen, von kulturellen Institutionen ... usw. Die nächste Ebene, die von Parsons unter diesem Aspekt konzipiert wurde, ist die *institutionelle* Ebene. Beispiele für diese Ebene sind Aufsichtsräte, Beiräte, Kammern (wie die Ärztekammern, die Apothekerkammern, die Anwaltskammern oder die Kammern der steuerberatenden Berufe), Treuhänder usw. Ihre Funktion liegt nicht darin, den Managern oder Verwaltungsfachleuten Anweisungen zu erteilen, wie sie ihre Aufgabe erfüllen sollen (das wissen sie alleine oder sie sind unfähig), sondern ihre Funktion liegt darin, die Arbeit der unteren Ebenen zu legitimieren oder die Legitimität der getroffenen Entscheidungen zu überwachen. Ein typisches Beispiel liegt in der Formel, daß bezüglich einer Entscheidung oder der Arbeit einer Periode »das volle Vertrauen« oder auch »die volle Unterstützung« ausgesprochen wird. Kennzeichnend für die institutionelle Ebene ist, daß man es hier überwiegend mit Vereinigungen zu tun hat: Kammern, Buchhändlervereinen, der Vereinigung der Gewerbetreibenden, der Spitzenverbände ... Diese sind natürlich als solche Organisationen, gehören aber ihren strukturellen Merkmalen nach nicht der zweiten, sondern der dritten Ebene an. Gegen-

über der Gesamtgesellschaft haben diese Vereinigungen oft den Charakter von *»pressure groups«*, die spezifische Interessen irgendwelcher Gruppen vertreten, insbesondere finanzieller Art.

Damit ist zugleich die oberste Ebene angesprochen – die *gesellschaftliche* Organisationsebene. In den Gegenwartsgesellschaften findet sie ihren Niederschlag ganz überwiegend in politischen Formen – als staatlich organisiertes Kollektiv, als Staatswesen.

»Durch seine gesetzgeberische Funktion, seine Verantwortung für die nationale Sicherheit und eine Vielzahl anderer Aufgaben bildet im nationalen Rahmen der Regierungsapparat den wesentlichen Organisationsrahmen auf dieser Ebene. Häufig finden sich in frühen Stadien gesellschaftlicher Differenzierung religiöse Organisationen, die die gesamte Gesellschaft umfassen. In vielen Fällen waren diese organisatorisch mit dem Regierungsapparat verschmolzen. In der westlichen Tradition kam es jedoch zu einer Ausdifferenzierung der religiösen Organisationen vom Regierungsapparat, bis hin zu einer die gesamte Gesellschaft umfassenden autonomen Institution. Diese Struktur hat sich weitgehend aufgelöst, am radikalsten wohl in Amerika, und Religion ist insoweit ›Privatangelegenheit‹ geworden. Insofern könnte man sagen, daß in der amerikanischen Gesellschaft die Religion von der institutionellen Ebene abwärts, jedoch nicht mehr länger auf der gesellschaftlichen Ebene organisiert ist« (Parsons in Jensen 1976: 95f.).

Dem Leser sollte klar sein, daß sich dieses Konzept der »kumulativen Aggregation«, so wie es hier erläutert wurde, auf *Sozialsysteme* bezieht. Es gilt jedoch allgemein für die Theorie der Handlungssysteme, die – wie man sich aus dem vorangegangenen Abschnitt erinnern sollte – auf einer höheren, der ersten Referenz-Ebene liegen, während sich die Sozialsysteme zusammen mit den Kultursystemen, den Psychischen Systemen und den Behavioralen Systemen über die zweite Referenz-Ebene erschließen. Bezogen auf Handlungssysteme müßte man jedoch eine allgemeinere Begriffssprache und abstraktere Beispiele verwenden, und ich habe es daher aus Gründen der Bequemlichkeit – sowohl für den Leser als auch für mich selber vorgezogen, auf der zweiten Referenz-Ebene zu argumentieren.

Das allgemeine Prinzip der »kumulativen Aggregation« jedenfalls besteht darin, eine Rekonstruktion der hierarchischen Schichtung von organisatorischen Strukturelementen vorzunehmen – analog der Aggregation von »Räumen« zu »Wohnungen« oder »Büros«, dann zu »Etagen« und schließlich zu »Gebäuden«. Das »Gebäude« in unserem Beispiel sozialer Systeme ist das gesamtgesellschaftliche Kollektiv in seiner politischen Organisation als Staatswesen; es umfaßt auf den darunterliegenden Ebenen, den »Etagen«, die Menge der Institutionen wie »Wirtschaft«, »Politik«, »Kirche«, »Bildungswesen« usw., darunter die »formalen Organisationen« (»Wohnungen« beziehungsweise »Büros«) und darunter schließlich als *»primary»* oder *»technical level«* die direkten *»face-to-face«* Interaktionen.

Die Kumulierung könnte dazu verführen, auf den jeweils höheren Ebenen nach etwas anderem zu suchen als der »direkten Interaktion«, so als fände dort etwas anderes statt. Diesem Irrtum darf man jedoch nicht anheimfallen. Die Theorie der Handlungssysteme hat es immer mit dem Erleben und Handeln von Menschen zu tun – sie differenziert dieses Erleben und Handeln jedoch in verschiedenartiger Weise und gelangt daher zu analytisch unterschiedlichen Dimensionen der Betrachtung. Die Kumulierung bezieht sich auf unterschiedlich allgemeine Aspekte des Erlebens und Handelns, nämlich bestimmte Strukturkomponenten und deren Organisation. Und so, wie aus Laub, Unterholz, Sträuchern, Bäumen usw. nichts anderes wird, wenn man diese Landschaftselemente zu »Parks« oder »Wäldern« oder »Landschaften« zusammenfaßt, so wird auch aus »Erleben und Handeln« nichts qualitativ anderes, wenn man diese Komponenten unterschiedlich aggregiert.

Zusammenfassung

Fassen wir die Elemente der Theorie, die wir bislang dargestellt haben, zusammen:
Der *erste* Aspekt bestand darin, Systeme als Konstruktionen zu kennzeichnen: Eine Anzahl von Objekten der Erfahrung, der Phantasie, der Spekulation oder was immer, wird von uns absichtsvoll zu einer Einheit zusammengefaßt und der restlichen »Umwelt« als »System« gegenübergestellt.

Der *zweite* Schritt bestand darin, sich speziell auf »Erleben und Handeln« zu konzentrieren, das heißt, als Element der zu konstruierenden Systeme nur Aspekte des menschlichen Sozialverhaltens auszuwählen und alle anderen Elemente allgemein »der Umwelt«, beziehungsweise in einer differenzierteren Betrachtung drei anderen Systemgruppen – physikalisch-chemischen Systemen, Biosystemen, telischen Systemen – zuzurechnen.

Der *dritte* Schritt führte zu methodologischen Überlegungen: Wie konstruiert man Handlungssysteme? Wir haben hier auf Parsons' quasi-axiomatischen Weg verwiesen, bei dem zwei Grundachsen gewählt werden (die »intern/externe Dimension« sowie die »instrumentell/konsumatorische Dimension«), die dann einen euklidischen Handlungsraum mit vier Quadranten definieren, die jeweils als Funktionsbereiche interpretiert und mit den Begriffen *»Adaptation«*, *»Goal-Attainment«*, *»Integration«* und *»Latent Pattern-Maintenance«* belegt werden. Diese Funktionsbereiche sind durch die beiden Achsen wie folgt definiert: *»Adaptation«* als »extern/instrumenteller Funktionsbereich«; *»Goal-Attainment«* als »extern-konsumatorischer Funktionsbereich«; *»Integration«* als »intern/instrumenteller Funktionsbereich« und schließlich *»Pattern-maintenance«* als »intern/instrumenteller Funktionsbereich«.

Dieses Grundschema leitet Parsons (in einer reflexiven Wendung der Frage nach der Funktion von Systembildung) aus anthropologischen und soziologischen Prämissen ab. Systembildung ist demnach ein *symbolischer* Prozeß, der auf einer sinnhaften Deutung bestimmter physischer Abläufe (des menschlichen Verhaltens) beruht – oder anders formuliert: ein symbolischer Prozeß, der dem konkreten, physischen Verhalten eine bestimmte sinnhafte Bedeutung zuweist. Die beiden konstitutiven Dimensionen (»Achsen«) dieses Prozesses sind, wie erwähnt, die »intern/externe Dimension«, die dazu dient, die Differenz zwischen Aspekten des Systems und Aspekte dessen, was »nicht System« (also Umwelt) ist, zu konstituieren, sowie die »instrumentell/konsumatorische Dimension«, die die Zurechnungen von Prozessen, die sich ihrem Sinn nach »jetzt« abspielen und in ihrer momentanen Bedeutung erschöpfen, gegenüber anderen, die ihrem Sinn nach langfristig angelegt sind, ermöglicht. Dies ist zunächst die Grundlage, um Handlungssysteme als Systeme des Erlebens und Handelns zu (re-)konstruieren.

Der *vierte* Schritt führt dahin, Systeme als differenzierte Ordnungszusammenhänge zu interpretieren. Systeme sind Kombinationen oder Verknüpfungen von Elementen. Diese Verknüpfung folgt bestimmten Ordnungsprinzipien. Diese Prinzipien lassen sich im Prozeß der theoretischen Rekonstruktion unserer Alltagserfahrungen ihrerseits ordnen oder systematisieren. Das erste Prinzip, von dem wir dabei Gebrauch gemacht haben, ist das Prinzip der »Referenz-Ebene«. Systeme sind »Systeme in Systemen in Systemen« oder, anders ausgedrückt, jedes System läßt sich zerlegen in Sub-Systeme, die ihrerseits – bei einem Wechsel der Betrachtung – (das heißt der Referenz-Ebene) – zu Bezugssystemen werden können. Dieses Prinzip der Referenz-Ebenen ermöglicht den Zugriff auf immer spezifischere Systemeinheiten. Es ist nicht das einzige Prinzip, von dem wir

Gebrauch machen können, sondern es wird ergänzt von einem zweiten Prinzip, das wir als Prinzip der »kumulativen Aggregation« bezeichnet haben. Dieses Prinzip beruht auf der Einsicht, daß die Struktur eines Systems nicht notwendigerweise eine einfache, »flache« Abordnung von Elementen sein muß, sondern komplex, »mehrdimensional« organisiert werden kann – mehrere Konfigurationen von Elementen überlagern sich. Als Beispiel dafür haben wir die Strukturorganisation sozialer Systeme angeführt, die von der »technischen« Ebene über die »Verwaltungsebene« und die »institutionelle Ebene« bis zur »sozietalen Ebene« aggregiert werden kann.

Systeme gibt es in der Wirklichkeit nicht; sie sind Konstruktionen des Menschen. Aber darin steckt ein Doppelsinn. Die Systeme der Systemtheorie sind Re-Konstruktionen – die wissenschaftliche Nachzeichnung von Strukturen und Prozessen der Lebenswelt. Wir können uns entschließen, die Zusammenhänge der Lebenswelt wissenschaftlich als Systeme zu interpretieren, und das Ergebnis dieser Auffassung sind dann Systeme der Art, wie wir sie hier in diesem Buch angedeutet haben: Handlungssysteme, Kultursysteme, Sozialsysteme, Persönlichkeitssysteme ... Aber wie ist die Sachlage, wenn wir eine solche Interpretation nicht vornehmen, wenn wir nicht Anhänger der systemorientierten Auffassung sind?

In diesem Buch wurde immer wieder mit Nachdruck die These vertreten, daß das Erleben und Handeln des Menschen schon immer *systembildend* sei, daß wir hier auf anthropologische Grundstrukturen treffen. Die Prozesse der Systembildung, also selektive Zusammenfassung, Verdichtung, Überhöhung, Abstrahierung, Generalisierung von Aspekten empirisch wahrnehmbarer Phänomene, beruhen auf biophysischen Anlagen, letztlich auf der Struktur der Informationsaufnahme und Informationsverarbeitung im Großhirn. Wir haben im Text eine Reihe von Mechanismen erwähnt, die die Wahrnehmung des Menschen steuern; an ihnen zeigt sich, wie stark die aktive Rolle der kortikalen Filter ist, wie sehr also das, was wir wahrnehmen, davon abhängt, wie unser Bewußtsein beschaffen ist. In diesen Prozessen sehen wir die Grundlage für den Aufbau von Systemen des Erlebens und Handelns, in denen immer untrennbar, aber freilich analytisch einzeln darstellbar!, physiologische, psychische, soziale und kulturelle Aspekte verwoben sind.

Die Rekonstruktion derartiger Zusammenhänge als Systembildungen scheint so einzigartig angemessen, daß man sich vernünftigerweise eine rationale Theorie der menschlichen Lebenswelt anders nicht vorstellen kann. Doch die Erfahrung lehrt, daß der größere Teil der Wissenschaftler darüber anders denkt. Dafür gibt es eine Reihe von Gründen. Viele Wissenschaftler, sagen wir es offen, haben diese äußerst komplexe, voraussetzungsreiche und umfassende, sich immer weiter verästelnde Theorie nicht verstanden und halten es auch nicht der Mühe wert, sich in ein solches Riesenwerk – wie es etwa bei Parsons oder mittlerweile auch bei Luhmann vorliegt – einzuarbeiten. Manche schaffen an anderen Fronten. Einige haben einen psychischen Horror vor »großer Theorie« und beschreiben lieber, was sie mit den Händen greifen und den Augen sehen können. Der größte Teil der Wissenschaftler trottet allerdings dumpf mit der Masse dahin, ohne eigene Entscheidungen darüber, was und wie geforscht wird, in Trab gehalten vom Abteilungsleiter oder Direktor, der selbst, gepeinigt von Karriere- und Altersängsten, seinen eigenen irrationalen Motiven folgt, mitgeschoben von den Kollegen wuzzelt und zuzzelt jeder an der Arbeitslinie weiter, die einmal zufällig und planlos in einem Universitätsseminar eingeschlagen wurde und die nun eine »Karriere« geworden ist. So wie einer Schuster, jener Schneider wurde, so wird hier einer »Interaktionist«, jener »Marxist«. Theorien werden zu Moden, auf Soziologentagen etablieren sich fashionable Trendsetter, die Bewegungen machen. Das wird als Pluralismus gefeiert. Die Systemtheorie, als die zur Zeit einzig strenge Theorie mit umfassenden Ansprüchen, wird als

Zwangsjacke verworfen und »man bevorzugt die reiche Garderobe mit vielen verschiedenen, wenn auch etwas altmodischen Kleidern, die bereits im Schrank hängen« (Luhmann) – die Klassiker, über die man so gebildet die alten Bonmots noch einmal variieren kann. In Deutschland (und nicht nur dort, in allen Wohlstandsländern) grassiert die Antiquitätensehnsucht; als etablierte und präsentabel gilt nur, was schon angelaufen ist. Theorien der Gesellschaft werden nicht produziert, sondern aufpoliert.
In diese dumpf nostalgische Wissenschaftsgesellschaft, die Eliteinstitute wiederbeleben, aber Hochschulbildung insgesamt reduzieren will, verkümmert die Wahrnehmungsfähigkeit für interdisziplinär relevante Forschungsansätze und -ergebnisse. Für die Systemtheorie insgesamt, für Niklas Luhmann insbesondere, trifft zu, was Luhmann selbst über Parsons formuliert hat: »Für diesen Zusammenhang von Theoriearchitektur und Wahrnehmungsfähigkeit hat Talcott Parsons der Soziologie ein Beispiel gegeben. Parsons konnte sich, weil er eigene Theorievorstellungen besaß, durch biologische, psychologische, linguistische, kybernetische Forschungen anregen lassen. Das Beispiel belegt für die Soziologie selbst den hier (sc. von Luhmann) behaupteten Zusammenhang von selbstreferentieller Geschlossenheit und Umweltoffenheit. Er hat fast nur Ablehnung, jedenfalls keine Nachahmung gefunden« (»Paradigmawechsel«: 19).
Warum ist das so? Warum bleibt die Soziologie, warum bleiben die Humanwissenschaften »paradigmalos«, obwohl das Paradigma der Systemtheorie vorliegt? Warum wird, mit so oft fad-einfaltslosen Einwänden, mit einer Kritik, die nur Ressentiments zum Ausdruck verhilft, auf die Möglichkeit zu kumulierbaren Erkenntnisgewinnen verzichtet?
Die Antwort lautet, daß sich die Theorie insgesamt schneller entwickelt hat als die Fähigkeit der nicht unmittelbar an ihr arbeitenden wissenschaftlichen Öffentlichkeit, diese Entwicklung und den heutigen Stand der Systemtheorie wahrzunehmen. Die Grundlagen der Systemtheorie befinden sich seit geraumer Zeit in einem erheblichen Umbau. Schon wer nur das Werk Parsons verfolgt hat, kann darüber nicht im Unklaren sein; die Umstrukturierung der Theorie insgesamt aber (seit den siebziger Jahren, seit dem erneuten massierten Erkenntnisschub der biologischen Theorien, insbesondere der Neurophysiologie) ist noch viel gewaltiger. Die Systemtheorie ist eine Theorie selbstreferentieller Systeme geworden (vgl. Luhmann, »Paradigmawechsel« sowie Luhmann 1980). Sie wird damit einerseits in ihrer semantischen Reflexionslage zunehmend komplexer, andererseits in ihrer empirischen Begründung zunehmend fundierter – freilich gräbt sie sich das Fundament in eine Richtung, die sich von der klassischen, sozialphilosophisch-historisch orientierten Soziologie weit entfernt. Ihre Fundamente liegen im Bereich der Computerlogik, der Biologie, der Neurophysiologie, der Wahrnehmungspsychologie, der Linguistik, der Kybernetik und Bionik usw. Diese neue Theorie selbstreferentieller Systeme ist erst in Umrissen zu erkennen. Sie ist – und wird es noch einige Zeit bleiben – im Umbau. Die Beiträge der traditionellen Soziologie in diesem Prozeß sind längst erschöpft, und eine Kritik, die sich noch immer damit auseinandersetzt, bleibt weit zurück. Die Soziologie, die – vor allem – mit Parsons für einige Zeit die Pionierarbeit in der Systemtheorie leisten konnte, ist zurückgefallen. Aber gerade die Fähigkeit, über die Grenzen der Disziplin hinweg die Aufmerksamkeit mit dem Eifer des Schülers und nicht mehr mit Arroganz des Lehrmeisters auf die Erkenntnisprogramme der Nebenwissenschaften zu richten, fehlt. Die Soziologen sind zu Apperzeptionsverweigerern geworden. Das soziologische Paradigma, das durch die Bildungsrevolution zum dominanten Wissenschaftsparadigma wurde (vgl. Matthes 1981: 15–27) und die interdisziplinäre Wissenschaftsdiskussion entscheidend geprägt hat, ist zum Jargon erstarrt und behindert zunehmend die Rezeptionsfähigkeit, weil es semantisch inadäquat wird. »Rechtzeitiges Erkennen von Obsoleszenzen ist ein wesentliches Begleit- und

Entlassungserfordernis aller Innovationen, auch im Wissenschaftsbereich« (Luhmann 3: 187).

Die Theorie menschlichen Handelns ist viel zu komplex geworden, um noch von *einer* Wissenschaft allein ausreichend behandelt werden zu können. Der Wechsel des Paradigmas böte sich an: der Wechsel von einer soziologischen Theorie zur Systemtheorie. Dies wäre die rationale Strategie. Aber kann man vom Wissenschaftssystem Rationalität erwarten – mehr als von irgendeinem anderen System? Wohl kaum, denn was für alle Systeme gilt, das gilt für das Wissenschaftssystem a fortiori: System normal, alles spielt verrückt – SNAFU.

Literatur

Ackoff, Russel L.: »Contrasting Concepts of Systems Science«. *General Systems* 8 (1963), S. 117–121.
Allport, F. H.: *Theories of Perception and the Concept of Structure.* New York 1955.
Asimov, Isaac: *Die Schwarzen Löcher.* Kiepenheuer & Witsch, Köln 1979, 1982.
Bergmann, Werner: *Die Zeitstrukturen sozialer Systeme.* Duncker und Humblot, Berlin 1981.
Bertalanffy, Ludwig von: »General Systems Theory«. *General Systems* 1 (1956), S. 1–10.
Bösel, Rainer: *Physiologische Psychologie.* De Gruyter, Berlin/New York 1981.
Boulding, Kenneth E.: »Implications of General Systems Research«. *General Systems* 6 (1961), S. 1–7.
Bronowski, J.: »The Concepts behind the Discoveries«. In: Caroline F. Ware, K. M. Panikkar und J. M. Romein (Hrsg.): *History of Mankind.* Vol. VI. UNESCO, London 1966.
Bunge, Mario: »Time Asymmetry, Time Revearsal, and Irreversibility«. *Studium Generale* 6/23 (1970), S. 562–570.
Cassirer, Ernst: *Philosophie der symbolischen Formen,* 3 Bde. Berlin 1923–29.
Caws, Peter: »Science and System: On the Unity and Diversity of Scientific Theory«. *General Systems* 13 (1968), S. 3–12.
Claessens, Bob und Rousseau, Jean: *Pieter Brueghel.* Mercatorfonds, Antwerpen, o. J. Dt. Ausgabe Pawlack-Verlag. Herrsching o. J.
Beauregard, Olivier Costa de: »No Paradox in the Theory of Time Anisotropy«. *Studium Generale* 1/24 (1971), S. 10–18.
Denbigh, K. G.: »In Defence of the Direction of Time«. *Studium Generale* 3/23 (1970), S. 234–244.
Esser, H., Klenovits, K. und Zehnpfennig, H.: *Wissenschaftstheorie.* 2. Bde. Teubner Studienskripten, Stuttgart 1977.
Fischer Lexikon Anthropologie. Gerhard Heberer und Gottfried Kurth (Hrsg.), Frankfurt 1959.
Flechtner, Hans-Joachim: *Grundbegriffe der Kybernetik.* Eine Einführung. Wissenschaftliche Verlagsgesellschaft, Stuttgart 1969.
Fraser, J. T.: *The Voices of Time.* Allan Lane The Penguin Press, London 1968.
Freud, Anna: *Das Ich und die Abwehrmechanismen.* Geist und Psyche. Kindler Verlag, München o. J.
Freud, Sigmund: »Formulierungen über die zwei Prinzipien des psychologischen Geschehens«. In: *Gesammelte Werke,* Bd. 8, London und Frankfurt 1911.
Gamst, Frederick G. und Norbeck, Edward: *Ideas of Culture. Sources and Uses.* Holt, Rinehart and Winston, New York usw. 1976.
Gehlen, Arnold: *Anthropologische Forschung.* Rowohlts Deutsche Enzyklopädie, Reinbek 1961.
Gehlen, Arnold: *Urmensch und Spätkultur.* Frankfurt/Bonn 1964.
Habermas, Jürgen: »Talcott Parsons – Konstruktionsprobleme der Gesellschaftstheorie«. In Joachim Matthes (Hrsg.): *Lebenswelt und soziale Probleme.* Verhandlungen des 20. Deutschen Soziologentages zu Bremen 1980. Campus-Verlag, Frankfurt/New York 1981, S. 28–48.
Habermas, Jürgen und Luhmann, Niklas: *Theorie der Gesellschaft oder Sozialtechnologie.* Theorie Diskussion. Suhrkamp Verlag, Frankfurt 1971.
Händle, Frank und Jensen, Stefan (Hrsg.): *Systemtheorie und Systemtechnik.* Nymphenburger Texte zur Wissenschaft. München 1974.
Hall, A. D. und Fagen, R. E.: »Definition of System«. *General Systems* 1 (1956), S. 18–28.
Handbuch der Psychologie in 12 Bänden: 1. Bd. *Allgemeine Psychologie.* I. Der Aufbau des Erkennens. 1. Halbband: Wahrnehmung und Bewußtsein. Verlag für Psychologie, Göttingen 1974.
Hausen, Karin: »Technischer Fortschritt und Frauenarbeit im 19. Jahrhundert. Zur Sozialgeschichte der Nähmaschine«. In: *Geschichte und Gesellschaft. Zeitschrift für Historische Sozialwissenschaft.* 4. Jg., H. 2. Technik und Gesellschaft im 19. und 20. Jahrhundert. Vandenhoeck und Ruprecht, Göttingen 1978, S. 148–169
Hempel, Carl Gustav: *Philosophie der Naturwissenschaften.* dtv. Wissenschaftliche Reihe, München 1974.
Henle, Paul: *Sprache, Denken, Kultur.* Theorie 2, Suhrkamp Verlag, Frankfurt 1969.
Herbort, Heinz Josef: »Als ob man in der Opera-Comoedie wäre!« *Programmheft zur Ballett-Uraufführung der Matthäus-Passion,* Hamburgische Staatsoper 1981.

Hervey, Helen: »The Private Language Problem«, *The Philosophical Quarterly* 7 (1957), S. 63–79.
Hocke, Gustav René: *Die Welt als Labyrinth* und *Manierismus in der Literatur.* 2 Bde. Rowohlts Deutsche Enzyklopädie, Reinbek 1957 und 1959.
Holst, Erich von: *Zentralnervensystem.* Fünf Beiträge zur Verhaltensphysiologie. Deutscher Taschenbuchverlag. Wissenschaftliche Reihe, München 1974.
Hoppe, Art: *The Tiddeling Tennis Theorem.* The Viking Press, New York 1976.
Hübner, Kurt: *Kritik der wissenschaftlichen Vernunft.* Verlag Karl Albert, Freiburg/München 1978.
Hund, Friedrich: »Zeit als physikalischer Begriff«. *Studium Generale* 1/24 (1971), S. 1088–1101.
Ivanoff, Pierre: *Monumente Großer Kulturen – Maya.* Ebeling-Verlag, Luxemburg/Wiesbaden 1974.
Jensen, Stefan: *Bildungsplanung als Systemtheorie.* Bertelsmann Universitätsverlag, Bielefeld 1970.
Jensen, Stefan (Hrsg.): *Talcott Parsons – Zur Theorie Sozialer Systeme.* Westdeutscher Verlag, Opladen 1976.
Jensen, Stefan (Hrsg.): *Talcott Parsons – Zur Theorie der sozialen Interaktionsmedien.* Westdeutscher Verlag, Opladen 1980.
Jensen, Stefan: *Talcott Parsons – Eine Einführung.* Teubner Studienskripte, Stuttgart 1980.
Kapleau, Philippe: *Die Drei Pfeiler des Zen.* Rascher Verlag, Zürich/Stuttgart 1969.
Klir, Jiri: »The General System as a Methodological Tool«. *General Systems* 10 (1965), S. 29–42.
Krüger, Lorenz: »Wissenschaft zwischen Natur und Geschichte. Einige Gedanken zur historischen Wissenschaftstheorie der Naturwissenschaften«. In: *Geschichte und Gesellschaft. Zeitschrift für Historische Sozialwissenschaft.* 4. Jg., H. 4, Die Wissenschaften und ihre Geschichte. Vandenhoeck & Ruprecht, Göttingen 1978, S. 452–471.
Leinfellner, Werner: »Logische Analyse der Gestalt. Logik und Gestaltpsychologie« *Studium Generale* 19 (1966), S. 219–235.
Lem, Stanislaw: *Die vollkommene Leere.* Insel Verlag, Frankfurt 1973.
Lem, Stanislaw: *Summa technologiae.* Insel Verlag, Frankfurt 1976.
Lem, Stanislaw: *Die Stimme des Herrn.* Insel Verlag, Frankfurt 1981.
Lem, Stanislaw: *Mehr phantastische Erzählungen.* Insel Verlag, Frankfurt 1981.
Lepenies, Wolf: »Wissenschaftsgeschichte und Disziplingeschichte«. In: *Geschichte und Gesellschaft. Zeitschrift für Historische Sozialwissenschaft.* 4. Jg., H. 4. Die Wissenschaften und ihre Geschichte, Vandenhoeck & Ruprecht, Göttingen 1978, S. 437–451.
Loubser, Jan J., Baum, Rainer C., Effrat, Andrew und Lidz, Victor Meyer (Hrsg.): *Explorations in General Theory in Social Science. Essays in Honor of Talcott Parsons.* Free Press, New York 1976.
Luhmann, Niklas: *Rechtssoziologie.* 2 Bde. Rohwohlt Taschenbuch Verlag, Reinbek 1972.
Luhmann, Niklas: *Soziologische Aufklärung.* 3 Bde. Aufsätze zur Theorie sozialer Systeme; Aufsätze zur Theorie der Gesellschaft; Soziales System, Gesellschaft, Organisation. Westdeutscher Verlag, Opladen 1970, 1975, 1981.
Luhmann, Niklas: *Macht.* Enke Verlag, Stuttgart 1975.
Luhmann, Niklas: *Funktion der Religion.* Suhrkamp, Frankfurt 1977.
Luhmann, Niklas: *Gesellschaftsstruktur und Semantik.* Studien zur Wissenssoziologie der modernen Gesellschaft. Bd. 1, Suhrkamp, Frankfurt 1980.
Luhmann, Niklas: »Ideengeschichte in soziologischer Perspektive«. In: Joachim Matthes (Hrsg.): *Lebenswelt und soziale Probleme.* Verhandlungen des 20. Deutschen Soziologentages zu Bremen 1980. Campus-Verlag, Frankfurt/New York 1981, S. 49–61.
Luhmann, Niklas: »The World As A Social System«. *General Systems* 8 (1982), S. 131–138.
Luhmann, Niklas: »Paradigmawechsel in der Systemtheorie«. Manuskript.
Matthes, Joachim: »Soziologie: Schlüsselwissenschaft des 20. Jahrhunderts«. In: Joachim Matthes (Hrsg.): *Lebenswelt und Soziale Probleme.* Verhandlungen des 20. Deutschen Soziologentages zu Bremen 1980. Campus-Verlag, Frankfurt/New York 1981, S. 15–27.
Mead, George H.: *Geist, Identität und Gesellschaft* aus der Sicht des Sozialbehaviorismus. Suhrkamp, Frankfurt 1968.
Merton, Thomas: »The Asian Journal of Thomas Merton«. New York 1973. Abgedruckt in A. J. Goonetileke (Hrsg.): *Images of Sri Lanka through American Eyes.* Travellers in Ceylon in the Nineteenth and Twentieth Centuries. A Select Anthropology, Compiled and Edited, with an Introduction, Commentaries, and Bibliography by H. A. I. Goonetileke, Librarian at Peradeniya since 1971 (formerly London and Madras). Printed and Published by the U. S. Information Service as an American Bicentennial Salute to Sri Lanka (ohne Ort, ohne Jahr).
Meyer, R. W. (Hrsg.): *Das Zeitproblem im 20. Jahrhundert.* Sammlung Dalp, Francke Verlag, Bern/München 1964.
Morazé, Charles (Hrsg.): *History of Mankind, Cultural and Scientific Development.* Vol. V. UNESCO, London 1976.

Nagel, Ernest: »Mechanistic Explanation and Organismic Biology«. *Philosophy and Phenomenological Research* 9 (1951), S. 11–38.
Nagel, Ernest: »Teleological Explanations and Teleological Systems«. In: H. Feigl und M. Brodbeck (Hrsg.): *Readings in the Philosophy of Science*. New York 1953, S. 537–587.
Nagel, Ernest: »A Formalization of Functionalism with Special Reference to Its Application in the Social Sciences«. In: *Logic Without Metaphysics*. New York 1956, S. 247–283.
Nagel, Ernest: *The Structure of Science*. Problems in the Logic of Scientific Exploration. London 1961.
Ornstein, Robert: *Die Psychologie des Bewußtseins*. Fischer Taschenbuch Verlag, Bücher des Wissens, Frankfurt 1976.
Park, David: The Myth of the Passage of Time«. *Studium Generale* 1/24 (1971), S. 19–30.
Parsons, Talcott: *The Social System*. The Free Press, Glencoe, Ill. 1951.
Parsons, Talcott and Shils, Edward A. (Hrsg.): *Toward A General Theory of Action*. Harward 1951.
Parsons, Talcott, Bales, Robert F. and Shils, Edward A.: *Working Papers in the Theory of Action*. The Free Press, Collier MacMillan, New York/London 1953.
Parsons, Talcott: »An Approach to Psychological Theory in terms of the Theory of Action.« In: Sigmund Koch (Hrsg.): *Psychology: A Study of a Science*. Study 1. Conceptual and Systematic. Volume 3. Formulation of the Person and the Social Context. MacGraw-Hill, New York/Toronto/London 1959, S. 612–711.
Parsons, Talcott: »Some Problems of General Theory in Sociology«. In: John C. McKinney and Edward A. Tiryakian (Hrsg.): *Theoretical Sociology: Perspectives and Developments*. New York 1970, S. 27–68.
Parsons, Talcott: *Social Systems and the Evolution of Action Theory*. Free Press, New York 1977.
Parsons, Talcott: *Action Theory and the Human Condition*. Free Press, New York 1978.
Parsons, Talcott: »A Paradigm of the Human Condition«. Kapitel 15 in Talcott Parsons: *Action Theory and the Human Condition*. Free Press, New York 1978.
Parsons, Talcott und Platt, General M.: *The American University*. Harvard University Press, Cambridge, Mass. 1973.
Parsons, Talcott und Smelser, Neil J.: *Economy and Society*. London 1956.
Perkins, Moreland: »Two Arguments Against A Private Language«. In: Harold Morrick (Hrsg.): *Wittgenstein and the Problem of Other Minds*. New York 1967, S. 97–118.
Popitz, Heinrich: *Prozesse der Machtbildung*. Recht und Staat, H. 362/363, Tübingen 1968.
Popper, Karl R. und Eccles, John C.: *Das Ich und sein Gehirn*. Piper & Co., München und Zürich 1982.
Reichenbach, Hans: *Axiomatik der relativischen Raum-Zeit-Lehre*. Berlin 1924.
Reichenbach, Hans: *Philosophie der Raum-Zeit-Lehre*. Berlin und Leipzig 1928.
Rudner, Richard S.: *Philosophy of Social Science*. Prentice-Hall, Englewood Cliffs, N. F. 1966.
Sapir, Edward: »Symbolism«. *Encyclopedia of the Social Sciences* 14 (1934), S. 492–495.
Schülein, Johann: »Zur Konzeptualisierung des Sinnbegriffs«. *Kölner Zeitschrift für Soziologie und Sozialpsychologie* 34 (1982), S. 649–664.
Schütz, Alfred: *Der sinnhafte Aufbau der sozialen Welt*. Suhrkamp Taschenbuch Wissenschaft, Frankfurt 1974.
Schütz, Alfred und Luckmann, Thomas: *Strukturen der Lebenswelt*. Suhrkamp Taschenbuch Wissenschaft, Frankfurt 1979.
Stachowiak, Herbert: *Denken und Erkennen im kybernetischen Modell*. Springer, Wien/New York 1965.
Stegmüller, Wolfgang: »Einige Beiträge zum Problem der Teleologie und der Analyse von Systemen mit zielgerichteter Organisation«. *Synthese* 13 (1961), S. 5–40.
Stegmüller, Wolfgang: »Erfahrung, Festsetzung, Hypothese und Einfachheit in der wissenschaftlichen Begriffs- und Theorienbildung«. *Probleme und Resultate der Wissenschaftstheorie und Analytischen Philosophie*. Bd. II, Theorie und Erfahrung. Springer-Verlag, Berlin, Heidelberg, New York 1970.
Straub, Eberhard: »Der Blick aufs sinnentleerte Schmuckstück«. *Frankfurter Allgemeine Zeitung* 246/23. Oktober 1982.
Strauss, Anselm: *Spiegel und Masken. Die Suche nach Identität*. Theorie 2, Suhrkamp Verlag, Frankfurt 1968.
Tuiavii: *Der Papalagi*. Die Reden des Südseehäuptlings Tuiavii aus Tiavea. Erweiterte Neuauflage der Originalausgabe von 1920. Felsenverlag Buchenbach/Baden, Tanner und Staehelin Verlag, Zürich 1977.
Vernon, M. D.: *Wahrnehmung und Erfahrung*. Deutscher Taschenbuch Verlag Wissenschaftliche Reihe, München 1977.
Vickers, Geoffrey: »Control, Stability, and Choice«. *General Systems* 2 (1957), S. 1–8.

Walter, W. Grey: *Das lebende Gehirn.* Kiepenheuer und Witsch, Köln und Berlin 1961.
Weil, M.: *Raum, Zeit und Materie.* Berlin 1923.
Weisweiler, Hermann: *Das Geheimnis Karls des Großen.* Astronomie in Stein: Der Aachener Dom. Bertelsmann, München 1981.
Whitehead, Alfred North: *Symbolism – Its Meaning and Effect.* Macmillan, New York 1927.
Winch, Peter: *Die Idee der Sozialwissenschaft und ihr Verhältnis zur Philosophie.* Theorie 2, Suhrkamp Verlag, Frankfurt 1966.
Woodger, J. H.: *The Technique of Theory Construction.* Chicago 1939.